职业教育新能源汽车类专业
新形态一体化教材

新能源汽车
电气系统检修

主编　刘国军　吕丕华

中德诺浩（北京）
教育科技股份有限公司 组编

U0852167

中国教育出版传媒集团
高等教育出版社·北京

内容简介

本书是职业教育新能源汽车类专业新形态一体化教材。

本书根据新能源汽车企业一线典型工作任务进行编写，通过各类任务的学习和实际操作，使学习者掌握新能源汽车基础电路图识读，控制电路搭建、组成和控制原理，车载 CAN 网络的工作原理、常见故障分析及检修方法，无钥匙进入、一键起动等电气系统的结构组成、控制原理等知识，并具备独立完成新能源汽车电气系统各系统常见故障的检测、维修、更换等各项工作所需的职业技能。

本书共有 3 个情境，14 个学习任务。内容包括：新能源汽车电路检修；新能源汽车网络系统检修；新能源汽车辅助电气系统检修。

本书重点 / 难点的知识点 / 技能点配有动画、微课等丰富的数字化资源，视频类资源可通过扫描书中二维码在线观看，学习者也可登录智慧职教（www. icve. com. cn）搜索课程“新能源汽车电气系统检修”进行在线学习。

本书可作为职业院校新能源汽车类专业的教学用书，也可供新能源汽车相关从业者和社会人士学习参考。授课教师如需本书配套的教学课件等资源或有其他需求，可发送邮件至 gzjx@pub. hep. cn 获取。

图书在版编目（C I P）数据

新能源汽车电气系统检修 / 刘国军，吕丕华主编；中德诺浩（北京）教育科技股份有限公司组编. -- 北京：高等教育出版社，2024.5

ISBN 978-7-04-059345-7

Ⅰ. ①新… Ⅱ. ①刘… ②吕… ③中… Ⅲ. ①新能源 - 汽车 - 电气系统 - 检修 Ⅳ. ①U469.703

中国版本图书馆 CIP 数据核字（2022）第 157740 号

XINNENGYUAN QICHE DIANQI XITONG JIANXIU

策划编辑 姚 远　责任编辑 姚 远　封面设计 赵 阳　版式设计 杜微言
责任绘图 于 博　责任校对 刘娟娟　责任印制 耿 轩

出版发行 高等教育出版社
社　　址 北京市西城区德外大街 4 号
邮政编码 100120
印　　刷 鸿博昊天科技有限公司
开　　本 787mm × 1092mm 1/16
印　　张 15.25
字　　数 290 千字
购书热线 010-58581118
咨询电话 400-810-0598
网　　址 http://www.hep.edu.cn
　　　　 http://www.hep.com.cn
网上订购 http://www.hepmall.com.cn
　　　　 http://www.hepmall.com
　　　　 http://www.hepmall.cn
版　　次 2024 年 5 月第 1 版
印　　次 2024 年 5 月第 1 次印刷
定　　价 45.00 元

物 料 号 59345-00

前言

汽车产业是我国国民经济支柱产业之一。我国汽车销量连续多年位居全球第一，汽车产业已成为我国经济发展的强劲动力。在以电动化、智能化为主要技术特征的新能源汽车领域，我国也连续 8 年位列全球新能源汽车销量榜首。

党的二十大报告指出，“建设现代化产业体系，坚持把发展经济的着力点放在实体经济上，推进新型工业化”“实施科教兴国战略，强化现代化建设人才支撑”。发展新能源汽车对全面建成社会主义现代化强国具有重要意义。同时，新能源汽车产业对于高技能人才的需求也越来越紧迫。

根据《关于加强新时代高技能人才队伍建设的意见》要求和《新能源汽车产业发展规划（2021—2035 年）》中“加快建立适应新能源汽车与相关产业融合发展需要的人才培养机制”的愿景，为我国汽车产业提供有力人才和技能支撑，编者团队以岗位职业技能为核心，把优化课程结构、加强实践教学、突出能力培养和提高教材质量作为突破口，编写了本套职业教育新能源汽车类专业新形态一体化教材。

本书及系列教材融入企业新知识、新技术、新工艺、新方法，制订汽车产业链典型岗位工作标准，将新能源汽车理论知识与实践应用有机结合，综合培养学生的专业知识、技术技能、职业道德等职业综合素质和行动能力，具有以下特点：

（1）融入思政，导向正确。教材内容坚持正确的政治方向和价值导向，落实课程思政要求，弘扬劳动光荣、技能宝贵、创造伟大的时代风尚，培育劳模精神、劳动精神、工匠精神。

（2）产教融合，内容前瞻。集合职业院校与头部企业等多方力量，依据最新职业教育国家专业教学标准，按照生产实际和岗位需求，将新技术、新工艺、新规范等内容与典型生产案例纳入教材内容，对接职业标准和岗位（群）能力要求。

（3）理实结合，工学一体。以真实生产项目、典型工作任务等为载体，把握学生认知特点，体现先进职业教育教学理念，将工作过程和学习过程融为一体，培养学生综合职业能力。

（4）模式先进，编排合理。采取行动导向教学模式，结构化、模块化、系统化精心编排教材内容，满足项目式学习、案例式学习、模块化学习等不同学习方式的需求。

（5）形态创新，数字引领。教材内容图、文、表并茂，“岗课赛证”融通，配套数字资源形式多样、信息技术应用充分、内容丰富，封面附数字资源二维码，方便使用者浏览和学习，有效激发学生学习兴趣和创新潜能。

（6）活页设计，制作精良。满足理论教学、实训等多种教学场景，本书采用活页形式方便使用。全书采用双色印刷，版面清晰，主题明确。

本书由山东理工职业学院刘国军、中德诺浩（北京）教育科技股份有限公司吕丕华担任主编，负责教材整体设计及统稿工作。此外，本书在编写过程中还得到了行业、企业、职业院校产、学、研方面的专家、技术骨干的参与和支持，在此致以诚挚的谢意。

本书及系列教材可作为职业院校新能源汽车类专业核心课程教材，也可作为其他汽车类专业的核心课教材和拓展类教材使用，同时还可供从事汽车研究、设计、制造、使用和维修的工程技术人员学习和参考。

新能源汽车技术是新能源、新材料、大数据、人工智能等多种变革性技术深度融合的新技术产品，整个行业还在不断地创新探索相关技术和服务工作的内容和模式，加之编写团队水平有限，本书在一些具体问题的处理上难免有不尽如人意之处，敬请广大读者批评指正！

编者

2023 年 10 月

目 录

情境一
新能源汽车电路检修

1

一、情境介绍

当前新能源汽车在电气化方面已发展到较高水平，整车不仅具有大量的电子、电气设备，而且随着半导体和网络技术的应用，新能源汽车电气系统正向集成化和网络化方向快速发展。新能源汽车基础电路是整车电气系统的基础，要查看复杂的整车电气系统电路图，首先需掌握新能源汽车基础电路的连接形式和表示方法。此外，新能源汽车基础电路故障检测基本思路和方法是处理复杂电路系统故障的起点。

本情境包含新能源汽车电路拆画与搭建、新能源汽车基础电路检修、新能源汽车控制电路检修三个工作任务，内容包括：新能源汽车单一系统电路图拆画与相应电路搭建；电路故障检测分析和故障点判定；基础电路故障检测流程和方法；控制电路电路图拆画、电路搭建和检修方法等。

二、情境目标

✧ 能根据车辆电路连接要求，正确使用车辆电路图和绘图工具，并选择合适的元器件，完成单一系统电路图拆画并搭建相应电路。

✧ 能按照新能源汽车电路故障检测方法，正确使用电路检测工具，对带有继电器的电路进行检测，独立完成电路检测分析和故障点判定。

✧ 能按照车辆电路故障检修方法，选择合适的电路检修工具，独立完成新能源汽车电路故障检修。

任务一　新能源汽车电路拆画与搭建

一、任务导入

场景：某国产品牌新能源汽车售后维修中心。

人物：王先生（客户）、张师傅（维修技师）、小李（学徒）。

情节：王先生的新能源汽车喇叭不响，张师傅对车辆喇叭功能进行故障确认后，就安排小李继续完成检修工作，但小李从未接触过车辆电路方面的故障，便向张师傅请教如何对车辆电路故障进行检修，于是张师傅给小李安排了一项新能源汽车电路检修的基础工作——新能源汽车电路拆画与搭建。

二、任务目标

✧ 能按照电路图的拆画方法，正确使用车辆电路图和绘图工具，完成车辆单一系统电路图拆画。

✧ 能根据新能源汽车电路组成，结合车辆电路图，选择正确的元器件，完成车辆电路搭建。

三、任务实施

（一）新能源汽车电路图拆画

1. 知识学习

1）新能源汽车电路的定义及组成

新能源汽车电路是指用导线将新能源汽车上的各元器件按一定方式连接起来，构成使电流流通的通路。新能源汽车电路一般由电源、负载、导线及其他元器件（熔断器、继电器、开关等）组成。新能源汽车电路组成示意图如图 1–1 所示。

（1）电源

电源为负载提供电能，新能源汽车电源有辅助蓄电池、DC/DC 变换器等。电源实物图及其电路符号如图 1–2 所示。

① 蓄电池。

蓄电池是将化学能直接转换成电能的一种装置，它可以通过可逆的化学反应实现充电。平时说的蓄电池通常是指铅酸蓄电池，充电时利用外部的电能使内部活性物质再生，把电能储存为化学能，需要放电时再把化学能转换为电能输出。

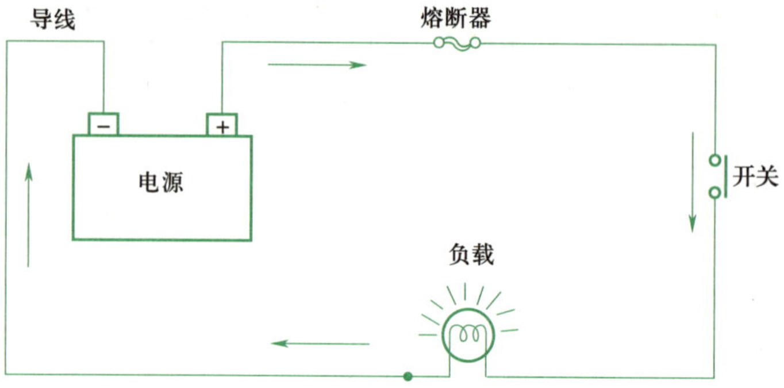

图 1-1　新能源汽车电路组成示意图

(a) 实物图

(b) 电路符号

图 1-2　电源

铅酸蓄电池用填满海绵状铅的铅基板栅(又称格子体)作为负极,填满二氧化铅的铅基板栅作为正极,并用密度 1.26 ~ 1.33 g/ml 的稀硫酸作为电解质。铅酸蓄电池在放电时,金属铅是负极,发生氧化反应,生成硫酸铅;二氧化铅是正极,发生还原反应,生成硫酸铅。铅酸蓄电池在用直流电充电时,两极分别生成铅和二氧化铅。充电完成后,它又恢复到放电前的状态,成为化学电池。铅酸蓄电池能反复充电、放电,它的单体电压是 2 V,蓄电池是由一个或多个单体铅酸蓄电池构成的电池组,最常见的是 6 V、12 V 蓄电池,另外还有 2 V、4 V、8 V、24 V 蓄电池。如新能源汽车上用的辅助蓄电池是由 6 个铅酸蓄电池串联成 12 V 的电池组。

常用的车用蓄电池主要分为三类,分别为普通蓄电池、干荷蓄电池和免维护蓄电池三种。

a. 普通蓄电池:普通蓄电池的极板由铅和铅的氧化物构成,电解液是硫酸的水溶液。

它的主要优点是电压稳定、价格便宜;缺点是比能低(即每千克蓄电池存储的电能)、使用寿命短和日常维护频繁。

b. 干荷蓄电池:它的全称是干式荷电铅酸蓄电池,它的主要特点是负极板有较高的储电能力,在完全干燥状态下,能在两年内保存所得到的电量,使用时,只需加入电解液，等过 20 ~ 30 min 就可使用。

c. 免维护蓄电池：免维护蓄电池由于自身结构上的优势，电解液的消耗量非常小，在使用寿命内基本不需要补充蒸馏水。它还具有耐振、耐高温、体积小、自放电小的特点，其使用寿命一般为普通蓄电池的两倍。市场上的免维护蓄电池有两种：第一种是在购买时一次性加好电解液，后续使用中不需要维护（添加补充液）；另一种是电池本身出厂时就已经加好电解液并封死，用户根本就不能加补充液。

② DC/DC 变换器。

传统燃油车上都装有发电机，发电机由发动机驱动，将动能转换成电能，输出 12 V 直流电，为整车用电设备供电，也可以为辅助蓄电池充电。而在纯电动汽车没有发动机，一些混合动力汽车有发动机，但发动机可能不会一直处于工作状态，没有办法带动发电机时时发电，不能保证用电设备都能正常工作，因此，新能源汽车一般不配发电机，而是使用 DC/DC 变换器来代替发电机的功能。

DC/DC 变换器的英文全称是"Direct Current–Direct Current converter"，依照 GB/T 24347—2021《电动汽车 DC/DC 变换器》，对 DC/DC 变换器的定义为：能够将一个直流电压值的电能转换为另一个直流电压值的电能的装置。

DC/DC 变换器一般分为升压型、降压型、升 / 降压型三种，新能源汽车上使用的 DC/DC 变换器一般是降压型。降压型和升 / 降压型 DC/DC 变换器类型如图 1–3 所示。

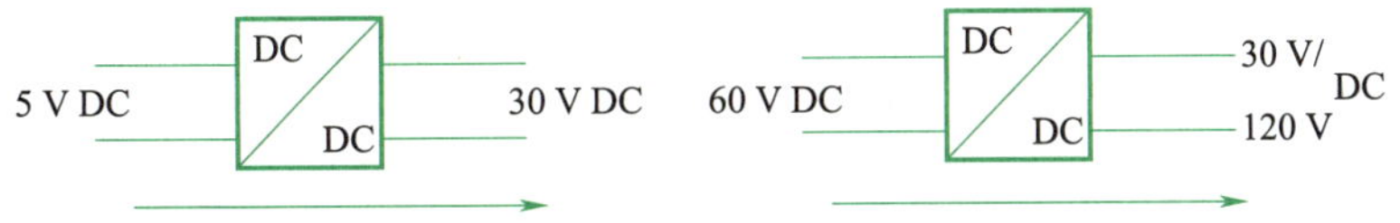

图 1–3　降压型和升 / 降压型 DC/DC 变换器

（2）负载

负载即用电器，是将电源中的电能转换为光能、热能和动能等其他形式能量的元器件。新能源汽车中负载众多，表 1–1 列举了新能源汽车常用的负载实物图及其电路符号。

（3）导线

导线连接电路中各元器件构成回路。导线实物图及其电路符号如图 1–4 所示。

新能源汽车中的导线分为低压导线与高压导线两种。低压导线有普通导线、起动电缆和蓄电池搭铁电缆之分；高压导线有铜芯线与阻尼线之分。新能源汽车导线主要根据导线的绝缘、通过电流的大小和机械强度三个方面的要求进行选择。

表 1-1 新能源汽车常用的负载实物图及电路符号

元器件	实物图	电路符号	元器件	实物图	电路符号
灯具	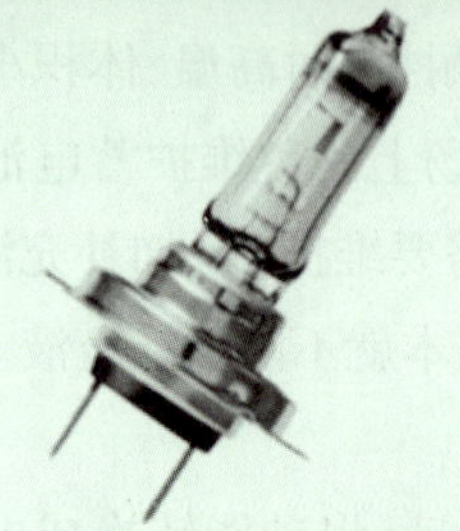		电磁阀		
喇叭		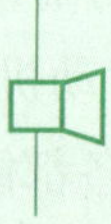	电机		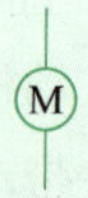

① 低压导线。

a. 普通导线。

普通导线为铜质多丝软线，根据外皮绝缘包层的材料不同分为 qvr 型和 qfr 型两种。

普通导线的横截面积主要根据用电设备的工作电流进行选择。然而，对功率很小的设备而言，如果仅从工作电流的大小来选择导线，那么由于其横截面积小、机械强度低，导线就很容易折断，因此汽车电气系统中所用的导线横截面积不小于 0.5 mm^2。汽车 12 V 电气系统主要电路导线横截面积还受通过电路的电压降的制约。整车电路的电压降（不计接触电阻）最大允许值为 0.8 V。当发电机以额定负载工作时，导线的电压降最大允许值为 0.3 V。当起动机通过起动电流时，电压降的最大允许值为 0.5 V。

(a) 实物图　　(b) 电路符号

图 1-4 导线

这是因为导线横截面积小时，导线电阻将增大，温度将升高。电阻增大会使电压降增大，可能导致用电设备供电电压不足而无法正常工作。温度升高会加速导线老化，缩短其使用寿命；温度过高还有可能导致火灾。

随着新能源汽车电器增多，导线数量也不断增加。为了便于维修，低压导线常以不同颜色来区分。其中，横截面积在 4 mm^2 以上的导线采用单色，而 4 mm^2 以下的采用双色，搭铁导线均用黑色。

在全车线路中，导线上一般都标注数字和字母符号，用来表示导线的横截面积和颜色。如 2.5ry、1.0rw 等，其中数字 2.5、1.0 表示导线横截面积，单位为 mm^2；第一个字母 r 表示导线主色，第二个字母 y 或 w 表示导线的辅助颜色，即轴向条纹形状或螺旋形状的颜色。

b. 起动电缆。

起动电缆是指连接蓄电池正极与起动机电源端子“30”之间的电缆，其横截面积有 25、35、50、70 mm^2 等多种规格，允许电流高达 500 A 乃至 1 000 A 以上。为了保证起动机正常工作并产生足够的驱动力矩，要求起动线路上每 100 A 电流产生的电压降不得超过 0.1 ~ 0.15 V。

c. 蓄电池搭铁电缆。

蓄电池搭铁电缆俗称搭铁线，是由铜丝编织成的扁形软铜线。国产汽车常用搭铁线长度有 300、450、600、760 mm 四种。

② 高压导线。

高压导线用来传送高压，由于工作电压很高（60 V< 直流最大工作电压 ≤ 1 500 V，30 V< 交流最大工作电压 ≤ 1 000 V）、电流较小，因此高压导线的绝缘包层很厚、线芯横截面积很小，但耐压性能很好。国产汽车用高压导线有铜芯线与阻尼线两种。

（4）熔断器

保险装置是指在汽车电路中能够承受持续工作电流，当负载电流上升到熔断容量时在规定时间内通过温度升高使熔断体烧断，从而中断电路的一种保护装置，熔断器就是保险装置可更换部分。

微课

片式熔断器的功能与结构

熔断器上标识了额定电流，在选用时，其电路持续工作电流应小于额定电流。如图 1–5 所示，汽车电路中较多采用片式熔断器。

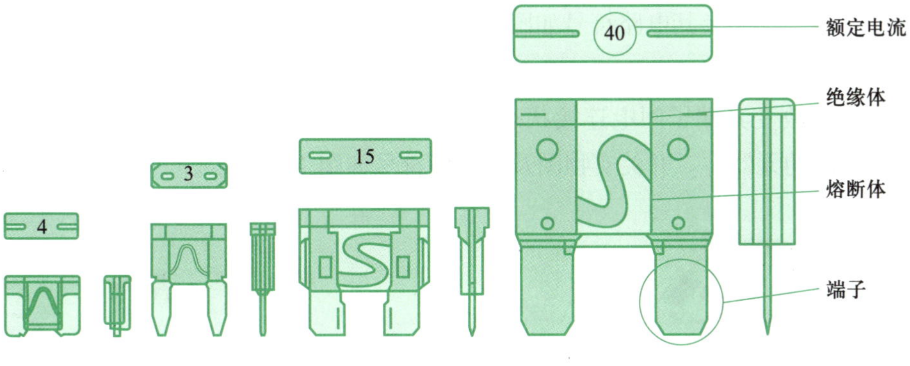

图 1–5　片式熔断器

熔断器实物图及其电路符号如图 1–6 所示。

(a) 实物图　　(b) 电路符号

图 1–6　熔断器

微课

继电器工作原理

（5）继电器

汽车上常用的是动合触点式电磁继电器。电磁式继电器是利用电磁感应原理实现较小电流来控制较大电流的装置，能减小大电流负载对开关、控制单元的电流负荷，保护开关或控制单元，同时继电器能受开关、控制单元的控制切断和导通负载电路。动合触点式电磁继电器即常开继电器，表示在输入电路未工作时，输出电路上的触点为断开状态；在输入电路工作时，输出电路上的触点为闭合状态。

继电器主要由电磁铁心、线圈、衔铁、触点等部件组成。通过向线圈两端施加电压，使线圈产生电磁力，衔铁会在电磁力作用下吸向电磁铁心，从而带动触点闭合，负载与电源电路导通。当线圈断电后电磁力也随之消失，此时衔铁会在弹簧的作用力下返回原来的位置，从而使触点断开，负载与电源电路断路。继电器工作原理示意图如图 1–7 所示。

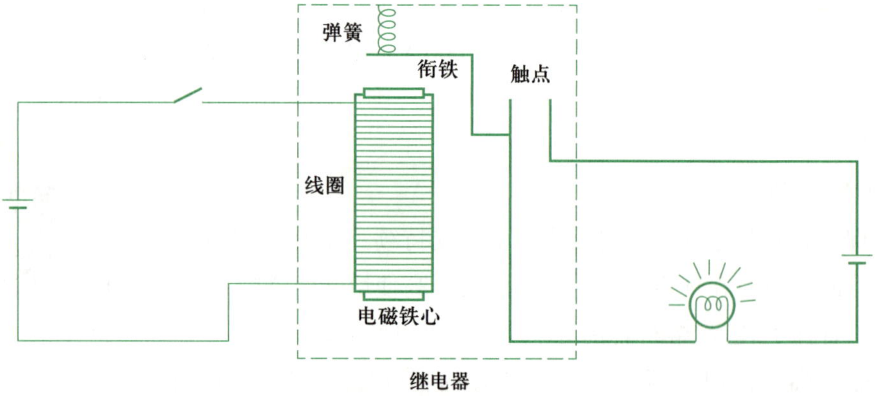

图 1–7　继电器工作原理示意图

继电器实物图及其电路符号如图 1–8 所示。

（6）开关

开关是改变其端子间电连接状态的元器件，可以使电路开路、使电流中断或流到其他电路的元器件。开关实物图及其电路符号如图 1–9 所示。

(a) 实物图　　(b) 电路符号

图 1–8　继电器

(a) 实物图　　(b) 电路符号

图 1–9　开关

（7）接地

接地（又称搭铁）是指元器件与电源负极连接构成电流回路。接地实物图及其电路符号如图 1–10 所示。

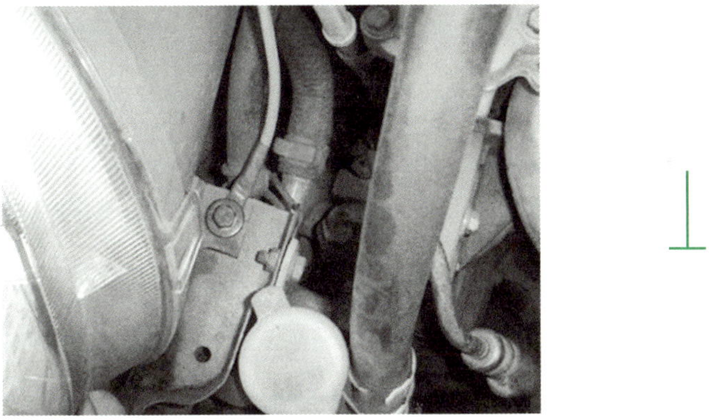

(a) 实物图　　(b) 电路符号

图 1-10　接地

（8）连接器

在汽车上，由于众多导线汇聚在一起形成的线束众多、跨越车辆不同位置，且为了实现元器件与电路或不同位置的线束与线束快速分解、连接，所以元器件与线束、线束与线束都采用连接器连接在一起。连接器分为插头和插座两部分，一般插头与元器件内部进行连接、集成一体。连接器实物图及其电路符号如图 1-11 所示。

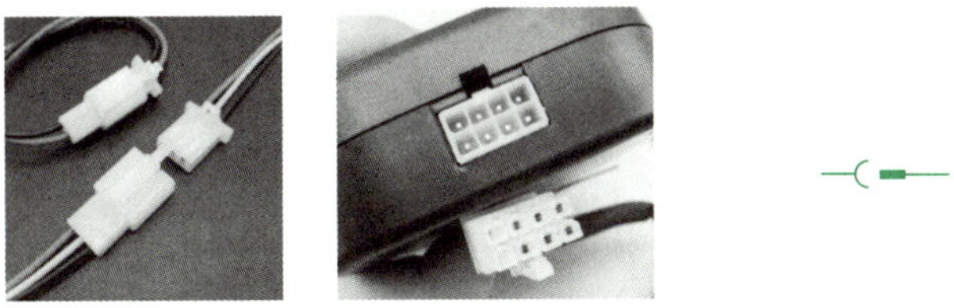

(a) 实物图　　(b) 电路符号

图 1-11　连接器

2）新能源汽车电路图的定义

新能源汽车电路图是指采用元器件图形符号表达新能源汽车电路组成和物理连接信息的简图，如图 1-12 所示，其是表示新能源汽车系统电路的基本组成和各元器件连接关系，而不考虑其实际位置、形状的一种图形。

3）新能源汽车电路图的拆画方法

（1）电路图识别

电路图标明了熔断器的编号及额定电流、继电器编号、连接器端子编号、电源性质（常电、ACC 供电、IG 供电等）、导线颜色及直径、搭铁点及位置编号等信息。喇叭系统电路图如图 1-13（实际的汽车电路图由汽车生产厂家提供，表示方法与国家标准不完全一致）所示，电路图各部分释义见表 1-2。

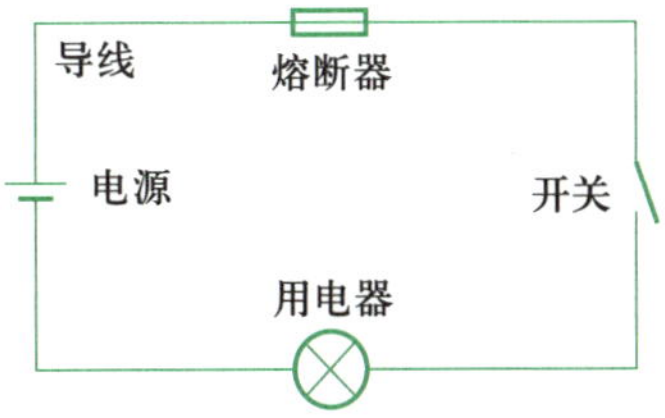

图 1-12　新能源汽车电路图

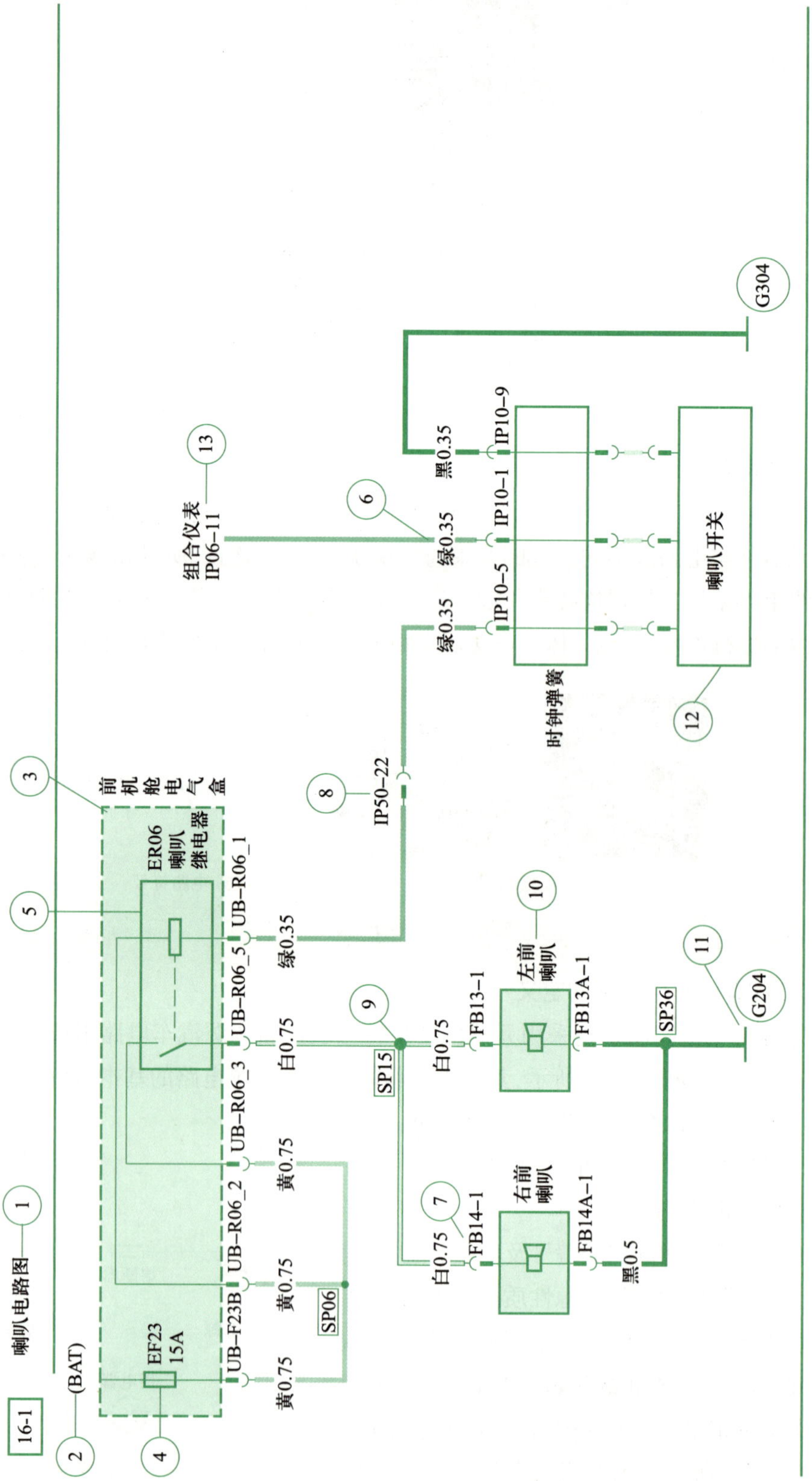

图 1-13 喇叭系统电路图

表 1-2　电路图各部分释义

序号	说　明
1	系统编号与名称，可通过车辆电路图手册的目录进行查询
2	电源性质，“BAT”表示由辅助蓄电池供电，为常电；“IG”表示起动开关位于“ON”挡时由 IG 继电器供电；“ACC”表示起动开关位于“ACC”挡时由 ACC 继电器供电
3	表示内部的熔断器、继电器位于前机舱电气盒内
4	熔断器，EF23 表示熔断器编号，可以通过电器盒盖查询该熔断器具体安装位置；15 A 表示此熔断器容量为 15 A
5	继电器，ER06 表示继电器编号，可以通过电器盒盖查询该继电器具体安装位置
6	“绿 0.35”，绿表示实车上的导线颜色，分为单色导线和双色导线；0.35 表示导线直径
7	“FB14–1”，FB14 表示连接器编号，–1 表示具体端子，连接器背面刻有孔位编号
8	导线连接器，可以通过车辆电路图手册查询该连接器具体安装位置
9	多根导线焊接点编号，可以通过车辆电路图手册查询该焊接点具体位置；若是导线交叉而并不相连，则不标注
10	部件名称，负载，此处为左前喇叭，可以通过车辆电路图手册查询该负载具体安装位置
11	“G204”表示搭铁点编号，可以通过车辆电路图手册查询该搭铁点具体安装位置
12	操控装置，此处为喇叭开关
13	跳接，表示连接的元器件及其连接器端子编号

（2）梳理电路运行路径

从电路图查找某一负载电路运行路径时，需要先找到该负载，然后从负载端向电流供给方向查找，依次查找其连接导线、开关、熔断器、继电器等元器件，最后到达辅助蓄电池正极。

（3）拆画电路图的方法

拆画电路图时，首先在纸张最上面画一条直线代表辅助蓄电池正极，在最下面画一条直线代表辅助蓄电池负极。

然后，将系统涉及的所有元器件按电路运行路径一一画出。最后，参照电路图将这些元器件用直线连接起来。拆画完的电路图如图 1–14 所示。

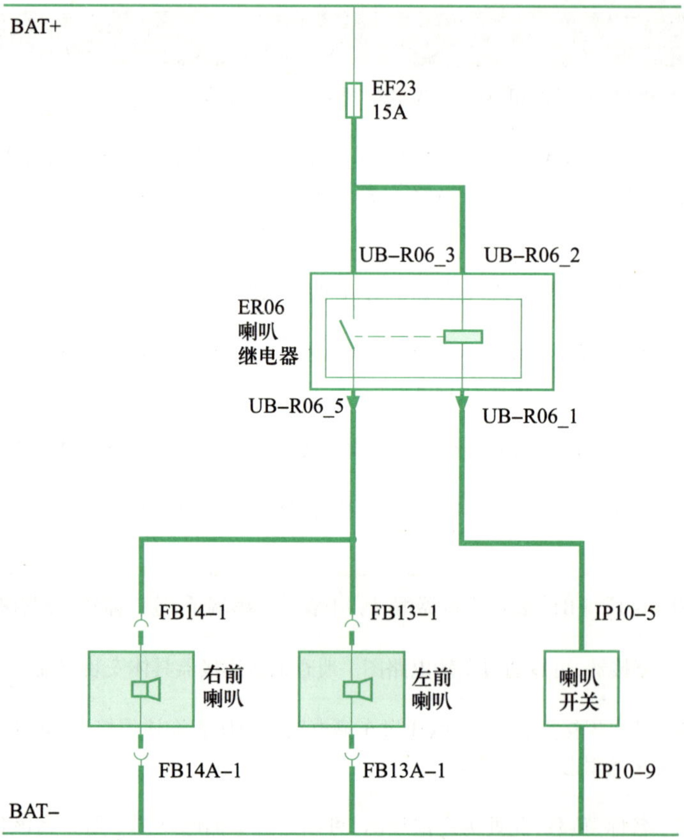

图 1-14　拆画完的电路图

2. 技能操作

1）操作准备

准备技能操作所需的物料，见表 1-3。

表 1-3　物料准备

类别	所需物料
防护用品	车辆防护用品
绘图工具	铅笔、纸张、橡皮、尺子套装
设备、工具	车辆电路图手册、绝缘胶带

2）喇叭系统电路图拆画

根据电路图的拆画方法，拆画车辆喇叭系统电路图，并将其绘制在图 1-15 中。

3）车辆其他单一系统电路图拆画

按照电路图的拆画方法，拆画车辆其他单一系统电路图，并将其绘制在图 1-16 中。

图 1-15　绘制喇叭系统电路图

图 1-16　绘制其他单一系统电路图

（二）新能源汽车电路搭建

1. 知识学习

1）电路类型

（1）串联电路

将电路中所有的元器件用导线首尾相连，串接在一起并与电源组成回路的电路，即为串联电路，如图 1-17 所示。

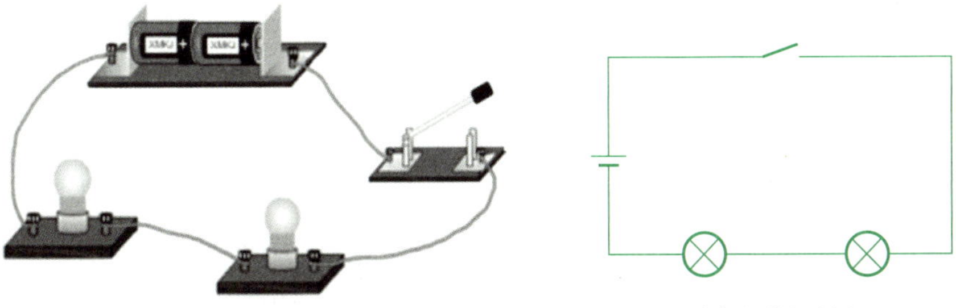

(a) 串联电路连接示意图　　(b) 串联电路图

图 1-17　串联电路

串联电路公式如下。

① 串联电路电流处处相等：$I_{总}=I_1=I_2=I_3=\cdots=I_n$。

② 串联电路总电压等于各处电压之和：$U_{总}=U_1+U_2+U_3+\cdots+U_n$。

③ 串联电阻的等效电阻等于各电阻之和：$R_{总}=R_1+R_2+R_3+\cdots+R_n$。

④ 串联电路总功率等于各功率之和：$P_{总}=P_1+P_2+P_3+\cdots+P_n$。

⑤ 串联电容器的等效电容量的倒数等于各个电容器的电容量的倒数之和：$1/C_{总}=1/C_1+1/C_2+\cdots+1/C_n$。

⑥ 串联电路中，除电流处处相等以外，其余各物理量之间均成正比：$R_1:R_2=U_1:U_2=P_1:P_2=W_1:W_2=Q_1:Q_2$。

串联电路特点为：开关在任何位置均可控制整个电路，即其作用与所在的位置无关。电流只有一条通路，经过一盏灯的电流一定经过另一盏灯。如果熄灭一盏灯，另一盏灯一定熄灭。

（2）并联电路

将电路中所有元器件并列连接在一起之后再连接到电源正极和负极之间的电路，即为并联电路，如图 1–18 所示。在并联电路中，当其中一个负载损坏时，电路会保持其他负载仍能工作。

并联电路公式如下。

① 并联电路的干路总电流等于各支路电流之和：$I=I_1+I_2+\cdots+I_n$。

② 并联电路中，各支路两端的电压相等，且都等于电源电压：$U=U_1=U_2=\cdots=U_n$。

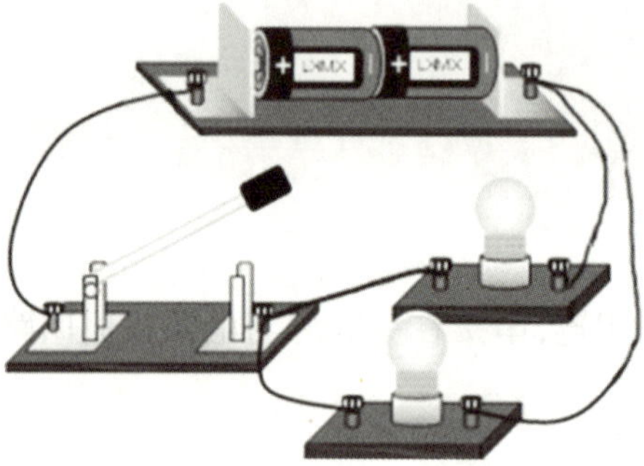

(a) 并联电路连接示意图

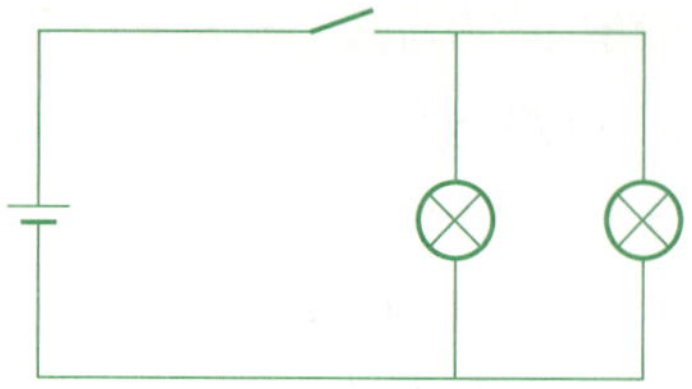

(b) 并联电路图

图 1–18　并联电路

③ 并联电阻中总电阻的倒数，等于各并联电路的电阻倒数之和：$\frac{1}{R}=\frac{1}{R_1}+\frac{1}{R_2}+\cdots+\frac{1}{R_n}$。

④ 若只有两个电阻 R_1 和 R_2 并联，则总电阻为：$R=\frac{R_1R_2}{R_1+R_2}$。

⑤ 若有 n 个相同的电阻 R_0 并联，则总电阻为：$R=\frac{R_0}{n}$。

⑥ 并联电路中，电流的分配与电阻成反比：$\frac{I_1}{I_2}=\frac{R_2}{R_1}$。

并联电路特点为：干路开关控制整个电路；支路开关控制其所在支路上的用电器。一条支路断路，不影响其他支路。一条支路被短路，整个电路都被短路。

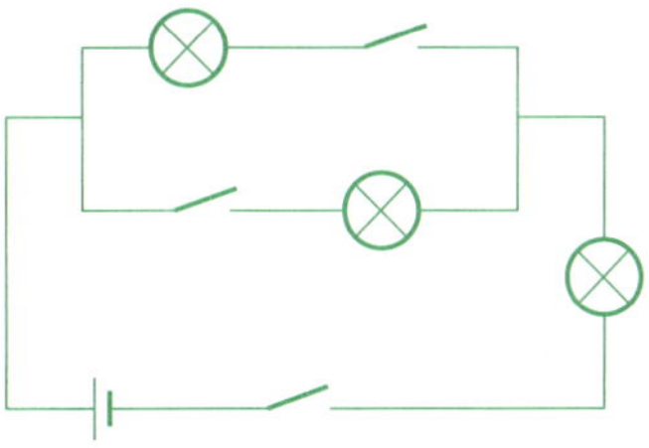

图 1–19　混联电路

（3）混联电路

混联电路就是在电路连接中既有串联形式又有并联形式的电路，混联电路如图 1–19 所示，新能源汽车电路一般为混联电路。

2）继电器的使用

继电器按照端子数量分为三端子继电器、四端子继电器和五端子继电器，如图 1–20 所示。

(a) 三端子继电器　　(b) 四端子继电器　　(c) 五端子继电器

图 1–20　继电器

以四端子继电器为例，继电器共有两组电路，一组为输入（线圈）电路，一组为输出（触点）电路，如图 1–21 所示。输入电路两个端子一般标注为 85、86（或 1、2），一般是 85 端子接控制装置，若控制装置是控制线圈供电，则 86 端子接搭铁，若控制装置是控制线圈搭铁，则 86 端子接供电；输出电路两个端子一般标注为 30、87（或 3、5），一般是 30 端子接电源，87 端子接负载。

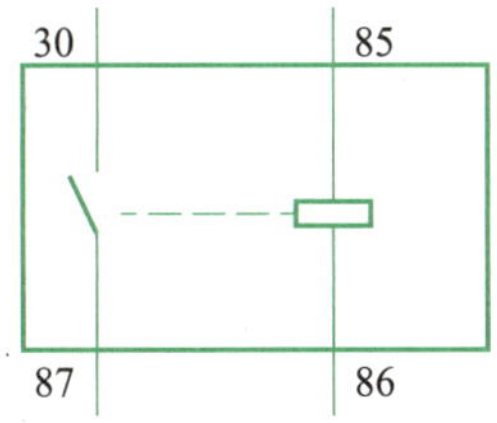

图 1–21　四端子继电器端子标注

3）连接器的使用

在插拔连接器时必须手持连接器壳体，不允许手持线束。断开连接器之前应先解除锁止机构，常见的几种连接器锁止机构解除方法如图 1–22 所示。

4）新能源汽车车身搭铁

在新能源汽车电路中，由于众多元器件需要构成电流回路，若是都通过电源负极构成回路会大量增加导线的长度，所以在车辆上将电源负极与车身连接，将整个

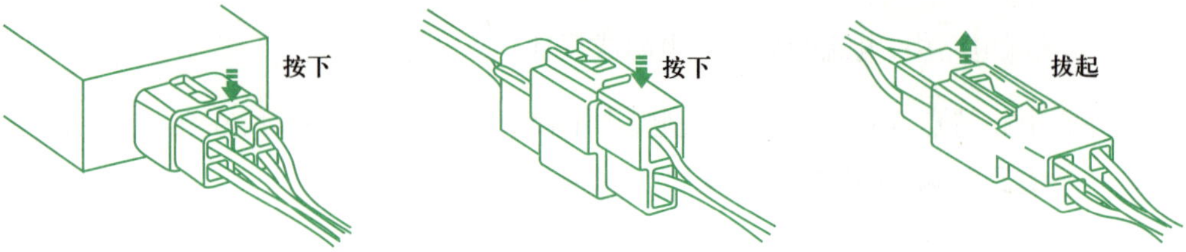

图 1–22　连接器锁止机构解除方法

车身作为负极，各元器件就近与车身连接构成回路，这样大量减少了导线的长度。这种接线制度就叫搭铁接线制，简称搭铁。新能源汽车车身搭铁示意图如图 1–23 所示。

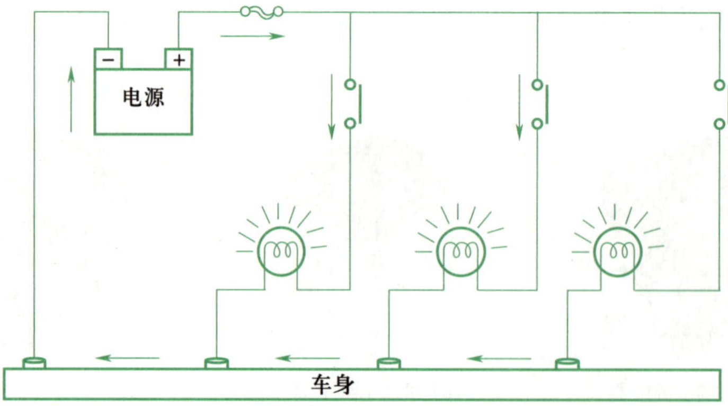

图 1–23　新能源汽车车身搭铁示意图

2. 技能操作

1）操作准备

准备技能操作所需的物料，见表 1–4。

表 1–4　物料准备

类别	所需物料
防护用品	车辆防护用品
绘图工具	铅笔、纸张、橡皮、尺子套装
元器件	四端子继电器与护套、熔断器与护套、灯泡与灯泡座、辅助蓄电池、导线、按钮接触开关、按钮常闭开关、喇叭、各式连接器
设备、工具	车辆电路图手册、绝缘胶带

2）混联电路搭建

根据车辆电路组成，选择相应的元器件搭建电路，并对搭建的电路进行检查，按照表 1–5 中的要求填写相关内容。

表 1–5　结果记录表

搭建的电路示意图：

序号	检查项目	检查结果	处理方式
1	负载是否正常工作	是□　否□	
2	控制装置是否能控制电路	是□　否□	
3	继电器是否正常工作	是□　否□	

3）车辆喇叭系统电路搭建

根据车辆电路组成，选择喇叭系统搭建电路，并对搭建的电路进行检查，按照表 1–6 中的要求填写相关内容。

表 1–6　结果记录表

搭建的电路示意图：

序号	检查项目	检查结果	处理方式
1	负载是否正常工作	是□　否□	
2	控制装置是否能控制电路	是□　否□	
3	继电器是否正常工作	是□　否□	

四、检查评估

对本任务的学习情况进行检查，并将相关内容填写在表 1-7 中。

表 1-7　检查表

检查项目	检查结果	结果点评
新能源汽车电路图拆画		
是否标注具体端子号	是□　否□	
是否标注电源性质	是□　否□	
继电器端子连接是否正确	是□　否□	
新能源汽车电路搭建		
负载工作是否正常	是□　否□	
是否能通过控制装置来控制负载工作状态	是□　否□	
整理及恢复		
工具、设备是否整理恢复	是□　否□	
实训工位是否打扫干净	是□　否□	
工作页是否填写完整	是□　否□	

五、任务小结

本任务小结如图 1-24 所示。

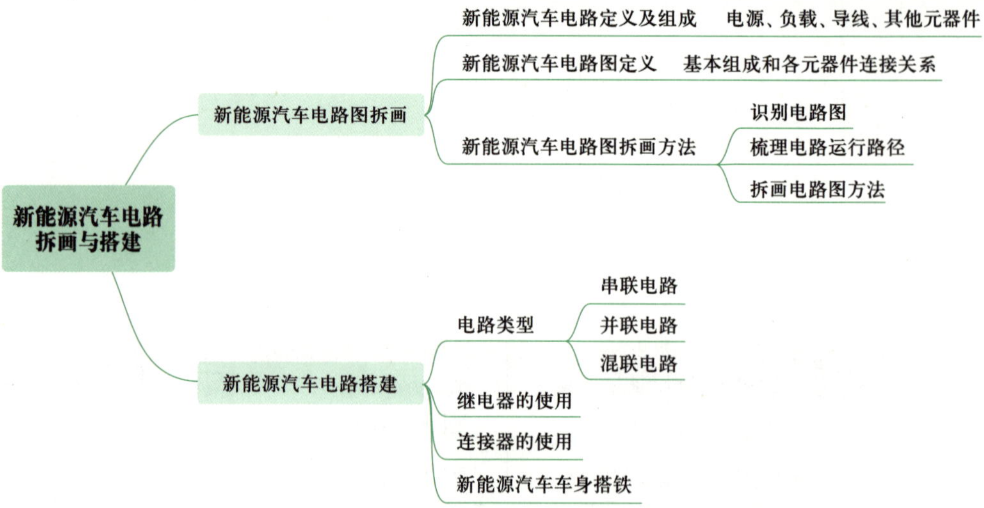

图 1-24　任务小结

任务二　新能源汽车基础电路检修

一、任务导入

场景：某国产品牌新能源汽车售后维修中心。

人物：王先生（客户）、张师傅（维修技师）、小李（学徒）。

情节：已经完成新能源汽车电路学习的小李，准备对王先生的车辆进行检修，但是小李发现自己还是无从下手，于是向张师傅请教，张师傅秉承传帮带的好传统，耐心地开始给小李讲解汽车电路故障检测方法。

二、任务目标

✧ 能按照新能源汽车电路故障检测方法，正确使用电路检测工具，独立完成电路检测分析和故障点判定。

✧ 能按照车辆维修技术规范，选择合适的电路检修工具，独立完成车辆简单电路的故障维修工作。

三、任务实施

（一）新能源汽车基础电路故障检测

1. 知识学习

1）新能源汽车电路故障主要形式

微课　电路故障形式

新能源汽车电路故障主要出现在导线、熔断器、继电器或控制单元等易损元器件上，其主要形式有短路、断路或虚接等。

（1）短路

短路是指电力系统在运行中，相与相之间或相与地（或中性线）之间因发生非正常连接（即短路）而流过非常大的电流。短路时电流值远大于额定电流，并取决于短路点距电源的电气距离。短路就是不同电位的导电部分之间的低阻性短接，相当于电源未经过负载而直接由导线接通成闭合回路。

① 基本类型。

电源短路：就是把电源的两端用导线直接或间接相连，中间没有通过任何用电器。如果在复杂电路中，找出一条通路可以直接从电源的正极流向负极中间不通过任何用电器，那就视为短路，因为电流总是走最短路线的。电源短路是很危险的，容易造成电源烧毁甚至火灾。

用电器短路：也叫部分电路短路。可以简单地说成拿一根导线把用电器两端连接起来，电流通过导线，没有电流通过用电器，用电器不工作，视为短路。用电器短路容易产生烧毁其他用电器的情况。

② 短路原因。

a. 线路老化、绝缘破坏而造成短路。

b. 连接错误。

c. 元器件损坏，例如设备绝缘材料老化，设计、制造、安装、维护不良等造成的设备缺陷发展成为短路。

d. 气象条件影响，例如雷击过后造成的闪烁放电，由于风灾引起架空线断线和导线覆冰引起电线杆倒塌等。

e. 人为过失，例如工作人员带负荷拉闸，检修线路或设备时未排除接地线合闸供电，运行人员的误操作等。

f. 其他原因，例如挖沟损伤电缆，鸟兽风筝跨接在载流裸导体上等。

③ 在新能源汽车上的短路情况。

在新能源汽车电路中，若是开关被短路，可能导致负载始终处于工作状态；若是负载被短路，则会导致电源正极与负极直接导通，烧蚀熔断器或导线，负载也无法工作；若是信号线与电源线或接地线等线路短路，可能导致信号错误，系统无法正常工作。

（2）断路

断路是由线路质量原因或外界对其的腐蚀、电流太大而烧断等原因造成的，断路后电器或设备会因信号或电力丢失出现故障，一般不会出现大的损坏。

电路中断路点主要有电路闭合开关损坏，导线没有连接好，用电器烧坏或没安装好等。

在新能源汽车电路中导线断裂或熔断器熔断、继电器触点无法接触、开关触点无法接触等会致使负载无电流通过，造成负载无法工作的故障。

（3）虚接

虚接是常见的一种线路故障。虚接一般是由导线与连接器端子、元器件内部的连接器端子与电路板或导线与导线之间接触不良引起电阻过大，致使电压下降或不稳定，导致负载无法正常工作或信号线信号传输错误等故障。

微课

电气元件的电压检测

2）新能源汽车电路故障检测方法

（1）电压检测法

首先，需要满足待测电路工作条件，如开关闭合、辅助蓄电池电压正常（以 +B 表示辅助蓄电池电压）等。之后使用万用表电压挡位依次检测待测元器件两端与搭铁之间的电压值，通过电压降（当电流流过电阻性元件，如负载、线圈等，在其两端产生的电压差）判断电路故障。电压检测法示意图如图 2–1 所示。

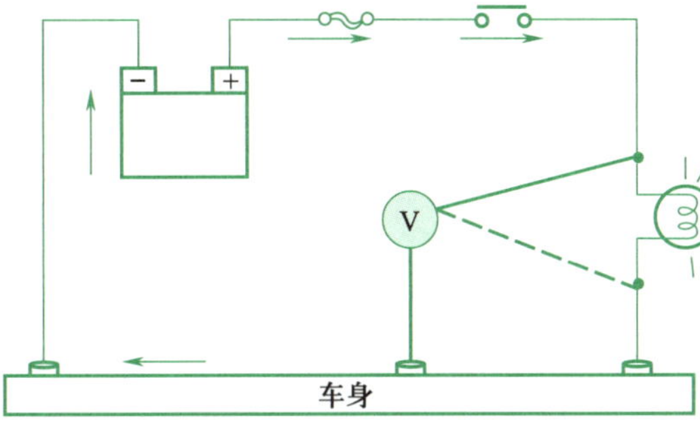

图 2–1　电压检测法示意图

若负载供电端子电压为 0 V，则表示供电电路存在断路，若是大于 0 V 而小于 +B，则表示供电电路存在虚接，需要沿电流路径向电源方向逐一检测各元器件两端电压。

若负载供电端子电压为 +B，则表示供电电路未存在断路，但不排除存在虚接故障，暂时无须检测；检测负载搭铁端子是否为 0 V，若是为 +B 则表示搭铁线路存在断路，若是大于 0 V 而小于 +B 则表示搭铁线路存在虚接。

若是负载供电电路与搭铁电路正常，且排除其他线路故障，则判断为元器件损坏。

（2）电流检测法

首先将万用表串联在待测电路的待测位置，调节万用表至电流挡位。之后在满足待测电路工作条件下检测电流是否正常，若是电流为 0 mA，则表示电路存在断路；若是电流微弱或波动较大，则电路可能存在虚接，需要沿电流路径向电源方向逐一检测。电流检测法示意图如图 2–2 所示。

微课
电气元件的电流检测

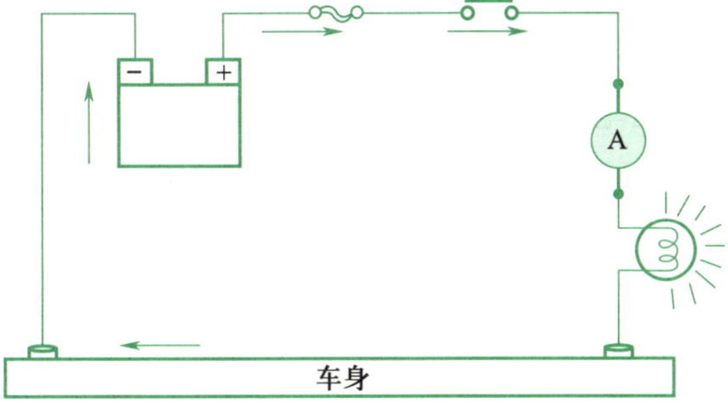

图 2–2　电流检测法示意图

微课
电气元件的电阻检测

（3）电阻检测法

首先将待测元器件从电路中分离，之后使用万用表电阻挡位检测待测元器件两端电阻值，这种方式能够最直观地判断电路、元器件是否存在断路、虚接故障。电阻检测法示意图如图 2-3 所示。

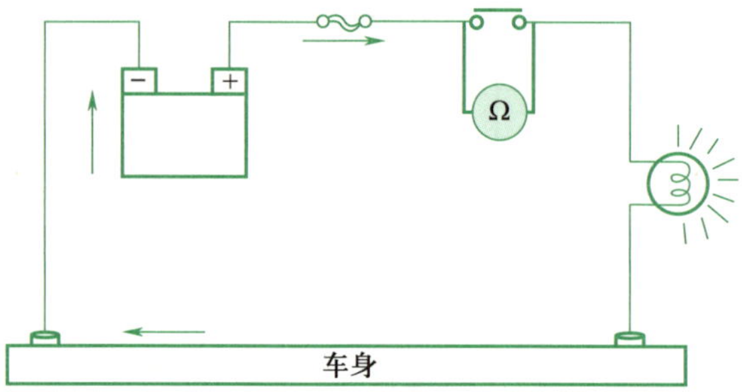

图 2-3　电阻检测法示意图

除电阻性元件外（如玻璃升降器电机、预充电阻、继电器线圈等），其他元器件阻值一般小于 1 Ω（或维修手册规定阻值）。如导线在正常状态下电阻应小于 1 Ω，若是电阻无穷大，则表示导线存在断路；若电阻大于 1 Ω 而小于无穷大，则表示导线存在虚接；如开关在闭合状态下电阻为无穷大或在断开状态下有电阻，则表示开关损坏。

注意：

① 切忌带电分离元器件。

② 不允许测量带电元器件电阻值。

（4）测电笔检测法

测电笔也叫试电笔，简称“电笔”。是一种电工工具，用来测试导线中是否带电。测电笔笔体中有一氖泡，测试时如果氖泡发光，说明导线有电或为通路的相线。测电笔中笔尖、笔尾为金属材料制成，笔杆为绝缘材料制成。使用测电笔时，一定要用手触及测电笔尾端的金属部分。否则，因带电体、测电笔、人体与大地没有形成回路，测电笔中的氖泡不会发光，会造成误判，认为带电体不带电。测电笔如图 2-4 所示。

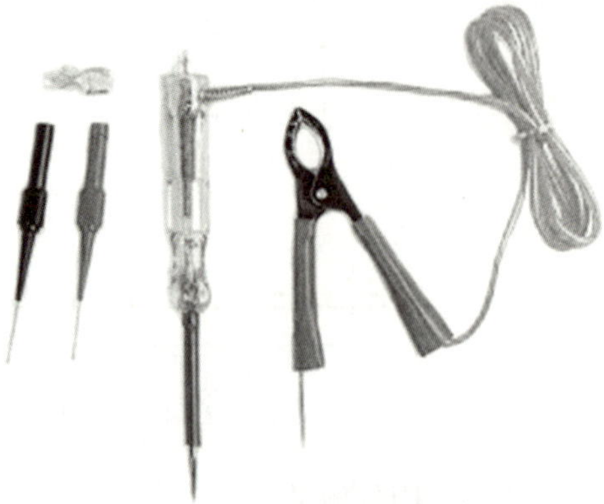

图 2-4　测电笔

① 分类。

测电笔按照测量电压的高低分类如下。

高压测电笔：用于 10 kV 及以上项目作业，为电工的日常检测用具。

低压测电笔：用于线电压 500 V 及以下项目的带电体检测。

弱电测电笔：用于电子产品的测试，一

般测试电压为 6 ~ 24 V。为了便于使用,电笔尾部常带有一根带夹子的引出导线。

测电笔按照接触方式分类如下。

接触式测电笔:通过接触带电体,获得电信号的检测工具。接触式测电笔通常有一字螺丝刀式和钢笔式,一字螺丝刀式兼作为测电笔和一字螺丝刀用,钢笔式直接在液晶窗口显示测量数据。

感应式测电笔:采用感应式测试,无须物理接触,可检查控制线、导体和插座上的电压或沿导线检查断路位置。感应式测电笔可以极大限度地保障检测人员的人身安全。

② 用途。

测电笔除了可以判断物体是否带电外,还有以下几个用途。

第一,可以用来进行低压核相,测量线路中任何导线之间是同相或异相。具体方法是:站在一个与大地绝缘的物体上,双手各执一支测电笔,然后在待测的两根导线上进行测试,如果两根测电笔发光很亮,则这两根导线为异相;反之,则为同相。它是利用测电笔中氖泡两极间电压差值与其发光强弱成正比的原理来进行判别的。

第二,可以用来判别交流电和直流电。在用测电笔进行测试时,如果测电笔氖泡中的两个极都发光,就是交流电;如果两个极中只有一个极发光,则是直流电。

第三,可以判断直流电的正、负极。将测电笔接在直流电路中测试,氖泡发亮的那一极就是正极,不发亮的那一极是负极。

第四,可用来判断直流是否接地。在对地绝缘的直流系统中,可站在地上用测电笔接触直流系统中的正极或负极,如果测电笔氖泡不亮,则没有接地;如果氖泡发亮,则说明有接地。其发亮如在笔尖端,则为正极接地;如发亮在手指端,则为负极接地。但是必须指出的是在带有接地监测继电器的直流系统中,不可采用此方法判断直流系统是否接地。

3)元器件测试方法

(1)继电器测试方法

取下继电器,首先检测继电器线圈电阻是否正常,若是不正常则表示继电器内部线圈损坏,若是正常则给继电器输入电路施加 +B 电压。之后检测继电器输出电路的电阻值是否正常,一般小于 1 Ω(或维修手册规定阻值)表示继电器正常,若是大于 1 Ω(或维修手册规定阻值)则表示继电器输出电路存在虚接或断路,需要更换继电器。以上测量若是正常,则断开继电器输入电路供电,测量输出电路的电阻值,若阻值为无穷大则表示正常,若是测得具体阻值则表示继电器触点存在粘连。继电器测试方法示意图如图 2-5 所示。

(2)熔断器测试方法

取下熔断器,检测熔断器输入端子与输出端子之间电阻值是否正常,一般小于

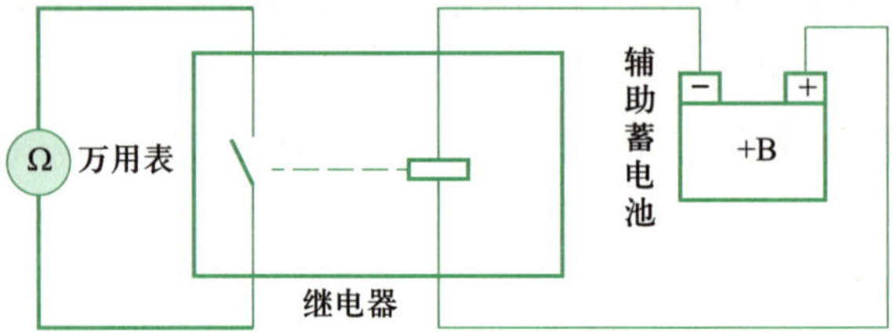

图 2-5　继电器测试方法示意图

1 Ω（或维修手册规定阻值）表示熔断器正常，若是大于 1 Ω（或维修手册规定阻值）则表示熔断器存在断路或虚接，需要更换熔断器。在更换熔断器之前需要检测护套内端子对地电阻，谨防因供电电路对地短路导致的熔断器熔断。

4）电路检测工具

（1）万用表

万用表又称复用表、多用表、三用表等，是电力电子等部门不可缺少的测量仪表，一般以测量电压、电流和电阻为主要目的。万用表按显示方式分为指针万用表和数字万用表。一般万用表可测量直流电流、直流电压、交流电流、交流电压、电阻和连通性测试等，有的还可以测量电容量、电感量及半导体的一些参数（如 β）等。

① 万用表的组成。

万用表由表头、测量电路及转换开关三个主要部分组成。

万用表的表头是灵敏电流计。表头上的表盘印有多种符号、刻度线和数值。符号 A—V—Ω 表示这只电表是可以测量电流、电压和电阻的多用表。表盘上印有多条刻度线，其中右端标有“Ω”的是电阻刻度线，其右端为零，左端为 ∞，刻度值分布是不均匀的。符号“—”或“DC”表示直流，“~”或“AC”表示交流，“~”表示交流和直流共用的刻度线。刻度线下的几行数字是与选择开关的不同挡位相对应的刻度值。

万用表的选择开关是一个多挡位的旋转开关。用来选择测量项目和量程。

一般的万用表测量项目包括：“mA”——直流电流；“V（—）”——直流电压；“V（~）”——交流电压；“Ω”——电阻。每个测量项目又分为几个不同的量程以供选择。

万用表表笔分为红、黑两种。使用时应将红色表笔插入标有“+”号的插孔，黑色表笔插入标有“-”号的插孔。

② 万用表工作原理。

万用表的基本原理是利用一只灵敏的磁电式直流电流表（微安表）做表头。当微小电流通过表头，就会有电流指示。但表头不能通过大电流，所以，必须在表头上并联与串联一些电阻进行分流或降压，从而测出电路中的电流、电压和电阻。

③ 万用表设计原理。

数字万用表的测量过程是由转换电路将被测量电量转换成直流电压信号，再由模数（A/D）转换器将电压模拟量转换成数字量，然后通过电子计数器计数，最后把测量结果用数字直接显示在显示屏上。

数字万用表测量电压、电流和电阻功能是通过转换电路部分实现的，而电流、电阻的测量都是基于电压的测量，也就是说数字万用表是在数字直流电压表的基础上扩展而成的。

数字直流电压表 A/D 转换器将随时间连续变化的电压模拟量转换成数字量，再由电子计数器对数字量进行计数得到测量结果，最后由译码显示电路将测量结果显示出来。逻辑控制电路完成电路的协调工作，在时钟的作用下按顺序完成整个测量过程。

④ 操作规程。

使用前应熟悉万用表各项功能，根据被测量的对象，正确选用挡位、量程及表笔插孔。

在对被测数据大小不明时，应先将量程开关置于最大值，而后由大量程往小量程挡位切换，使仪表指针指示在满刻度的 1/2 以上处即可。

测量电阻时，在选择了适当倍率挡后，将两表笔相碰使指针指在零位，如指针偏离零位，应调节“调零”旋钮，使指针归零，以保证测量结果准确。如不能调零或数显表发出低电压报警，应及时检查。

在测量某电路电阻时，必须切断被测电路的电源，不得带电测量。

使用万用表进行测量时，要注意人身和仪表设备的安全，测试中不得用手触摸表笔的金属部分，不允许带电切换挡位，以确保测量准确，避免发生触电和烧毁仪表等事故。

⑤ 注意事项。

a. 在使用万用表之前，应先进行“机械调零”，即在没有测量时，使万用表指针指在零电压或零电流的位置上。

b. 在使用万用表过程中，不能用手去接触表笔的金属部分，这样一方面可以保证测量的准确，另一方面也可以保证人身安全。

c. 在测量某一电量时，不能在测量的同时换挡，尤其是在测量高电压或大电流时更应注意。否则会使万用表毁坏。如需换挡，应先断开表笔，再换挡测量。

d. 万用表在使用时，必须水平放置，以免造成误差。同时，还要注意到避免外界磁场对万用表的影响。

e. 万用表使用完毕，应将转换开关置于交流电压的最大挡。如果长期不使用，还应将万用表内部的电池取出来，以免电池腐蚀表内其他器件。

（2）辅助工具

在新能源汽车电路故障检测时，由于需要从连接器的插头或插座背部对连接器内部端子进行检测，或者对导线进行检测时受到绝缘层限制，无法使用万用表表笔直接进行检测，这时需要将细长的探针插入连接器内部进行检测，或者使用免破线工具刺破导线绝缘层进行检测。以上工具统称辅助工具，辅助工具如图 2-6 所示。

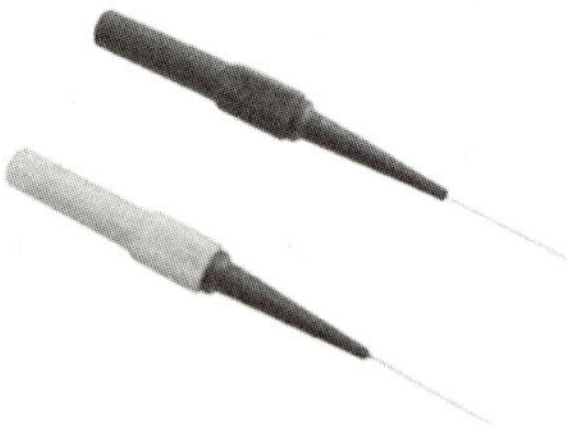

(a) 探针

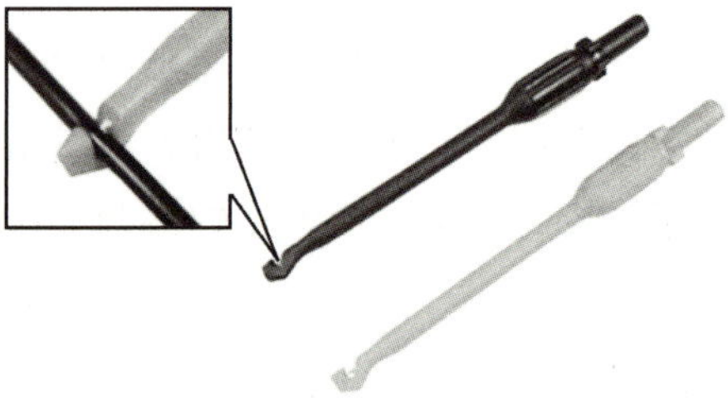

(b) 免破线工具

图 2-6　辅助工具

注意：

使用免破线工具刺破导线绝缘层后，需要使用绝缘胶带对破线处进行包裹，防止短路。

2. 技能操作

1）操作准备

准备技能操作所需的物料，见表 2-1。

表 2-1　物料准备

类别	所需物料
防护用品	车辆防护用品
元器件	四端子继电器与护套、熔断器与护套、灯泡与灯泡座、辅助蓄电池、导线、按钮接触开关、按钮常闭开关、喇叭、各式连接器
工具、设备	车辆电路图手册、绝缘胶带、万用表、测电笔、剥线钳、热缩管、热风枪、退端子工具、各式端子、尖嘴钳、电烙铁、助焊剂

2）混联电路故障检测

按照车辆电路连接要求，搭建普通混联电路并设置 1～2 个故障，然后使用万用表，分别采用电压检测法、电流检测法、电阻检测法测量电路，通过测量的数据判断故障点，然后按表 2-2 中的要求填写相关内容。

表 2-2　结果记录表

混联电路示意图（标注故障点）:

序号	故障点	测量方法	判断依据
1			
2			
3			

3）带有继电器等的电路故障检测

按照车辆电路连接要求，搭建带有继电器、熔断器、灯泡、开关等元器件的电路并设置 1～2 个故障，然后使用测电笔、万用表，分别采用电压检测法、电流检测法、电阻检测法对继电器、熔断器等元器件和电路进行测量，并判断故障点，然后按表 2-3 中的要求填写相关内容。

表 2-3　结果记录表

带有继电器等的电路示意图（标注故障点）:

序号	故障点	测量方法	判断依据
1			
2			
3			

（二）新能源汽车基础电路故障维修

1. 知识学习

1）电路故障维修工具

（1）剥线钳

剥线钳是内线电工、电动机修理工、仪器仪表电工常用的工具之一，用来剥除导线头部的表面绝缘层。剥线钳可以使导线被切断的绝缘皮与导线分开，还可以防止触电。

① 剥线钳设计原理。

图 2-7 所示为剥线钳的机构简图，当握紧剥线钳手柄使其工作时，图中弹簧首先被压缩，使得夹紧机构夹紧导线。而此时由于扭簧 1 的作用剪切机构不运动。当夹紧机构完全夹紧导线时，扭簧 1 所受的作用力逐渐变大致使扭簧 1 开始变形，使得剪切机构开始工作。而此时扭簧 2 所受的力还不足以使得夹紧机构与剪切机构分开，剪切机构完全将导线皮切开后剪切机构被夹紧。此时扭簧 2 所受作用力增大，当扭簧 2 所受作用力达到一定程度时，扭簧 2 开始变形，夹紧机构与剪切机构分开，使得导线被切断的绝缘皮与导线分开，从而达到剥线的目的。

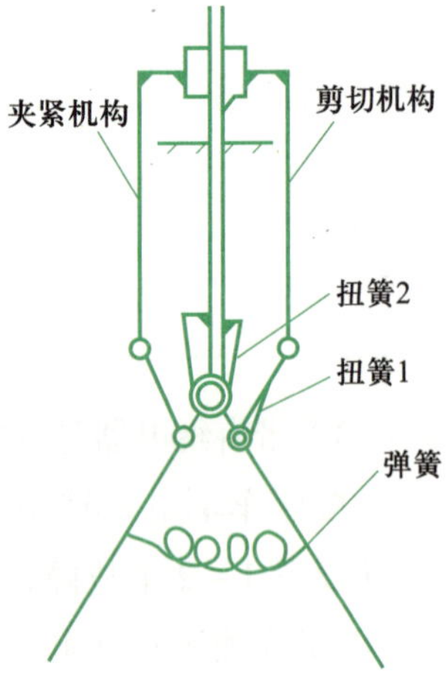

图 2-7　剥线钳机构简图

② 使用方法。

剥线钳是用来剥除导线绝缘层，裸露出内部线芯的工具，还可以用来剪切导线。首先根据导线直径选择剥线钳的口径，之后选择好要剥线的长度，将导线需要剥离位置夹入剥线钳，捏紧剥线钳手柄将电缆线夹住，即可剪断导线绝缘层，缓缓用力利用夹持区使电缆线外绝缘层慢慢剥落。松开工具手柄，取出电缆线，这时电缆线里的金属整齐露出，其余部分的绝缘塑料完好无损。剥线钳结构如图 2-8 所示。

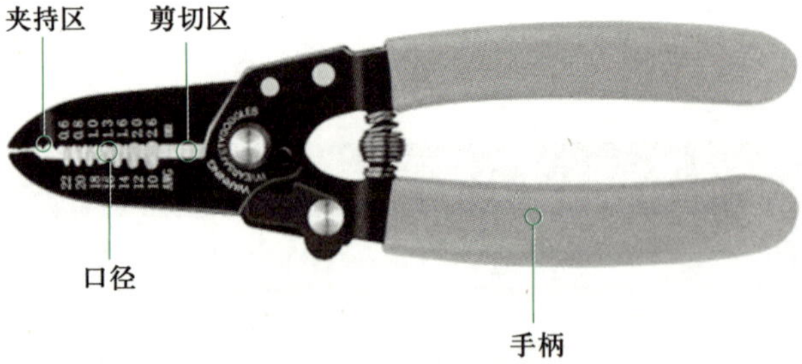

图 2-8　剥线钳结构

（2）退端子工具

使用退端子工具，如图 2-9 所示，可退出连接器护套中端子，使用方法如下。

① 断开连接器插头、插座连接。

② 去除插头或插座背面防水胶套。

③ 利用退端子工具解除端子锁止机构。

（3）焊接工具

常用的手工焊接工具是电烙铁，其作用是加热焊料和被焊金属，使熔融的焊料润湿被焊金属表面并生成合金。电烙铁是电子产品装配过程中必不可少的工具之一。

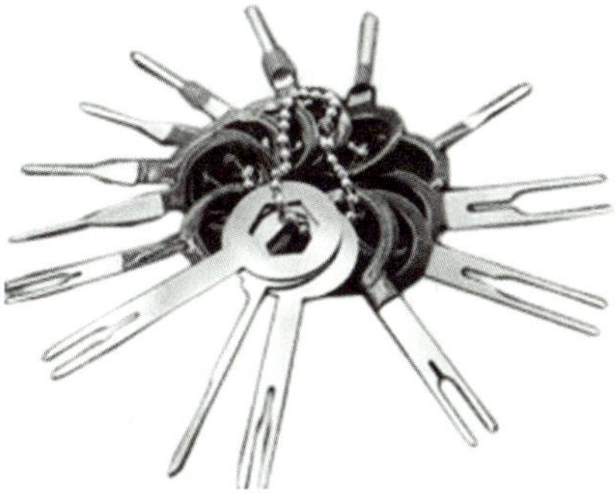

图 2-9　退端子工具

① 电烙铁的分类。

直热式电烙铁：直热式电烙铁根据结构分为外热式电烙铁和内热式电烙铁。内热式电烙铁的烙铁心安装在烙铁头里面，因而发热快、热效率高。应根据焊接元器件的大小和印制导线的粗细来选择电烙铁的功率。电烙铁功率过大，可能会损坏被焊元器件；电烙铁功率过小，不能使被焊工件和焊锡充分加热，会导致焊接不良或焊接不上。功率越大，烙铁头的温度也就越高。

感应式电烙铁：感应式电烙铁也称作速热烙铁，俗称焊枪。其内部是一个变压器，该变压器的二次绕组只有 1 ~ 3 匝。当一次绕组通电时，二次绕组感应生成大电流通过加热体，使同它相连的烙铁头迅速达到焊接所需温度。这种电烙铁的特点是加热速度快，一般通电几秒钟即可达到焊接温度，因而不需要像直热式电烙铁那样持续通电。它的手柄上带有开关，工作时只需按下开关几秒钟即可焊接，特别适合于断续工作使用。但由于电烙铁头实际是变压器二次绕组，因而对一些电荷敏感器件，如绝缘栅 MOS 电路，不宜使用这种电烙铁。

恒温电烙铁：在焊接集成电路、晶体管元器件时，温度不能太高，焊接时间不能过长，否则就会因温度过高造成元器件的损坏，因而对电烙铁的温度要加以限制。恒温电烙铁可以达到这一要求，这是由于恒温电烙铁头内装有强磁体传感器的温度控制器，通过控制通电时间而实现恒温，即给电烙铁通电时，烙铁头的温度上升，当达到预定的温度时，因强磁体传感器达到了居里点而磁性消失，从而使磁芯开关触点断开，这时便停止向电烙铁供电；当温度低于强磁体传感器的居里点时，强磁体便恢复磁性，并吸动磁芯开关中的永久磁铁，使磁芯开关的触点接通，继续向电烙铁供电，如此循环往复，便达到了控制温度的目的。这种电烙铁的优点是：断续加热，不仅省电，而且电烙铁不会过热，寿命延长；升温快，只需 40 ~ 60 s；烙铁头采用镀锡铁新工艺，寿命较长；恒温控制不受电源电压、环境温度影响。例如 50 W 270 ℃恒温电烙铁，电源电压在 180~240 V 均能恒温，在烙铁通电 5 min 后可达

270 ℃。

调温电烙铁：调温电烙铁有自动和手动两种。手动式调温实际就是将电烙铁接到一个可变调压器上，由调压器上刻度设定电烙铁温度。自动调温电烙铁靠温度传感器元件监控烙铁头的温度，并通过放大器将传感器输出的信号进行放大，然后控制电烙铁供电电路的接通或断开，从而达到调节恒温的目的。

吸锡电烙铁：吸锡电烙铁是将活塞式吸锡器与电烙铁融为一体的拆焊工具。吸锡电烙铁的使用方法是：接通电源预热 3 ~ 5 min，然后将活塞柄推下并卡住；将吸锡电烙铁的吸头前端对准欲拆焊的焊点，待焊锡熔化后，按下吸锡电烙铁手柄上的按钮，活塞便自动上升，焊锡被吸头吸起，可沿着元器件引线与焊盘（焊片）脱离。另外，吸锡器配有两个以上直径不同的吸头，可根据元器件引线的粗细进行选用。

长寿型电烙铁：长寿型电烙铁与普通型电烙铁的结构和原理相同，只不过长寿型电烙铁的烙铁头经过特殊工艺的处理，即在紫铜表面镀以纯铁或镍，这样可使其使用寿命大大延长。使用这种电烙铁时，应始终保持在烙铁头部挂锡。

红外焊枪：红外焊枪的加热原理是采用红外线进行加热，即将红外线光源置于椭球面进行反射，光束会聚在另一焦点上，焦点的温度可达到焊接温度。

② 焊锡。

一般电子产品装配主要使用焊锡作为焊料。用焊锡作为焊料具有熔点低、流动性和附着性较好、耐腐蚀、机械强度高、使用方便、价格低等优点。

焊锡主要是由锡、铅和其他金属组成。其中，锡的质量分数为 63%，铅的质量分数为 36.5%，其他金属的质量分数为 0.5%。

常用焊锡的分类如下。

管状焊锡丝：它是将焊锡制成管状，在焊锡管中充满固体松香助焊剂，这样的焊锡丝又称为松香焊锡丝。管状焊锡丝的直径有 0.5 mm 至 5.0 mm 的十几种规格。这类焊锡适合于手工焊接。其中，直径为 1.0 mm 和 1.2 mm，内含松香粉助焊剂的焊锡丝，具有熔点低、导电性好、焊接十分方便的优点，如 39 锡铅焊料（HISnPb39），其熔点为 183 ℃，抗拉强度为 4.7 kg/cm，最适合电子线路的制作。

含银焊锡：含银焊锡是在锡铅焊料中加入少量的金属银，这样可降低焊料的熔点，减少镀银工件中银在焊料中的溶解量。这类焊锡适合用于镀银被焊工件的焊接。

焊膏：焊膏由焊料合金粉末和助焊剂组成，并制成糊状。焊膏能方便地用丝网、模板或点膏机印涂在印制电路板上，是表面安装技术中的一种重要贴装材料，适合于流焊元器件、贴片元器件和片式元器件的焊接。

③ 助焊剂。

金属表面同空气接触后都会生成一层氧化膜，温度越高，氧化越厉害。这层氧化膜阻止液态焊锡对金属的润湿作用，犹如玻璃沾上油就会使水不能润湿一样。助焊剂就是用于清除氧化膜的一种专用材料。因此，在锡铅焊料的焊接中，助焊剂是一种不可缺少的材料。

④ 阻焊剂。

印制电路板加工完成以后，需要在印制电路板除焊盘以外的印制导电条上全部涂上防焊材料，这种防焊材料称为阻焊剂。阻焊剂通常用于浸焊或波峰焊印制电路板。

⑤ 焊接方法。

若是连接器端子脱焊，或是进行导线与端子连接、导线之间接线时，可以进行焊接。焊接方法如下：

a. 使用小刀、砂纸等工具对焊接部位进行刮擦，去掉表面的氧化层、油污等。

b. 将加热的电烙铁刃口熔上适量焊锡。

c. 电烙铁刃口粘上助焊剂（松香、焊膏等）。

d. 将要焊接部件连接在一起，将焊锡熔在焊接部位。

e. 焊接部位形成焊点后迅速移走电烙铁。

焊接方法如图 2-10 所示。

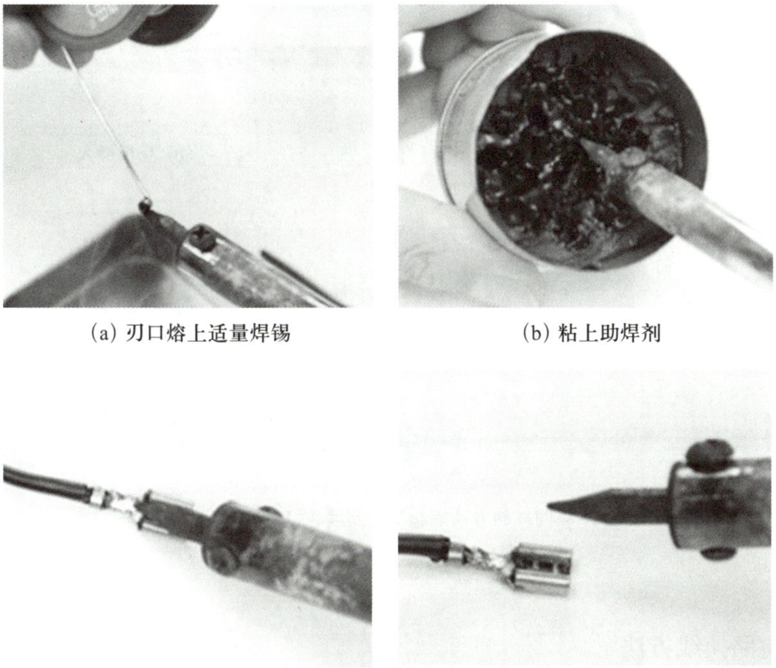

(a) 刃口熔上适量焊锡　(b) 粘上助焊剂

(c) 焊接　(d) 移开电烙铁

图 2-10　焊接方法

注意：谨防电烙铁烫伤。

2）电路接线方法

当电路导线存在断路故障时需要进行接线或换线。电路接线方法如下。

① 剥开线束缠绕的胶带或螺纹管，找到故障导线和断路点。

② 将导线断路点两端剪切平整，并剥离出 3 ~ 5 cm 的线芯。

③ 两端套入适当长度的热缩管。

④ 准备一根同样直径的导线，根据断路点两端的距离剪切出一截导线，备用导线要预留出剥线的长度，如图 2-11 所示。

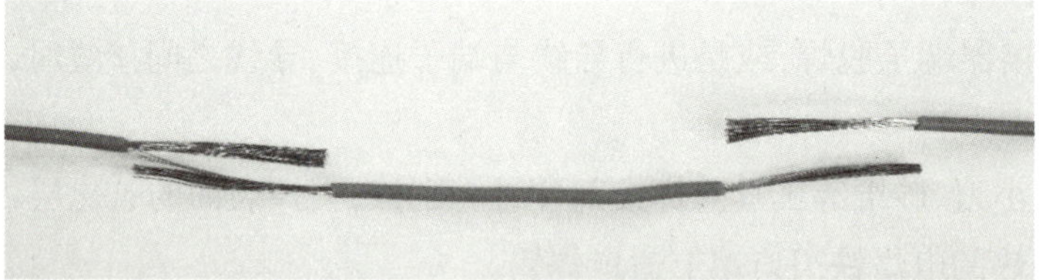

图 2-11 导线剪切

⑤ 将备用导线两端剥离出 3 ~ 5 cm 的线芯。

⑥ 将备用导线两端与故障导线两端连接，连接方法如图 2-12 所示。

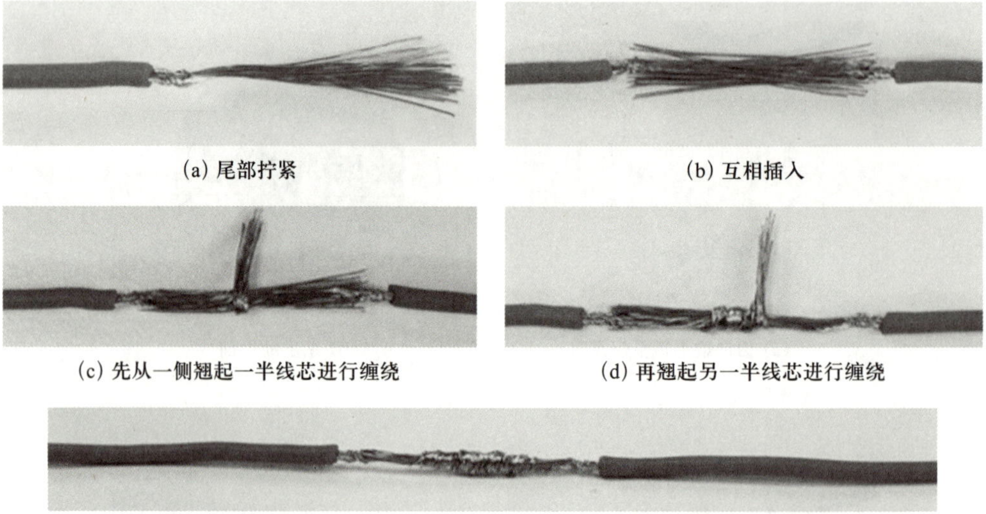

(a) 尾部拧紧

(b) 互相插入

(c) 先从一侧翘起一半线芯进行缠绕

(d) 再翘起另一半线芯进行缠绕

(e) 以同样的方法翘起另一侧线芯，反向进行缠绕

图 2-12 导线连接

3）电路换线方法

若是电路导线存在老化、烧蚀、虚接等故障，则需要对该导线进行更换，更换导线的重点就是将端子从连接器护套中退出，当导线与连接器端子断开或虚接时也需

要退出端子进行维修。退出端子后导线与端子连接方法如下。

① 将导线头部剥离出 0.5 cm 的线芯。

② 线芯放置于导体压接中，带绝缘层的导线放置于绝缘支撑中。

③ 利用尖嘴钳压紧导体压接及绝缘支撑。导线与端子连接方法如图 2–13 所示。

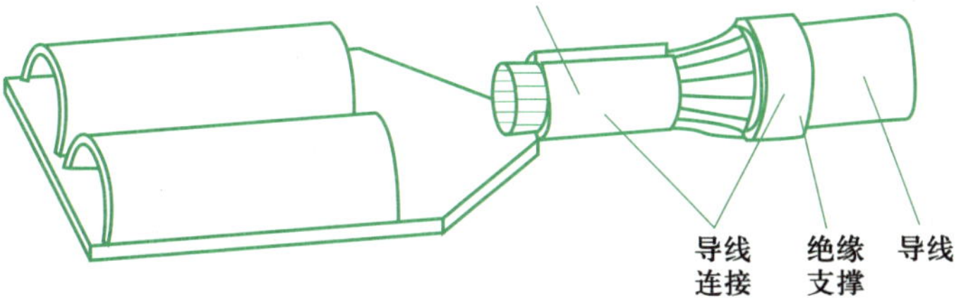

图 2–13　导线与端子连接方法

④ 向连接器护套内安装端子前，调整端子锁止机构，如图 2–14 所示。

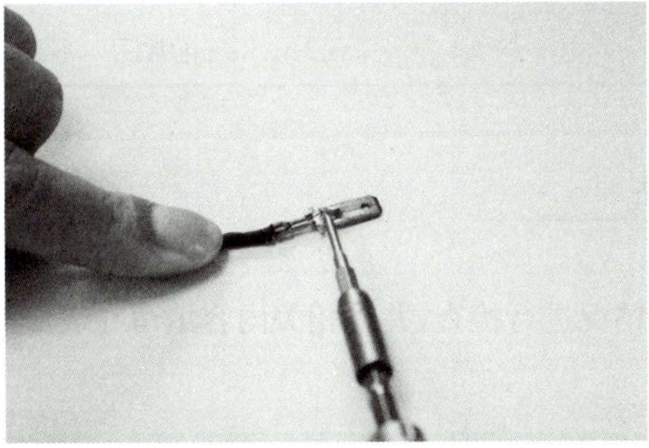

图 2–14　调整端子锁止机构

2. 技能操作

1）操作准备

准备技能操作所需的物料，见表 2–4。

表 2–4　物料准备

类别	所需物料
防护用品	车辆防护用品
绘图工具	铅笔、纸张、橡皮、尺子套装
元器件	四端子继电器与护套、熔断器与护套、灯泡与灯泡座、辅助蓄电池、导线、按钮接触开关、按钮常闭开关、喇叭、各式连接器
设备、工具	车辆电路图手册、绝缘胶带

2）新能源汽车电路故障检修

选择合适的检测方法，对故障车辆喇叭电路进行检测，确定故障点并进行检修，将故障检修记录填写在表 2–5 中。

表 2–5　故障检修记录

序号	检测项目	检测方法	检测结果	处理方式
示例	辅助蓄电池	电压检测法	正常□　不正常☑	更换蓄电池
1	辅助蓄电池		正常□　不正常□	
2	负载供电端		正常□　不正常□	
3	负载接地端		正常□　不正常□	
4	开关		正常□　不正常□	
5	继电器		正常□　不正常□	
6	熔断器		正常□　不正常□	
7	导线		正常□　不正常□	

四、检查评估

对本任务的学习情况进行检查，并将相关内容填写在表 2–6 中。

表 2–6　检查表

检查项目	检查结果	结果点评
新能源汽车基础电路故障检测		
电路连接是否正确	是□　否□	
检测结果是否正确	是□　否□	
故障点判定是否正确	是□　否□	
新能源汽车基础电路故障检修		
故障是否排除	是□　否□	
用电器工作是否正常	是□　否□	
整理及恢复		
工具、设备是否整理恢复	是□　否□	
实训工位是否打扫干净	是□　否□	
工作页是否填写完整	是□　否□	

五、任务小结

本任务小结如图 2-15 所示。

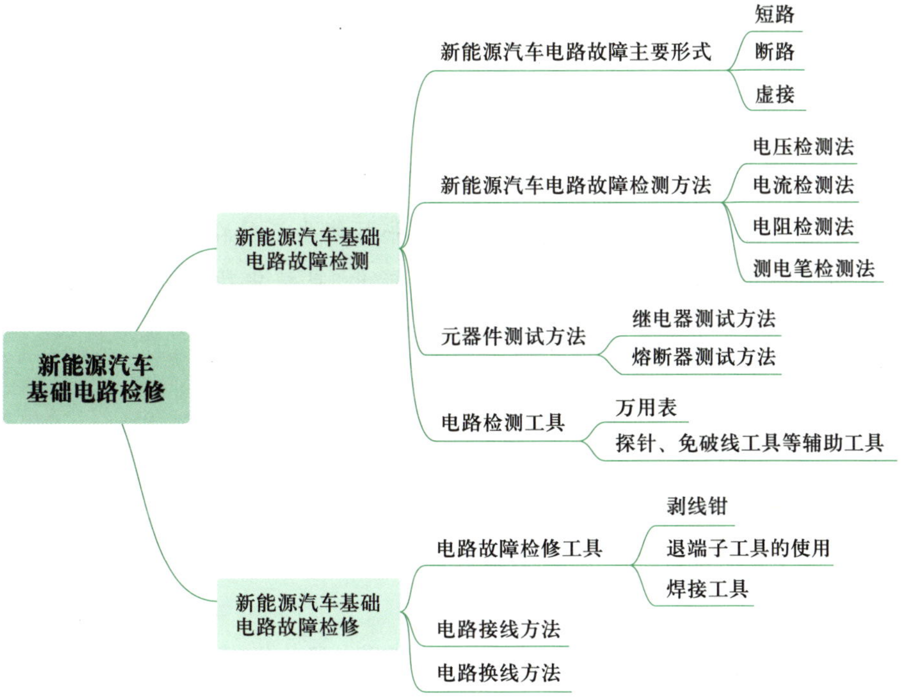

图 2-15　任务小结

任务三 新能源汽车控制电路检修

一、任务导入

场景：某国产品牌新能源汽车售后维修中心。

人物：张师傅（维修技师）、小李（学徒）。

情节：张师傅让小李搭建一个电路，要求不能由开关直接控制用电器，并能检查电路是否正常。小李不知道怎么搭建，张师傅告诉他在汽车电路中，传统的开关直接控制用电器方式无法完成一些智能化、自动化功能，需要加入控制单元进行智能化、自动化功能控制。如果你是小李，该如何完成张师傅交代的任务呢？

二、任务目标

✧ 能按照控制电路组成，结合车辆电路图，选择合适的元器件，完成新能源汽车控制电路搭建。

✧ 能按照控制电路检测流程、方法，正确使用电路检修工具，完成新能源汽车控制电路故障检修。

三、任务实施

（一）新能源汽车控制电路搭建

1. 知识学习

汽车常见的电路包括：电源电路、起动电路、空调控制电路、仪表电路、照明与信号电路、辅助电器电路、电子控制系统电路。

电源电路：由蓄电池、发电机及电压调节器和工作情况显示装置等组成，其主要任务是对全车所有用电设备供电并维持供电电压稳定。

起动电路：由起动机、起动继电器、起动开关及起动保护装置等组成，其主要任务是将发动机由静止状态转变为自行运转状态。

空调控制电路：由空调压缩机电磁离合器、空调控制器、控制开关及风机控制电路等组成，其主要任务是根据环境温度和空气质量控制调节车内的温度和空气质量，以满足乘员舒适度的要求。

仪表电路：由仪表、指示表、传感器、各种报警器及控制器等组成，其主要任务是控制各种仪表显示信息及报警。

照明与信号电路：由前照灯、雾灯、示廓灯、转向灯、制动灯、倒车灯等及其控制继电器和开关组成，其主要任务是控制各种照明灯的开闭及各种信号的输出。

辅助电器电路：由各种辅助电器及其控制继电器和开关等组成，其主要任务是根据需要控制各种辅助电器的工作时机和工作过程。

电子控制系统电路：由电子控制单元（Electronic Control Unit，ECU）根据车辆上所使用的电控系统控制内容的不同采用不同的控制方式完成控制功能。

1）新能源汽车控制电路

新能源汽车控制电路主要由 ECU、控制开关、保护装置、导线和连接器等组成。

（1）ECU 作用

ECU，电子控制单元，又称“行车电脑”“车载电脑”等。从用途上讲则是汽车专用微机控制器，也叫汽车专用单片机。它和普通的单片机一样，由微处理器（CPU）、存储器（ROM、RAM）、输入 / 输出接口（I/O）、模数转换器（A/D）以及整形、驱动等大规模集成电路组成。

ECU 的电压工作范围一般为 6.5 ~ 16 V（内部关键部分有稳压装置）、工作电流为 0.015 ~ 0.1 A、工作温度为 −40 ~ 80 ℃，能承受 1 000 Hz 以下的振动，因此 ECU 损坏的概率非常小，在 ECU 中 CPU 是核心部分，它具有运算与控制的功能，采集各传感器的信号，进行运算，并将运算的结果转变为控制信号，控制被控对象的工作。它还实行对存储器、输入 / 输出接口和其他外部电路的控制；ROM 中存放的程序是以经过精确计算和大量试验获得的数据为基础，这个固有程序在发动机工作时，不断地与采集来的各传感器的信号进行比较和计算。ECU 还有故障自诊断和保护功能，当系统产生故障时，它还能在 RAM 中自动记录故障代码并采用保护措施从上述的固有程序中读取替代程序来维持车辆运行，使其能开到修理厂。

① ECU 的工作环境。

车用 ECU 所处的环境十分恶劣复杂，除了湿度、温度、振动、冲击、灰尘、泥沙、水、油污、波动电压等环境因素外，电磁环境更是个不可忽视的问题。为了能使 ECU 适应汽车内恶劣环境，在设计汽车电子产品时考虑 ECU 所处的环境以及对 ECU 进行检测和评估就显得十分重要。

② ECU 的自诊断功能。

ECU 一般都具备故障自诊断和保护功能，当系统产生故障时，它还能在 RAM 中自动记录故障代码并采用保护措施从上述的固有程序中读取替代程序来维持发动机的运转。同时这些故障信息会显示在仪表盘上并保持不灭，可以使车主及时发现问题并能将汽车开到修理厂。

③ ECU 的自适应功能。

正常情况下，RAM 也会不停地记录驾驶人行驶中的数据，成为 ECU 的学习程序，为适应驾驶人的驾驶习惯提供最佳的控制状态，这个程序也叫自适应程序。但由于是存储于 RAM 中，就像错误码一样，一旦失去供电，所有的数据就会丢失。

④ ECU 网络。

随着轿车电子化、自动化水平的提高，ECU 将会日益增多，线路会日益复杂。为了简化电路和降低成本，汽车上多个 ECU 之间的信息传递就要采用一种称为多路复用通信网络的技术，使整车的 ECU 形成一个网络系统，也就是 CAN 总线系统。

（2）ECU 形式

新能源汽车 ECU 有两种形式，一种是如图 3-1（a）所示的独立式，另一种是如图 3-1（b）所示的集成在相应部件内部的集成式。

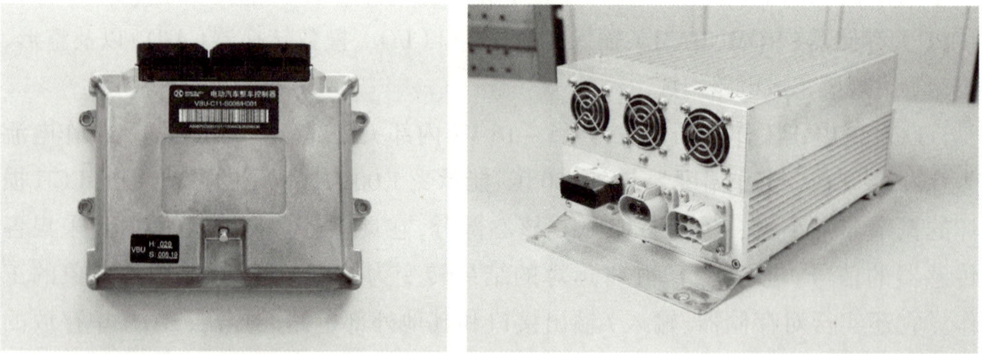

(a) 独立式　　(b) 集成式

图 3-1　新能源汽车 ECU 形式

2）新能源汽车 ECU 中的电子元器件

新能源汽车 ECU 是控制电路的核心组成部件，ECU 内部由不同电子元器件组成，包括二极管、晶体管、电容器等。

微课

二极管的结构

（1）二极管

二极管又称晶体二极管，它是一种具有单向导电性的电子器件。在二极管内部有一个 PN 结和两个引线端子，这种电子器件按照外加电压的方向，具备单向导电性。一般来讲，晶体二极管是一个由 PN 型半导体和 PN 型半导体烧结形成的 PN 结界面。在其界面的两侧形成空间电荷层，构成自建电场。当外加电压等于零时，由于 PN 结两边载流子的浓度差引起的扩散电流和由自建电场引起的漂移电流相等而处于电平衡状态，这也是常态下的二极管特性。

① 二极管作用。

二极管是最常用的电子元件之一，它最大的特性就是单向导电性，也就是电流只可以从二极管的一个方向流过，整流电路、检波电路、稳压电路、各种调制电路，主要都是由二极管来构成的。正是由于二极管等元件的发明，才有现在丰富多彩的电子信息世界的诞生。二极管的检测方法为：用万用表转到电阻挡测量一下它的电阻。如果正向电阻很小，反向电阻很大，这就说明这个二极管正常。对于这样的基础元件我们应牢牢掌握住它的作用、原理以及基本电路，这样才能为以后的电子技术学习打下良好的基础。

② 二极管特点。

第一，整流。大部分二极管所具备的电流方向性，通常称之为“整流”功能。二极管最普遍的功能就是只允许电流由单一方向通过（称为顺向偏压），反向时阻断（称为逆向偏压）。因此，二极管可以看成电子版的逆止阀。然而实际上二极管并不会表现出如此完美的开与关的方向性，而是较为复杂的非线性电子特征——这是由特定类型的二极管技术决定的。二极管使用上除了用作开关之外还有很多其他的功能。

第二，正向性。外加正向电压时，在正向特性的起始部分，正向电压很小，不足以克服 PN 结内电场的阻挡作用，正向电流几乎为零，这一段称为死区。这个不能使二极管导通的正向电压称为死区电压。当正向电压大于死区电压以后，PN 结内电场的阻挡作用被克服，二极管导通，电流随电压增大而迅速上升。在正常使用的电流范围内，导通时二极管的端电压几乎维持不变，这个电压称为二极管的正向电压。

第三，反向性。外加反向电压不超过一定范围时，通过二极管的电流是少数载流子漂移运动所形成反向电流，由于反向电流很小，二极管处于截止状态。这个反向电流又称为反向饱和电流或漏电流，二极管的反向饱和电流受温度影响很大。

第四，电击穿。外加反向电压超过某一数值时，反向电流会突然增大，这种现象称为电击穿。引起电击穿的临界电压称为二极管反向击穿电压。电击穿时二极管失去单向导电性。如果二极管没有因电击穿而过热，则单向导电性不一定会被永久破坏，在撤除外加电压后，其性能仍可恢复，否则二极管就损坏了。因而二极管使用时应避免外加过高的反向电压。

③ 二极管特性曲线。

与 PN 结一样，二极管具有单向导电性。硅二极管典型伏安特性曲线如图 3-2 所示。由伏安特性可知，当外加电压较低时，外电场还无法克服 PN 结内电场对多数载流子扩散运动的阻力，因此正向电流很小，几乎为 0，此阶段称为“死区”。对应电压称为死区电压。死区电压与材料、环境温度有关，如硅二极管死区电压为 0.5 V，锗二极管死区电压为 0.1 V。只有当外加电压超过死区电压时，二极管才能导通，二极管一旦导通，其两端电压近似为常量，此电压称为二极管正向工作时的管压降（通常称为导通电压，用符号 U_D 表示），如硅二极管管压降为 0.6 ~ 0.7 V，锗二极管管压降为 0.2 ~ 0.3 V。

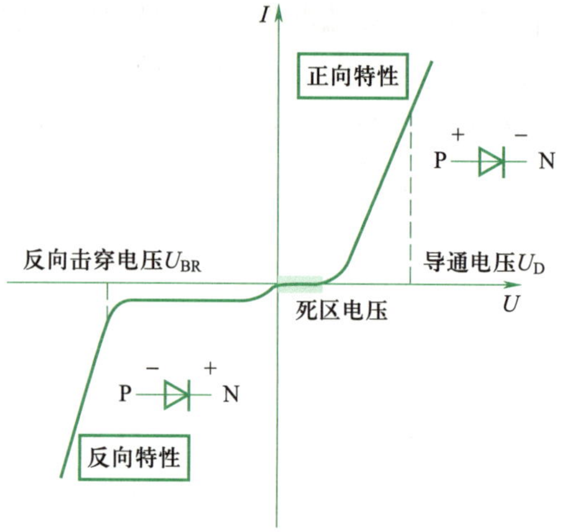

图 3-2　硅二极管典型伏安特性曲线

（2）晶体管

晶体管，全称应为半导体晶体管，也称双极型晶体管，如图 3-3 所示，是一种控制电流的半导体器件。其作用是把微弱信号放大成幅度值较大的电信号，也用作无触点开关。

图 3-3　晶体管

晶体管是半导体基本元器件之一，具有电流放大作用，是电子电路的核心元件。晶体管是在一块半导体基片上制作两个相距很近的 PN 结，两个 PN 结把整块半导体分成三部分，中间部分是基区，两侧部分是发射区和集电区，排列方式有 PNP 和 NPN 两种。

① 晶体管放大原理。

首先，发射区向基区发射电子，电源 U_b 经过电阻 R_b 加在发射结上，发射结正偏，发射区的多数载流子（自由电子）不断地越过发射结进入基区，形成发射极电流 I_e。同时基区多数载流子也向发射区扩散，但由于多数载流子浓度远低于发射区载流子浓度，可以不考虑这个电流，因此可以认为发射结主要是电子流。

然后，基区中电子扩散与复合，电子进入基区后，先在靠近发射结的附近密集，渐渐形成电子浓度差，在浓度差的作用下，促使电子流在基区中向集电结扩散，被集电结电场拉入集电区形成集电极电流 I_c。也有很小一部分电子（因为基区很薄）与基区的空穴复合，扩散的电子流与复合电子流的比例决定了晶体管的放大能力。

最后，集电区收集电子，由于集电结外加反向电压很大，这个反向电压产生的电场力阻止集电区电子向基区扩散，同时将扩散到集电结附近的电子拉入集电区从而形成集电极主电流 I_{cn}。另外集电区的少数载流子（空穴）也会产生漂移运动，流向基区形成反向饱和电流，用 I_{cbo} 来表示，其数值很小，但对温度却异常敏感。

② 晶体管分类。

按材质分：硅管、锗管。

按结构分：NPN、PNP。

按功能分：开关管、功率管、达林顿管、光敏管等。

按功率分：小功率管、中功率管、大功率管。

按工作频率分：低频管、高频管、超频管。

按结构工艺分：合金管、平面管。

按安装方式：插件晶体管、贴片晶体管。

③ 晶体管判别。

微课

晶体管类型的判断

晶体管基极的判别：晶体管的基极是晶体管中两个 PN 结的公共极，因此，在判别晶体管的基极时，只要找出两个 PN 结的公共极，即为晶体管的基极。具体方法是将万用表调至电阻挡的 $R\times1$ k 挡，先将红表笔放在晶体管的一极上，用黑表笔分别去触碰晶体管的另两极，如果两次全通，则红表笔所放的极就是晶体管的基极。如果一次没找到，则将红表笔换到晶体管的另一极，再测两次；如还没找到，则红表笔再换一极，再测两次。如果还没找到，则改用黑表笔放在晶体管的一极上，用红表笔去测两次看是否全通，若没有全通再更换其他极。这样最多测量 12 次，就可以找到基极。

晶体管类型的判别：晶体管只有两种类型，即 PNP 型和 NPN 型。判别时只要知道基极是 P 型材料还是 N 型材料即可。当用万用表 $R\times1$ k 挡测量时，黑表笔代表电源正极，如果黑表笔接基极时导通，则说明晶体管的基极为 P 型材料，晶体管即为 NPN 型。如果红表笔接基极导通，则说明晶体管基极为 N 型材料，晶体管即为 PNP 型。

④ 晶体管工作状态。

截止状态：当加在晶体管发射结的电压小于 PN 结的导通电压，基极电流为零，集电极电流和发射极电流都为零，晶体管这时失去了电流放大作用，集电极和发射极之间相当于开关的断开状态，称晶体管处于截止状态。

放大状态：当加在晶体管发射结的电压大于 PN 结的导通电压，并处于某一恰当的值时，晶体管的发射结正向偏置，集电结反向偏置，这时基极电流对集电极电流起着控制作用，使晶体管具有电流放大作用，其电流放大倍数 $\beta=\Delta I_c/\Delta I_b$，这时晶体管处放大状态。

饱和导通：当加在晶体管发射结的电压大于 PN 结的导通电压，并当基极电流增大到一定程度时，集电极电流不再随着基极电流的增大而增大，而是处于某一定值附近不怎么变化，这时晶体管失去电流放大作用，集电极与发射极之间的电压很小，集电极和发射极之间相当于开关的导通状态。晶体管的这种状态称之为饱和导通状态。

根据晶体管工作时各个电极的电位高低，就能判别晶体管的工作状态，因此，维修人员在维修过程中，经常要用万用表测量晶体管各极的电压，从而判别晶体管的工作情况和工作状态。

（3）电容器

电容也称作“电容量”，是指在给定电位差下的电荷储藏量，记为 C，国际单位是法拉（F）。一般来说，电荷在电场中会受力而移动，当导体之间有了介质，则阻碍了电荷移动而使得电荷累积在导体上，造成电荷的累积储存，储存的电荷量则称为电容，储存电荷的器件称为电容器，如图 3-4 所示。

电容器的作用如下。

耦合：用在耦合电路中的电容器称为耦合电容，在阻容耦合放大器和其他电容耦合电路中大量使用这种电容电路，起隔直流通交流作用。

滤波：用在滤波电路中的电容器称为滤波电容，在电源滤波和各种滤波器电路中使用这种电容电路，滤波电容将一定频段内的信号从总信号中去除。

旁路：用在旁路电路中的电容器称为旁路电容，电路中如果需要从信号中去掉某一频段的信号，可以使用旁路电容电路，根据所去掉信号频率不同，有全频域（所有交流信号）旁路电容电路和高频旁路电容电路。

图 3-4　电容器

谐振：用在 LC 谐振电路中的电容器称为谐振电容，LC 并联和串联谐振电路中都需这种电容电路，能够调整谐振频率。

定时：用在定时电路中的电容器称为定时电容。在需要通过电容器充电、放电进行时间控制的电路中使用定时电容电路，电容器起控制时间常数大小的作用。

负载电容：是指与石英晶体谐振器一起决定负载谐振频率的有效外界电容器。负载电容常用的标准值有 16 pF、20 pF、30 pF、50 pF 和 100 pF。负载电容可以根据具体情况作适当的调整，通过调整一般可以将谐振器的工作频率调到标称值。

3）新能源汽车控制电路搭建方法

首先，参照车辆电路图手册，将控制电路相关的电路图完整地拆画出来。

然后，依据所拆画出来的电路图，准备相关元器件。

最后，将相关元器件根据电路图连接顺序连接起来。

示例：搭建前大灯控制电路。

（1）完整拆画前大灯控制电路，如图 3-5 所示。

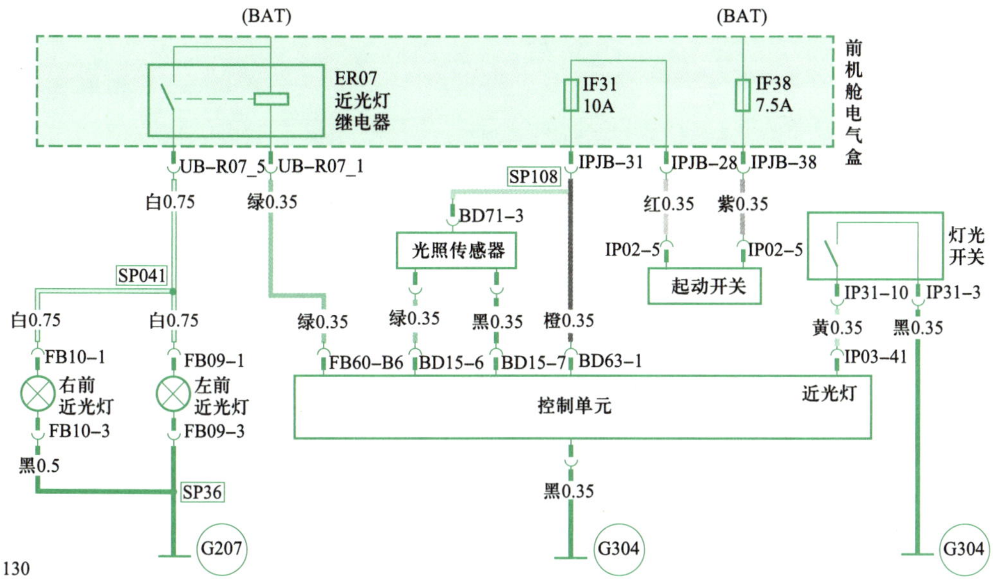

图 3-5　车辆电路图

（2）准备相关元器件

根据拆画电路图，准备前机舱电气盒、近光灯继电器、起动开关、灯光开关、光照传感器、控制单元、前大灯组件、电源、熔断器及相关线束等。

（3）前大灯控制电路搭建

按照电路图，将所有元器件按控制顺序连接起来。

2. 技能操作

1）操作准备

准备技能操作所需的物料，见表 3-1。

表 3-1　物料准备

类别	所需物料
绘图工具	铅笔、纸张、橡皮、尺子套装
元器件	四端子继电器与护套、熔断器与护套、灯泡与灯泡座、辅助蓄电池、导线、按钮接触开关、按钮常闭开关、喇叭、各式连接器、控制单元
设备、工具	车辆电路图手册、绝缘胶带

2）拆画电路图

参考车辆维修手册，将新能源汽车控制电路电路图拆画至图 3-6 中。

3）新能源汽车控制电路搭建

根据拆画的新能源汽车控制电路电路图，选择合适的元器件搭建控制电路，并对搭建的电路进行检查，记录在表 3-2 中。

图 3-6　绘制电路图

表 3-2　检查记录

序号	检查项目	检查结果	处理方式
1	控制单元与各线束连接是否正确	是□　否□	
2	用电器是否正常工作	是□　否□	
3	控制单元是否能控制电路	是□　否□	
4	开关是否能控制电路	是□　否□	

（二）新能源汽车控制电路故障检修

1. 知识学习

1）新能源汽车控制电路检测流程

首先，需要满足待测电路工作条件，之后检测控制单元相应的输入信号以及输出信号是否正常。若是输入信号不正常，则对上游电路进行检测；若是输入信号正常而输出信号不正常，则需要对控制单元进行检测。

对控制单元进行检测，需要检测控制单元供电、搭铁是否正常，供电一般来自辅助蓄电池的常电或来自起动开关的供电。若是输入信号及控制单元供电、搭铁都正常，却没有输出信号，则代表控制单元部分功能损坏。新能源汽车控制电路故障检测流程如图 3-7 所示。

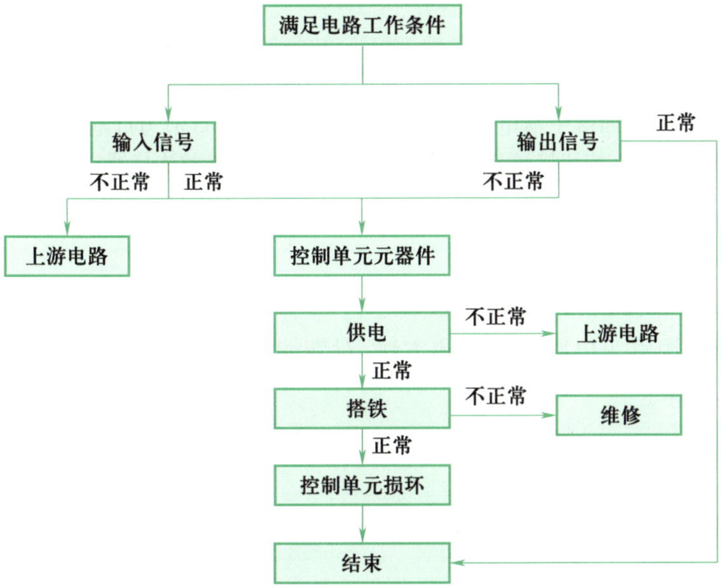

图 3-7 新能源汽车控制电路故障检测流程

2）新能源汽车控制电路检测内容

检测输入信号：输入信号一般为各传感器、开关等给控制单元反馈的信号，控制单元根据输入信号变化及时做出判断和调整，以应对车辆的不同需求。在汽车控制电路中，输入信号以电压信号变化为主。控制单元根据电压信号变化，实时调整输出信号的变化。

检测输出信号：输出信号为控制用电器的信号，控制单元根据输入信号综合分析后为用电器提供输出信号，以满足用电器的正常应用。输出信号以电压信号为主。

检测控制单元：控制单元是控制电路的核心，需要满足工作条件才能正常工作，首先检测控制单元的供电、搭铁是否正常，若不正常，需要进行维修（仔细查阅维修电路图，对于有多个供电、搭铁的控制单元，应确保都正常）；若供电、搭铁都正常，输入信号也正常，而输出信号不正常，则说明控制单元损坏，应更换。

3）新能源汽车控制电路检测方法

新能源汽车控制电路常用的检测方法有电压检测法、电流检测法、电阻检测法、测电笔检测法、元器件检测法等，具体见任务二。

2. 技能操作

1）操作准备

准备技能操作所需的物料，见表 3-3。

表 3-3　物料准备

类别	所需物料
元器件	四端子继电器与护套、熔断器与护套、灯泡与灯泡座、辅助蓄电池、导线、按钮接触开关、按钮常闭开关、喇叭、各式连接器、控制单元、万用表
设备、工具	车辆电路图手册、绝缘胶带

2）新能源汽车控制电路故障检修

按照新能源汽车电路故障检测方法，对新能源汽车控制电路故障进行检测，并记录在表 3-4 中。

表 3-4　故障检修记录

序号	检测项目	检测方法	检测结果	处理方式
1	输入信号 1		正常□　不正常□	
2	输入信号 2		正常□　不正常□	
3	输出信号 1		正常□　不正常□	
4	输出信号 2		正常□　不正常□	
5	控制单元供电 1		正常□　不正常□	
6	控制单元供电 2		正常□　不正常□	
7	控制单元搭铁 1		正常□　不正常□	
8	控制单元搭铁 2		正常□　不正常□	

四、检查评估

对本任务的学习情况进行检查，并将相关内容填写在表 3-5 中。

表 3-5　检查表

检查项目	检查结果	结果点评
新能源汽车控制电路搭建		
电路中是否接入控制单元	是□　否□	
开关控制用电器工作是否正常	是□　否□	
控制单元自动控制用电器工作是否正常	是□　否□	

续表

检查项目	检查结果	结果点评
新能源汽车控制电路故障检修		
故障是否排除	是□　否□	
用电器工作是否正常	是□　否□	
整理及恢复		
工具、设备是否整理恢复	是□　否□	
实训工位是否打扫干净	是□　否□	
工作页是否填写完整	是□　否□	

五、任务小结

本任务小结如图 3-8 所示。

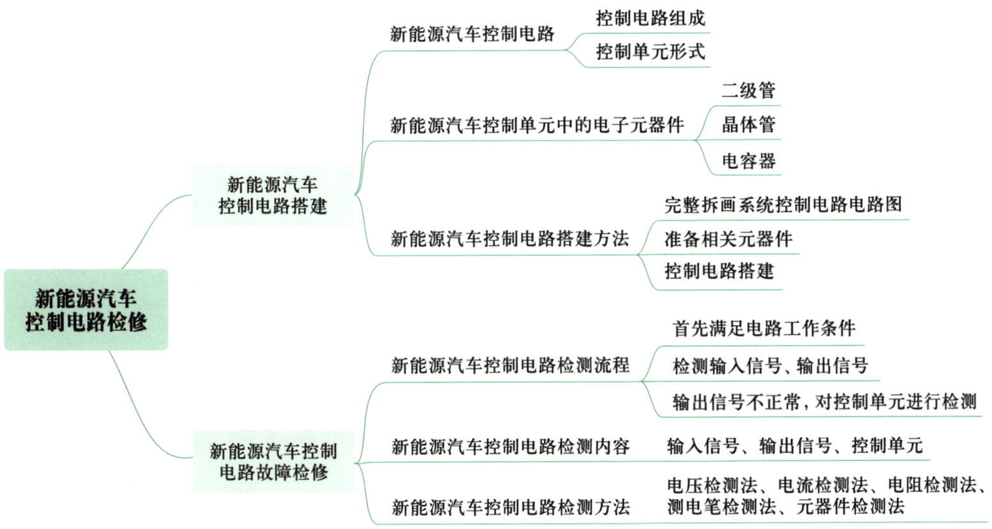

图 3-8　任务小结

情境二
新能源汽车网络系统检修

一、情境介绍

当前新能源汽车电气系统正趋向集成化和网络化方向快速发展，新能源汽车正变得越来越智能化，而网络系统在其中扮演了重要的角色。如果网络系统出现故障，无法正常运行，将直接影响车辆控制单元数据传输，使车辆控制系统无法正常工作。要解决新能源汽车网络系统出现的故障，需掌握CAN总线系统、LIN总线系统和车载以太网的结构、工作原理、故障检修流程和方法，这也是排除新能源汽车网络系统故障的起始点。

本情境包含CAN总线检测、CAN总线故障检修、LIN总线故障检修、车载以太网故障检修四个工作任务，内容包括：CAN总线电压、终端电阻和波形的检测方法；CAN总线故障检修流程和方法；LIN总线波形检测方法、故障检修流程；车载以太网故障检测流程和方法等。

二、情境目标

✧ 能按照CAN总线检测方法，使用万用表和示波器，完成CAN总线电压、终端电阻和波形的检测。

✧ 能根据CAN总线故障检测流程和方法，正确使用检修工具，完成CAN总线故障检修。

✧ 能依据LIN总线波形检测方法和故障检修流程，正确使用示波器和检修工具，完成LIN总线波形检测和故障检修。

✧ 能按照车载以太网故障检测流程和方法，使用专用检修工具，完成车载以太网故障检修。

任务四　CAN 总线检测

一、任务导入

场景：某国产品牌新能源汽车售后维修中心。

人物：王先生（客户）、张师傅（维修技师）、小李（学徒）。

情节：张师傅在检修王先生的汽车时，通过诊断仪读取到 CAN 总线相关故障码，张师傅看到了小李跃跃欲试的表现，很是满意，于是开始指导小李参照故障信息提示对车载网络系统进行基本检测。

二、任务目标

✧ 能按照 CAN 总线电压检测方法，正确使用万用表，完成 CAN 总线电压检测。

✧ 能按照 CAN 总线终端电阻检测方法，正确使用万用表，完成 CAN 总线终端电阻检测。

✧ 能按照 CAN 总线波形检测方法，正确使用示波器，完成 CAN 总线波形检测。

2

三、任务实施

（一）CAN 总线电压与终端电阻检测

1. 知识学习

1）CAN 总线定义

CAN 总线，全称为“控制器局域网总线技术（Controller Area Network-BUS）”。是由研发和生产汽车电子产品的博世公司开发的，并最终成为国际标准（ISO 11898），是国际上应用最广泛的现场总线之一。在北美和西欧，CAN 总线协议已经成为汽车计算机控制系统和嵌入式工业控制局域网的标准总线，并且拥有以 CAN 为底层协议专为大型货车和重型机械车辆设计的 J1939 协议。

在汽车产业中，出于对安全性、舒适性、方便性、低功耗、低成本的要求，各种各样的电子控制系统已被开发出来。由于这些系统之间通信所用的数据类型及对可靠性的要求不尽相同，由多条总线进行通信的情况很多，线束的数量也随之增加。为适应“减少线束的数量”“通过多个 LAN，进行大量数据的高速通信”的需要，1986 年博世公司开发了面向汽车的 CAN 通信协议。此后，CAN 通过 ISO11898 及 ISO11519 进行了标准化。

现代车辆的电控系统越来越多，如电子燃油喷射装置、ABS 装置、安全气囊装置、电动门窗、主动悬架等。同时遍布于车身的各种传感器实时地监测车辆的状态信息，并将此信息发送至相对应的控制单元内。车辆越高级，车上的控制单元也就越多，每个控制单元都可看作一台独立的计算机，它可以接受信息，同时能对各种信息进行处理、分析，然后发出指令。例如，发动机控制单元会接受来自进气压力传感器、发动机温度传感器、加速踏板位置传感器、发动机转速传感器等的信息，在经过分析和处理后会发送相应的指令来控制喷油嘴的喷油量、点火提前角等。其他控制单元的工作原理也都类似。车上的这些控制单元并不是独立工作的，它们作为一个整体，需要信息的共享，那么这就存在信息传递的问题。例如，发动机控制单元内的发动机转速与加速踏板位置这两个信号也需要传递给自动变速器的控制单元，然后自动变速器控制单元会据此来发出升挡和降挡的操作指令，那么两个控制单元之间又是如何进行通信的呢?

目前在车辆上应用的信息传递方式有两种。第一种方式是每项信息都通过各自独立的数据线进行交换。例如，2 个控制单元之间有 5 种信息需要传递，那么则需要 5 根独立的数据线。也就是说信息的种类越多，数据线的数量和控制单元的针脚数也会相应增加。这些复杂、繁多的线束无疑会增加车的质量，也给整车的布线带来一定困难。

第二种方式是控制单元之间的所有信息都通过两根数据线进行交换，这种数据线也称作 CAN 总线。通过该种方式，所有的信息，不管信息容量的大小，都可以通过这两条数据线进行传递，这种方式充分提高了整个系统的运行效率。“一线一用”的专线制改为“一线多用”制，可以大大减少汽车上线束的数量，同时也简化了整车的布线。

两个控制单元之间是在通过两根数据线来进行信息交换的基础上，可以将其推而广之，多个控制单元之间的通信其实就是将每个控制单元都连接到这两条 CAN 总线上，从而实现多个控制单元间的信息共享。

目前汽车上的 CAN 总线连接方式主要有两种，一种是用于驱动系统的高速 CAN 总线，速率可达到 500 kb/s，另一种是用于车身系统的低速 CAN 总线，速率为 100 kb/s。对于中高级轿车还有一些如娱乐系统或智能通信系统的总线，它们的传输速率更高，可以超过 1 Mb/s。高速 CAN 总线主要连接发动机控制单元、ABS 控制单元、安全气囊控制单元、组合仪表等这些与汽车行驶直接相关的系统。这些系统由于信息传递量较大而且对于信息传递的速度有很高的要求，所以需要高速 CAN 总线来满足其信息传递的需要。低速 CAN 总线主要连接像中控锁、电动门窗、后视镜、车内照明灯等对数据传输速率要求不高的车身系统上。

CAN 总线又称作 CAN-BUS，这是因为它的工作原理与运行中的公共汽车很类似。其中每个站点相当于一个控制单元，而行驶路线则是 CAN 总线，CAN 总线上传递的是数据，而公共汽车上承载的是乘客。某个控制单元接收到负责向它发送数据的传感器的信息后，经过分析处理会产生相应控制信息，并将此信息发送到 CAN 总线上。此信息会在 CAN 总线上传递，每个与 CAN 总线连接的控制单元都会接收到此信息，如果此信息对自己有用则会存储下来，如果对自己无用，则会忽略。CAN 总线传输示意图如图 4-1 所示。

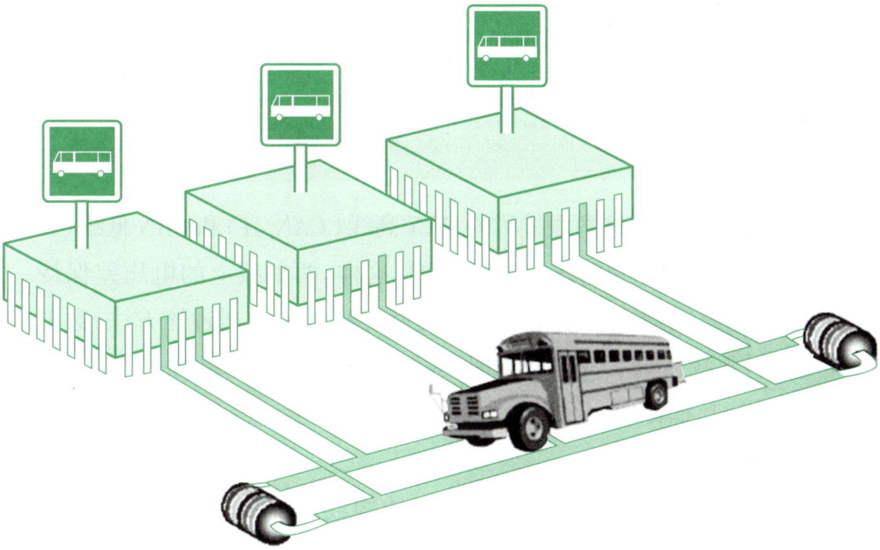

图 4-1　CAN 总线传输示意图

不同的总线系统会有不同的传输速率，这就给不同总线系统间的通信造成了一定的麻烦。车载网络系统中很重要的一个控制单元就是“网关”，它同时连接多种不同的 CAN 总线，并在传递数据时起翻译作用。

2）CAN 总线组成

CAN 总线主要由 CAN 收发器、数据传输终端、数据传输线三部分组成，如图 4-2 所示。

微课

CAN 总线的结构组成

CAN 收发器：集成在电控单元内部，兼具接收、发送和转化数据信号的功能。它将 CAN 控制单元发送来的电平信号数据转换为电压信号并通过数据传输线以广播方式发送出去。同时，它将接收数据传输线发送来的电压信号转换为电平信号数据后，发送到 CAN 控制单元。

数据传输终端：是一个电阻，防止数据在线端被反射以回声的形式返回，影响数据的传输。数据传输终端一般为 120 Ω 的电阻，共 2 个，分别集成在两个控制单元中。

数据传输线：为减少干扰，CAN 总线的数据传输线采用双绞线，其绞距离为

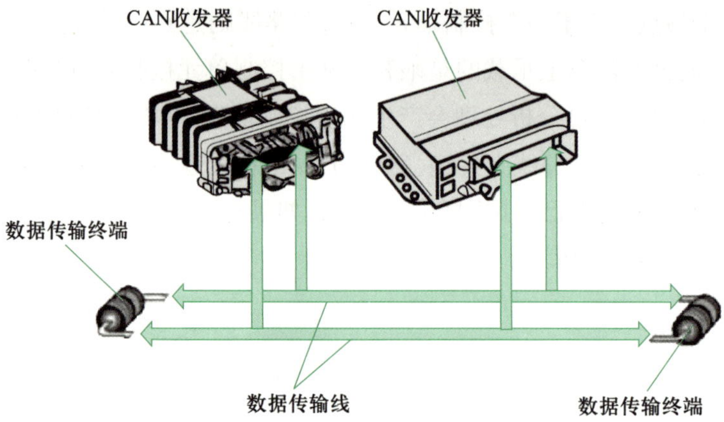

图 4-2 CAN 总线组成

20 mm，截面积为 0.5 mm^2，这两根线称为 CAN 高线（CAN_H）和 CAN 低线（CAN_L），两根线上传输的数据相同，电压值互成镜像，这样，两根线上的电压差保持一个常值，所以产生的电磁效应也会由于极性相反而互相抵消。通过该方法，数据传输线可免受外界辐射干扰；同时，向外辐射时实际保持中性（即无辐射）。

3）CAN 总线数据传输

（1）传输数据

CAN 总线传输的每个完整信息由七个域构成，如图 4-3 所示，分别为开始域（1 bit）、状态域（11 bit）、检查域（6 bit）、数据域（64 bit）、安全域（16 bit）、确认域（2 bit）、结束域（7 bit）。CAN 总线传递的信息最大长度为 108 bit。

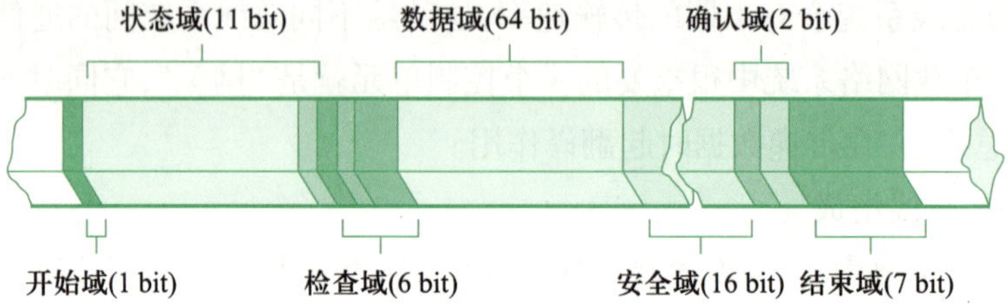

图 4-3 CAN 总线传输数据构成

开始域：向 CAN-BUS 发送信息的标志，大小为 1 bit，状态为显性。

状态域：包括信息标识符，确定信息的优先权。

检查域：表示数据的大小，即字节长度。

数据域：要传递的信息所对应的数据。

安全域：发射数据和接收信息的控制单元检查和比较传递信息所发生的变化（检测传递数据中的错误）。

确认域：每个控制单元通过这两位给发送器确认已经正确接受信息，否则将重发数据。

结束域：通过7位隐性显示，表示该信息数据传递结束，这里是显示错误并重发数据的最后一次机会。

（2）传输过程

CAN总线数据传输过程分为5个步骤，如图4-4所示，分别为：数据转换、传递数据、接收数据、检查数据、接受数据。

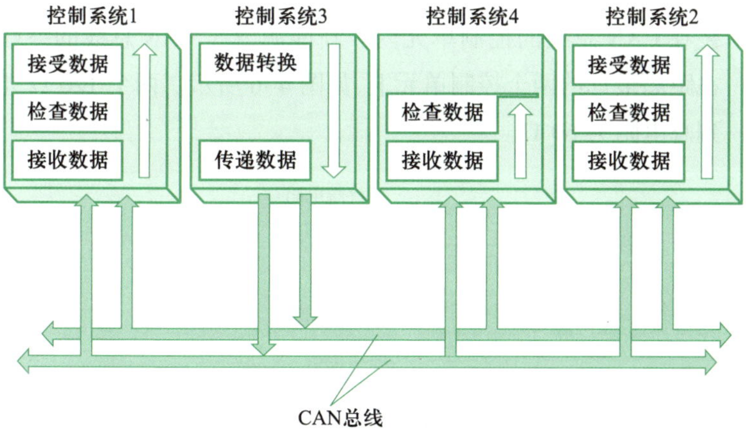

图4-4　CAN总线数据传输过程

数据转换：控制单元通过控制器将数据转换成数字信息。

传递数据：CAN收发器向CAN总线上传递数字信息。

接收数据：与CAN总线相连的各控制单元均可以接收到来自同一个控制单元发送的信息。

微课

CAN总线的电压检测

检查数据：控制单元检查接收的数据。

接受数据：控制单元接受与本系统功能有关的数字信息，并将其转换，同时忽略无关的信息。

4）CAN总线电压检测方法

CAN总线无信号传递时，发射隐性信号；有信号传递时，发射显性信号。CAN总线在隐性状态时，CAN_H和CAN_L的电压约为2.5 V；在显性状态时，CAN_H的电压约为3.5 V，CAN_L的电压约为1.5 V，如图4-5所示。

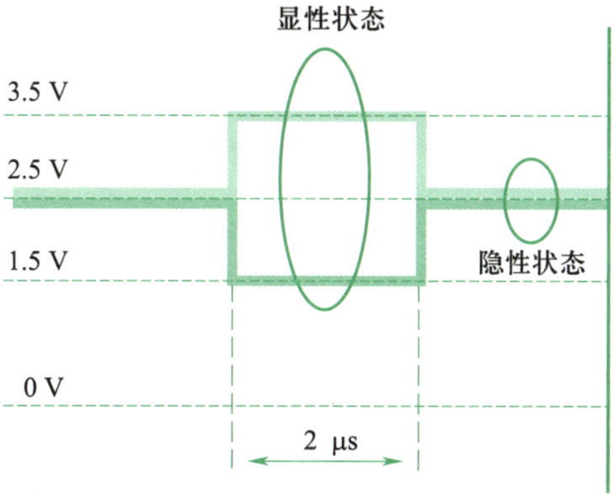

图4-5　CAN总线逻辑状态与电压

CAN总线电压检测步骤：

① 查找车辆维修手册，在车辆诊断插

座位置找到 CAN 总线接线针脚；

② 关闭点火开关，等待 2 ~ 5 min，分别检测 CAN_H、CAN_L 的隐性电压，应为 2.5 V 左右；

③ 打开点火开关，开关车门，检测 CAN_H 显性电压，应为 3.5 V 左右，检测 CAN_L 显性电压应为 1.5 V 左右。

微课

CAN总线的终端电阻检测

5）CAN 总线终端电阻检测方法

终端电阻用于确保 CAN 总线内准确的信号传递，终端电阻一般安装在 CAN 总线的控制单元内。新能源汽车 CAN 总线的终端电阻安装在距离最远的两个控制单元上，如图 4-6 所示。两个 120 Ω 电阻并联得到总电阻为 60 Ω。

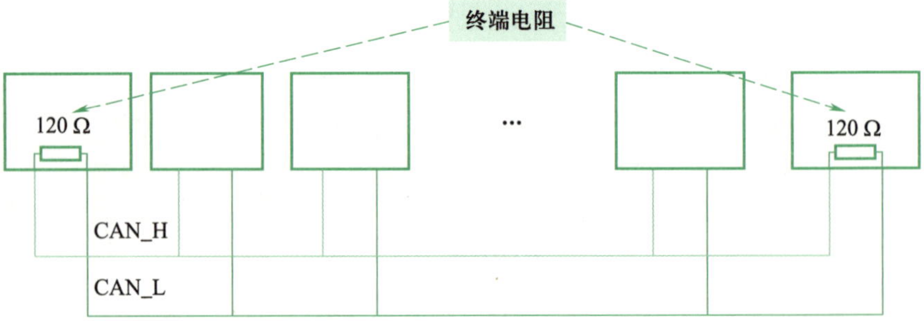

图 4-6　CAN 总线终端电阻

CAN 总线终端电阻检测步骤如下。

① 在断电情况下，使用万用表测得 CAN 总线电阻值应为 60 Ω，如图 4-7 所示。

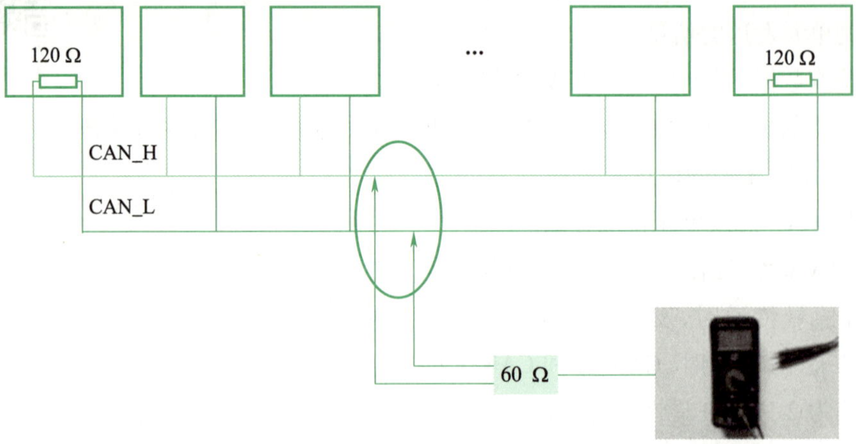

图 4-7　CAN 总线终端电阻检测 1

② 如拔下一个带有终端电阻的控制单元后，测得的 CAN 总线电阻值为 120 Ω，如图 4-8 所示。

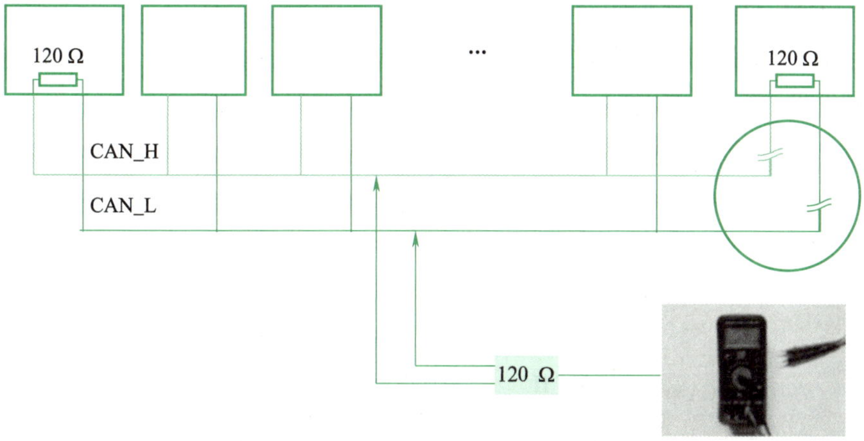

图 4–8　CAN 总线终端电阻检测 2

③ 如拔下不带终端电阻的控制单元，检测 CAN 总线电阻值为 60 Ω，如图 4–9 所示。

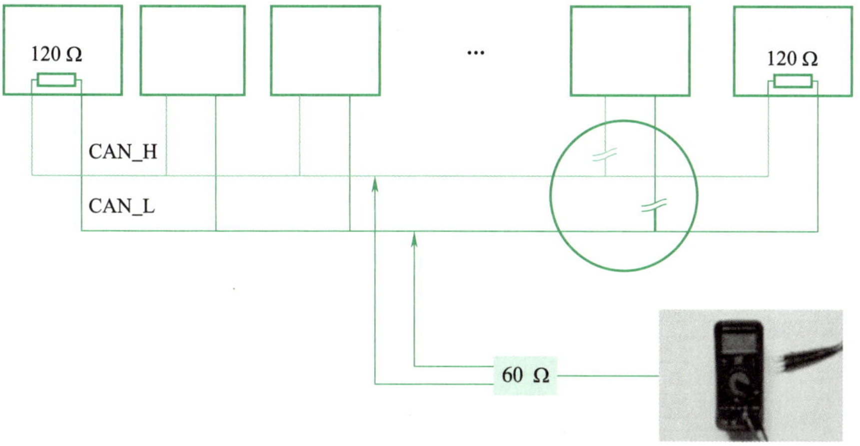

图 4–9　CAN 总线终端电阻检测 3

2. 技能操作

1）操作准备

准备技能操作所需的物料，见表 4–1。

表 4–1　物料准备

类别	所需物料
实训平台	新能源实训整车
设备、工具	车辆防护用品、万用表

2）CAN 总线电压检测

根据 CAN 总线电压检测方法，使用万用表，对车辆 CAN 总线电压进行检测，并将检测结果填写在表 4–2 中。

表 4–2　CAN 总线电压检测记录

序号	检测项目	检测内容	检测结果	是否正常
1	新能源 CAN 总线	CAN_H	显性电压：__V　隐形电压：__V	是□　否□
		CAN_L	显性电压：__V　隐形电压：__V	是□　否□
2	动力电池 CAN 总线	CAN_H	显性电压：__V　隐形电压：__V	是□　否□
		CAN_L	显性电压：__V　隐形电压：__V	是□　否□
3	车身 CAN 总线	CAN_H	显性电压：__V　隐形电压：__V	是□　否□
		CAN_L	显性电压：__V　隐形电压：__V	是□　否□

3）CAN 总线终端电阻检测

根据 CAN 总线终端电阻检测方法，使用万用表，对车辆 CAN 总线终端电阻进行检测，并将检测结果填写在表 4–3 中。

表 4–3　CAN 总线终端电阻检测记录

序号	检测项目	检测内容	检测结果	标准值	是否正常
1	终端电阻	________控制模块			是□　否□
2		________控制模块			是□　否□
3		________控制模块			是□　否□
4		________控制模块			是□　否□
5		________控制模块			是□　否□

（二）CAN 总线波形检测

1. 知识学习

1）波形检测工具

（1）示波器的作用与分类

① 作用。

示波器是一种用途十分广泛的电子测量仪器。它能把肉眼看不见的电信号变换成看得见的图像，便于人们研究各种电现象的变化过程。示波器利用狭窄的、由高速电子组成的电子束，打在涂有荧光物质的屏面上，就可产生细小的光点（这是传统的模拟示波器的工作原理）。在被测信号的作用下，电子束就好像一支笔的笔尖，可以在屏面上描绘出被测信号的瞬时值的变化曲线。利用示波器能观察各种不同信号随时间变化的波形曲线，还可以用它测试各种不同的电量，如电压、电流、频率、相位差、调幅度等等。

② 分类。

a. 按照信号的不同分类。按照信号的不同，示波器分为模拟示波器和数字示波器。

模拟示波器采用的是模拟电路（示波管，其基础是电子枪）。电子枪向屏幕发射电子，发射的电子经聚焦形成电子束，并打到屏幕上。屏幕的内表面涂有荧光物质，这样电子束打中的点就会发出光亮。

数字示波器则是根据数据采集、A/D 转换、软件编程等一系列的技术制造出来的高性能示波器。数字示波器的工作方式是通过模 / 数转换器（A/D 转换器）把被测电压转换为数字信息。数字示波器捕获的是波形的一系列样值，并对样值进行存储，存储的限度是累计的样值能描绘出波形为止。随后，数字示波器重构波形。数字示波器可以分为数字存储示波器（DSO）、数字荧光示波器（DPO）和采样示波器。

b. 按照结构和性能不同分类。示波器按照结构和性能不同，分类如下。

普通示波器：电路结构简单，频带较窄，扫描线性差，仅用于观察波形。

多用示波器：频带较宽，扫描线性好，能对直流、低频、高频、超高频信号和脉冲信号进行定量测试。借助幅度校准器和时间校准器，测量的准确度可达 ±5%。

多线示波器：采用多束示波管，能在荧光屏上同时显示两个以上同频信号的波形，没有时差，时序关系准确。

多踪示波器：具有电子开关和门控电路，可在单束示波管的荧光屏上同时显示两个以上同频信号的波形，但存在时差，时序关系不准确。

取样示波器：采用取样技术将高频信号转换成模拟低频信号进行显示，有效频带可达千兆赫级。

记忆示波器：采用存储示波管或数字存储技术，将单次电信号瞬变过程、非周期现象和超低频信号长时间保留在示波管的荧光屏上或存储在电路中，以供重复测试。

数字示波器：内部带有微处理器，外部装有数字显示器，有的产品在示波管荧光屏上既可显示波形，又可显示字符。被测信号经模 / 数转换器（A/D 转换器）送入数据存储器，通过键盘操作，可对捕获的波形参数的数据，进行加、减、乘、除、求平均值、求平方根值、求均方根值等运算，并显示出答案数字。

（2）示波器的组成

普通示波器有五个基本组成部分：显示电路、垂直（Y 轴）放大电路、水平（X 轴）放大电路、扫描与同步电路、电源供给电路。

① 显示电路。

显示电路包括示波管及其控制电路两个部分。示波管是一种特殊的电子管，是示波器一个重要组成部分。示波管由电子枪、偏转系统和荧光屏 3 个部分组成。

电子枪用于产生并形成高速、聚束的电子流，去轰击荧光屏使之发光。它主要由灯丝 F、阴极 K、控制极 G、第一阳极 A1、第二阳极 A2 组成。除灯丝外，其余电极的结构都为金属圆筒，且它们的轴心都保持在同一轴线上。阴极被加热后，可轴向发射电子；控制极相对阴极来说是负电位，改变电位可以改变通过控制极小孔的电子数目，也就是控制荧光屏上光点的亮度。为了提高荧光屏上光点亮度，又不降低对电子束偏转的灵敏度，现代示波管中，在偏转系统和荧光屏之间还加上一个后加速电极 A3。

第一阳极对阴极而言加有几百伏的正电压。在第二阳极上加有一个比第一阳极更高的正电压。穿过控制极小孔的电子束，在第一阳极和第二阳极高电位的作用下，得到加速，向荧光屏方向做高速运动。由于电荷的同性相斥，电子束会逐渐散开。通过第一阳极、第二阳极之间电场的聚焦作用，可以使电子重新聚集起来并交汇于一点。适当控制第一阳极和第二阳极之间电位差的大小，便能使焦点刚好落在荧光屏上，显现一个光亮细小的圆点。改变第一阳极和第二阳极之间的电位差，可起调节光点聚焦的作用，这就是示波器的“聚焦”和“辅助聚焦”调节的原理。第三阳极是示波管锥体内部涂上一层石墨形成的，通常加有很高的电压，它有三个作用：使穿过偏转系统后的电子进一步加速，使电子有足够的能量去轰击荧光屏，以获得足够的亮度；石墨层涂在整个锥体上，能起到屏蔽作用；电子束轰击荧光屏会产生二次电子，处于高电位的 A3 可吸收这些电子。

示波管的偏转系统大都是静电偏转式，它由两对相互垂直的平行金属板组成，分别称为水平偏转板和垂直偏转板，分别控制电子束在水平方向和垂直方向的运动。当电子在偏转板之间运动时，如果偏转板上没有加电压，偏转板之间无电场，离开第二阳极后进入偏转系统的电子将轴向运动，射向屏幕的中心。如果偏转板上有电压，偏转板之间则有电场，进入偏转系统的电子会在偏转电场的作用下射向荧光屏的指定位置。

如果两块偏转板互相平行，并且它们的电位差等于零，那么通过偏转板空间的，具有速度 v 的电子束就会沿着原方向（设为轴线方向）运动，并打在荧光屏的坐标原点上。如果两块偏转板之间存在着恒定的电位差，则偏转板间就形成一个电场，这个电场与电子的运动方向相垂直，于是电子就朝着电位比较高的偏转板偏转。这样，在两偏转板之间的空间，电子就沿着抛物线在这一点上做切线运动。最后，电子降落在荧光屏上的 A 点，这个 A 点距离荧光屏原点 O 点有一段距离，这段距离称为偏转量，用 y 表示。偏转量 y 与偏转板上所加的电压 V_y 成正比。同理，在水平偏转板上加有直流电压时，也发生类似情况，只是光点在水平方向上偏转。

荧光屏位于示波管的末端，它的作用是将偏转后的电子束显示出来，以便观察。在示波器的荧光屏内壁涂有一层发光物质，因而，荧光屏上受到高速电子冲击的地点就显现出荧光。光点的亮度决定于电子束的数目、密度及其速度。改变控制极的电压时，电子束中电子的数目将随之改变，光点亮度也就改变。在使用示波器时，不宜让很亮的光点固定出现在示波管荧光屏一个位置上，否则该点荧光物质将因长期受电子冲击而烧坏，从而失去发光能力。

涂有不同荧光物质的荧光屏，在受电子冲击时将显示出不同的颜色和不同的余辉时间，通常供观察一般信号波形用的是发绿光的示波管，属于中余辉示波管；供观察非周期性及低频信号用的是发橙黄色光的示波管，属于长余辉示波管；供照相用的示波器中，一般都采用发蓝色的短余辉示波管。

② 垂直（Y 轴）放大电路。

垂直（Y 轴）放大电路：由于示波管的偏转灵敏度低，例如常用的示波管 13SJ38J 型，其垂直偏转灵敏度为 0.86 mm/V（约 12 V 电压产生 1 cm 的偏转量），所以一般的被测信号电压都要先经过垂直放大电路的放大，再加到示波管的垂直偏转板上，以得到垂直方向的大小适当的图形。

③ 水平（X 轴）放大电路。

水平（X 轴）放大电路：由于示波管水平方向的偏转灵敏度也很低，所以接入示波管水平偏转板的电压（锯齿波电压或其他电压）也要先经过水平放大电路的放大以后，再加到示波管的水平偏转板上，以得到水平方向大小适当的图形。

④ 扫描与同步电路。

扫描与同步电路：扫描电路产生一个锯齿波电压，该锯齿波电压的频率能在一定的范围内连续可调。锯齿波电压的作用是使示波管阴极发出的电子束在荧光屏上形成周期性的、与时间成正比的水平位移，即形成时间基线。这样，才能把加在垂直方向的被测信号随时间变化的波形展现在荧光屏上。

⑤ 电源供给电路。

电源供给电路：供给垂直与水平放大电路、扫描与同步电路以及示波管与控制电路所需的负高压、灯丝电压等。

（3）示波器的使用方法

数字存储示波器 – 多功能虚拟信号分析仪的显示界面如图 4–10 所示。将设备 USB 和计算机相连后，软件会自动检测，并和硬件建立连接。在数字示波器状态栏会显示连接设备型号，并且对应的通道按钮也变成可选状态。

① 通道设置。

如图 4–11（a）所示，“CH1” 是通道的开关按钮；“X1” 下拉选择框设置探头的倍数；右侧旋钮用来调整对应通道垂直方向刻度。单击 “更多” 按钮，弹出图 4–11（b）

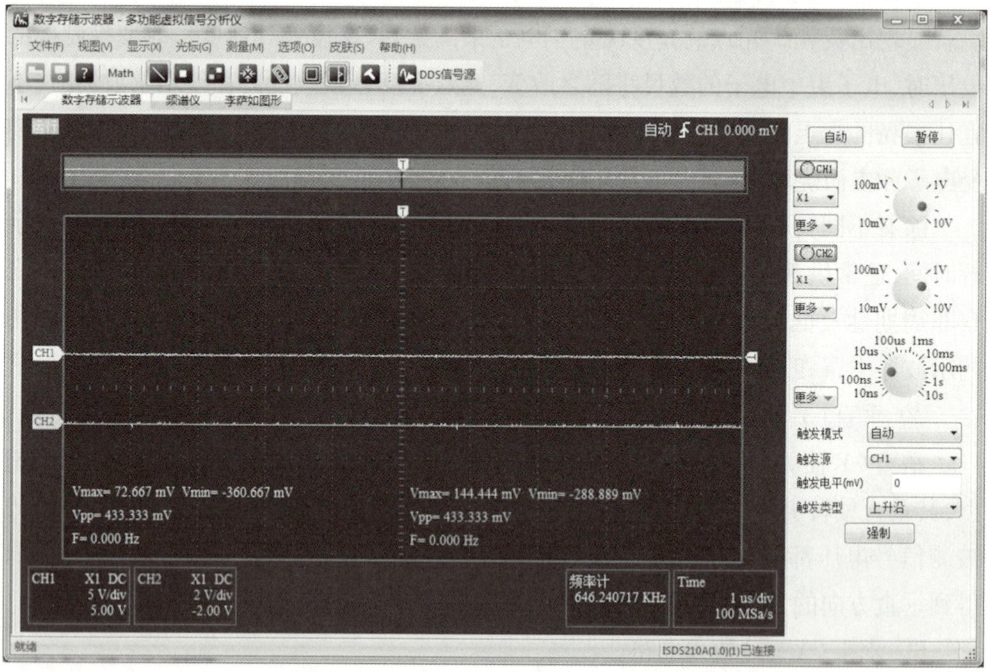

图 4-10 数字存储示波器 - 显示界面

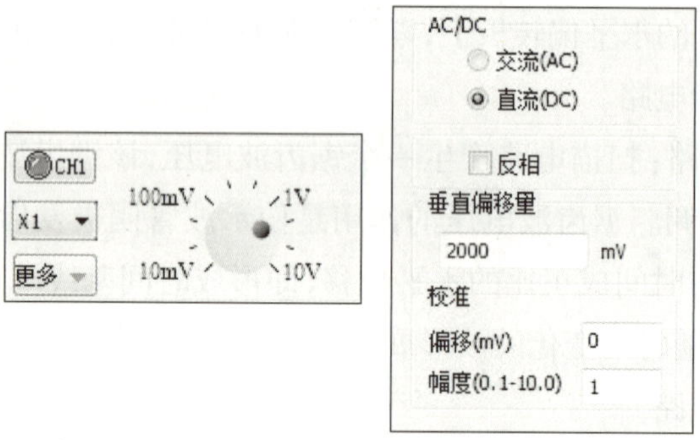

(a) 通道面板 (b) 通道“更多”设置

图 4-11 通道设置

所示的界面。“AC/DC”设置示波器耦合;“反相”设置反相显示波形;“垂直偏移量”显示 0 电压位置相对于界面垂直中心的偏移量。

“校准”用来校准示波器测量波形的偏置和幅度。幅度校准：例如输入 3.0 V，测量结果是 3.2 V，将 3.0/3.2 的结果填入幅度校准就可以了。偏移校准：例如输入信号 –1 ~ 1 V 的正弦波，测量结果 –0.9 ~ 1.1 V，将偏差 –100 填入偏移校准就可以了。

② 时基设置。

如图 4–12（a）所示，右侧旋钮用来设置时基。点击“更多”按钮，弹出 4–12（b）所示的界面。

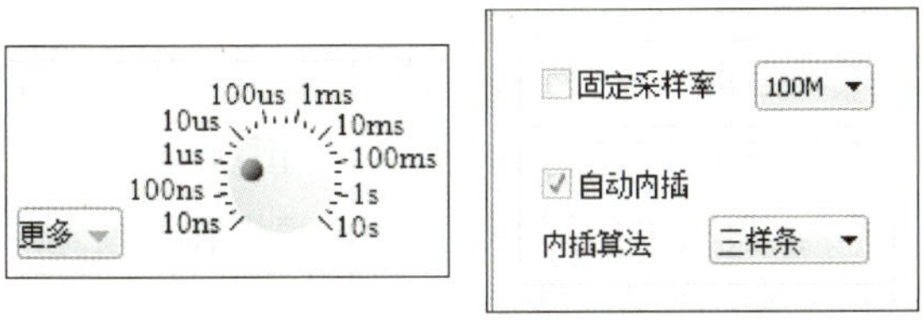

（a）时基设置旋钮　　（b）时基“更多”设置

图 4–12　时基设置

“固定采样率”让示波器以指定的采样率采集数据，不再受到时基调整的影响；“自动内插”是当采集的波形频率高，波形看起来不是很圆滑的时候，启动内插功能，让波形更好看。“内插算法”是选择内插时使用的算法。

③ 自动 / 暂停设置。

单击“自动”按钮，如图 4–13 所示，可以启动示波器自动检测功能。示波器将自动检测被测信号的幅度和频率，并相应地调整时基和垂直方向刻度。

图 4–13　自动 / 暂停设置

注意：启动示波器自动检测功能将会改变触发模式为“自动”，并根据波形幅度来调整触发电平。

单击“暂停”按钮，可以暂停示波器。如果选择了“单次触发”，采集到单次波形以后，也会自动暂停示波器。

④ 触发设置。

触发设置界面如图 4–14 所示。包括触发模式、触发源、触发电平（mV）、触发类型、触发灵敏度（0–1.0）、预触发比例（1–99）、强制等选项。

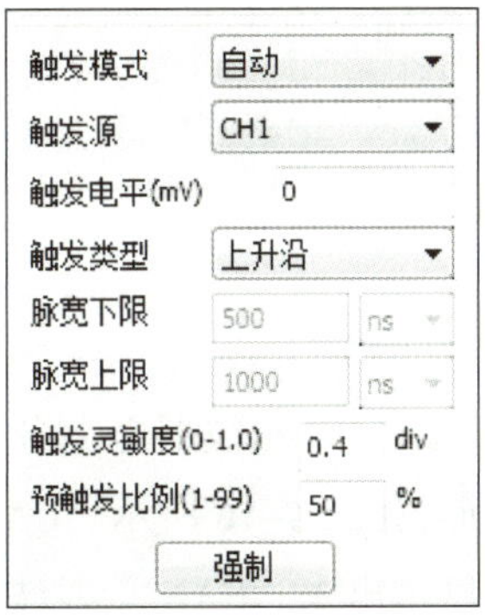

图 4–14　触发设置界面

触发模式：“自动”，按照设置的触发条件检测，如果较长时间没有触发就采集一次并显示；“连续”，一直检测到满足触发条件的波形，才显示；“单次”，检测满足触发条件的波形，显示，并暂停。

触发源："CH1"，使用 CH1 的触发点；"CH2"，使用 CH2 的触发点。

触发类型："不触发"，对于硬件电路，不触发直接采集，对于软件，采集的数据直接显示，不做任何触发；"上升沿"，检测到上升沿并且高于触发电平便触发；"下降沿"，检测到下降沿并且低于触发电平便触发；"上升 / 下降沿"，满足上述"上升沿"或"下降沿"情况就触发；"正脉宽（>）"，正脉宽的时间大于"脉宽上限"便触发；"正脉宽（<）"，正脉宽的时间小于"脉宽下限"便触发；"正脉宽（<>）"，正脉宽的时间在"脉宽下限"和"脉宽上限"之间便触发；"负脉宽（>）"，负脉宽的时间大于"脉宽上限"便触发；"负脉宽（<）"，负脉宽的时间小于"脉宽下限"便触发；"负脉宽（<>）"，负脉宽的时间在"脉宽下限"和"脉宽上限"之间便触发。

触发灵敏度（0–1.0）：设置检测触发时，采用多大的灵敏度来消除毛刺的干扰。

预触发比例（1–99）：设置触发点前采集长度占整个采集长度的比例。

强制：强制示波器触发一次，并显示波形。

2）CAN 总线波形检测方法

使用示波器检测 CAN 总线波形时，将仪器第一通道的红色测量端子接 CAN_H 线，第二通道的红色测量端子接 CAN_L 线，二者的黑色测量端子同时接地，如图 4–15 所示。

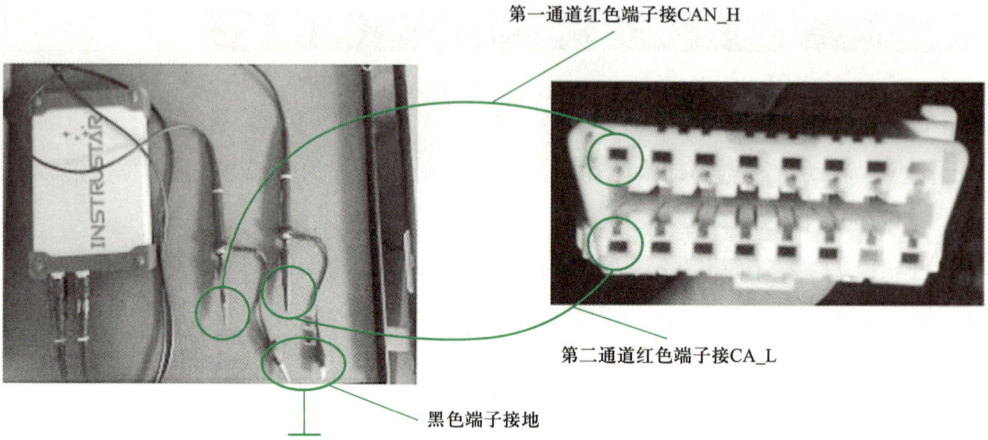

图 4–15　CAN 总线波形检测

打开示波器电源开关，调节示波器各设置按钮或开关，读取 CAN 总线的清晰波形，如图 4–16 所示。CAN_H 和 CAN_L 上的电压信号随时间变化的规律可以用图形显示出来。CAN 总线波形清晰、直观，更容易理解数据传输过程，也可以通过波形来判断总线是否正常工作。

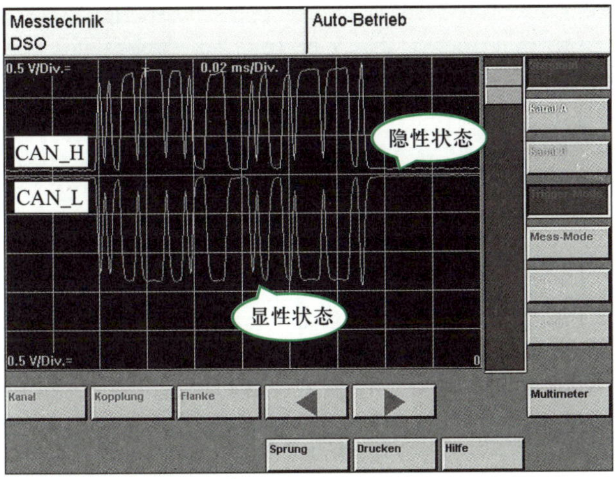

图 4-16　CAN 总线波形

2. 技能操作

1）操作准备

准备技能操作所需的物料，见表 4-4。

表 4-4　物料准备

类别	所需物料
实训平台	新能源实训整车
设备、工具	防护用品、万用表、示波器

2）CAN 总线波形检测

查询实训车辆维修手册，使用示波器，对车辆新能源 CAN 总线、动力电池内部 CAN 总线、车身 CAN 总线波形进行检测，并将检测波形记录在表 4-5 中。

表 4-5　CAN 总线波形检测记录

CAN 总线类型	检测波形
新能源 CAN 总线	

续表

CAN 总线类型	检 测 波 形
动力电池内部 CAN 总线	
车身 CAN 总线	

四、检查评估

对本任务的学习情况进行检查,并将相关内容填写在表 4-6 中。

表 4-6 检查表

检查项目	检查结果	结果点评
CAN 总线电压检测		
CAN 总线电压检测内容是否完整	是□ 否□	
CAN 总线电压检测结果是否正确	是□ 否□	
CAN 总线终端电阻检测		
终端电阻检测内容是否完整	是□ 否□	
终端电阻检测结果是否正确	是□ 否□	

续表

检查项目	检查结果	结果点评
CAN 总线波形检测		
示波器线路连接是否正确	是□　否□	
波形显示结果是否正确	是□　否□	
整理及恢复		
工具、设备是否整理恢复	是□　否□	
实训工位是否打扫干净	是□　否□	
工作页是否填写完整	是□　否□	

五、任务小结

本任务小结如图 4-17 所示。

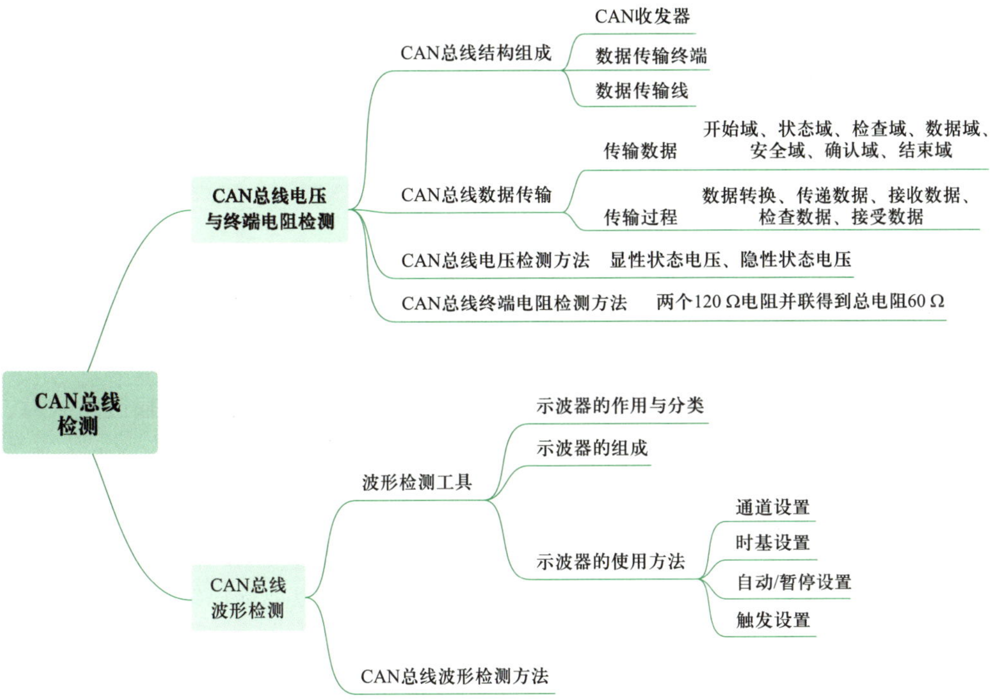

图 4-17　任务小结

任务五 CAN 总线故障检修

一、任务导入

场景：某国产品牌新能源汽车售后维修中心。

人物：王先生（客户）、张师傅（维修技师）、小李（学徒）。

情节：王先生的电动汽车出现无法起动现象，车辆被拖到维修中心，经过张师傅的初步检查，判断为 CAN 总线故障，考虑到学徒小李最近进步很快，于是张师傅发扬“传帮带”的精神，安排小李先对车辆 CAN 总线进行检测与维修。

二、任务目标

✧ 能根据 CAN 总线波形检测方法，使用示波器检测 CAN 总线波形，完成 CAN 总线故障分析。

✧ 能使用万用表及示波器，对 CAN 总线线路进行检查，根据检测结果，判断 CAN 总线故障点并维修。

三、任务实施

（一）CAN 总线故障分析

1. 知识学习

1）CAN 总线故障类型

CAN 总线常见的故障类型主要有车辆供电系统故障、CAN 总线传输链路故障、CAN 总线传输链路节点故障。

（1）车辆供电系统故障

车载网络系统的控制核心部分是含有 CAN 接口的电子控制单元组件，这类控制单元的工作电压一般在 10.5 ~ 15 V。如果车辆辅助蓄电池提供给各个控制单元的正常工作电压低于 10.5 V，对于一些对电源电压敏感或要求较高的电子控制单元组件，就会出现工作不稳定或无法工作的现象，进而会使网络系统通信不稳定或无法进行通信，由此必然会造成车辆无法工作或工作异常故障。

（2）CAN 总线传输链路故障

CAN 总线传输链路故障又称为通信线路故障。常见故障有线路出现短路、断路或线路物理特性发生了变化导致通信信号阻断或失真、衰减等，这些故障均会引起车载网络传输系统中多个控制单元无法工作或出现错误的动作。

（3）CAN 总线传输链路节点故障

这里所说的 CAN 总线传输链路的节点，主要是指 CAN 总线传输链路中的电子控制单元，即 CAN 总线传输系统节点故障就是控制单元本身的故障。这种故障主要包括软件方面的故障和硬件方面的故障两类。

2）CAN 总线断路故障

（1）故障类型

CAN 总线断路故障发生在主线束时，在诊断接口端可以检测出故障波形，如图 5-1 所示。CAN 总线断路故障发生在支线束时，在无故障控制单元端检测波形正常；在有故障控制单元端检测波形为故障波形，如图 5-2 所示。

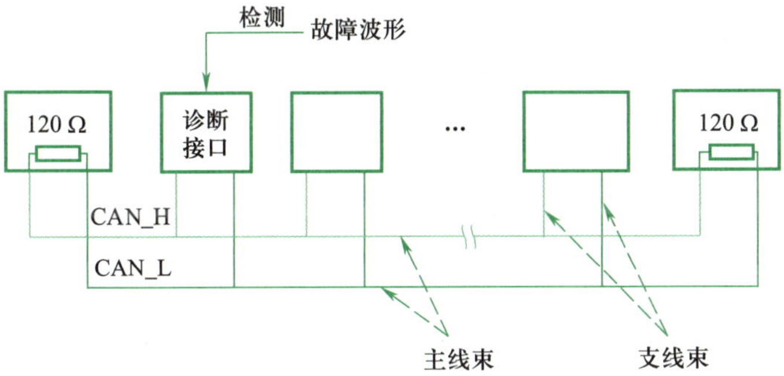

图 5-1　CAN 总线主线束断路

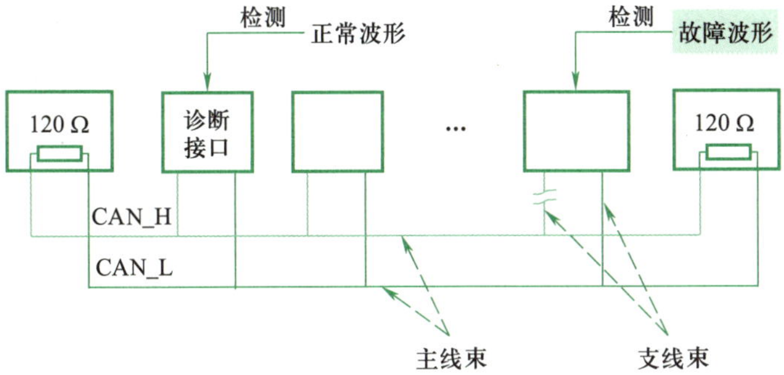

图 5-2　CAN 总线支线束断路

（2）故障波形

CAN 总线出现断路故障时，CAN_H 和 CAN_L 波形相互绞在一起，相互感应产生叠加波形，叠加波形比正常波形要高。图 5-3 所示为 CAN 总线断路故障波形。

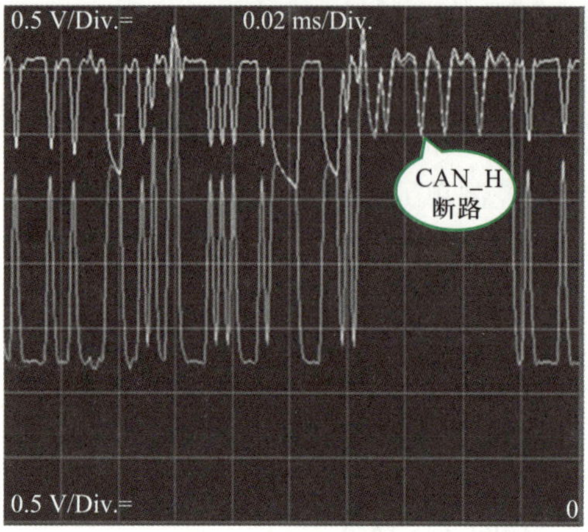

(a) CAN_H 断路

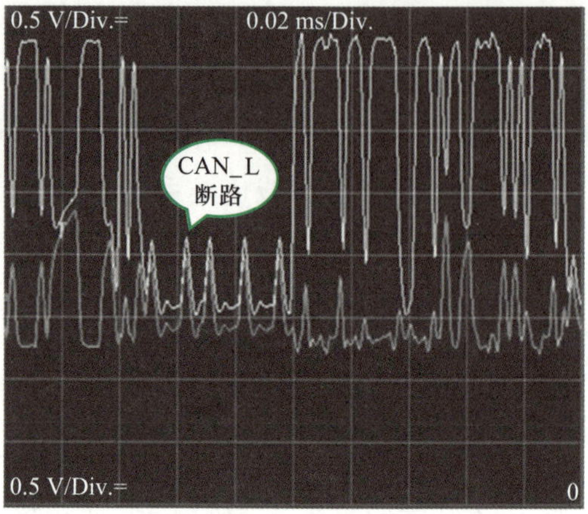

(b) CAN_L 断路

图 5–3　CAN 总线断路故障波形

（3）故障分析

① 电阻分析。

CAN_L 断路故障时，诊断接口处检测电阻的结果为正常。拔下故障线路的控制单元，电阻值没有变化。

CAN_H 断路故障时，在诊断接口处检测电阻的结果为正常。拔下故障线路的控制单元，电阻值没有变化。

② 电压分析。

CAN_L 断路故障时，诊断接口处检测 CAN_H 和 CAN_L 对地电压的结果为正常。拔下故障线路的控制单元，电压值没有变化。

CAN_H 断路故障时，在诊断接口处检测 CAN_H 和 CAN_L 对地电压的结果为正常。拔下故障线路的控制单元，电压值没有变化。

③ 波形分析。

CAN_L 断路故障时，诊断接口处检测波形为故障波形，拔下故障控制单元，波形恢复正常。

CAN_H 断路故障时，诊断接口处检测波形为故障波形，拔下故障控制单元，波形恢复正常。

CAN_H/L 断路故障波形：CAN_H 和 CAN_L 相互绞在一起，相互感应产生叠加波形，比正常波形要高。

3）CAN 总线短路故障

（1）故障类型

CAN 总线短路故障分为 CAN_H、CAN_L 对负极短路，CAN_H、CAN_L 对正极短路以及 CAN_H 与 CAN_L 相互短路。

(2) CAN 总线对负极短路故障分析

① CAN_L 对负极短路,故障点及波形如图 5-4 所示。

微课

CAN_L 对负极短路故障简析

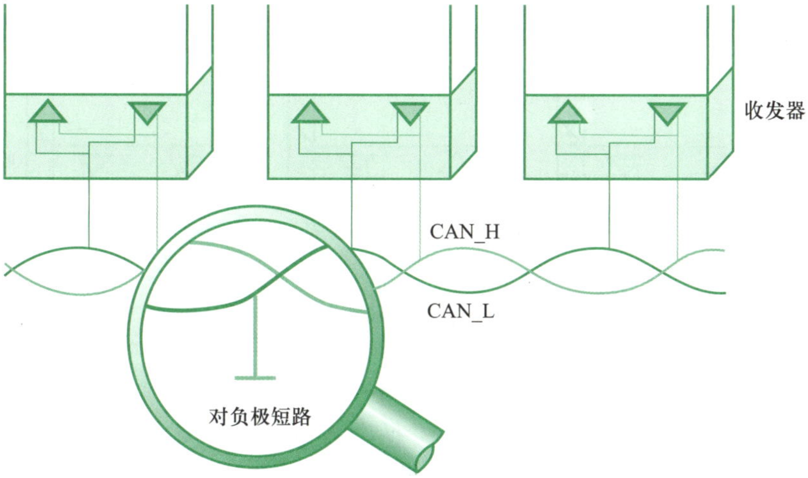

(a) CAN_L 对负极短路

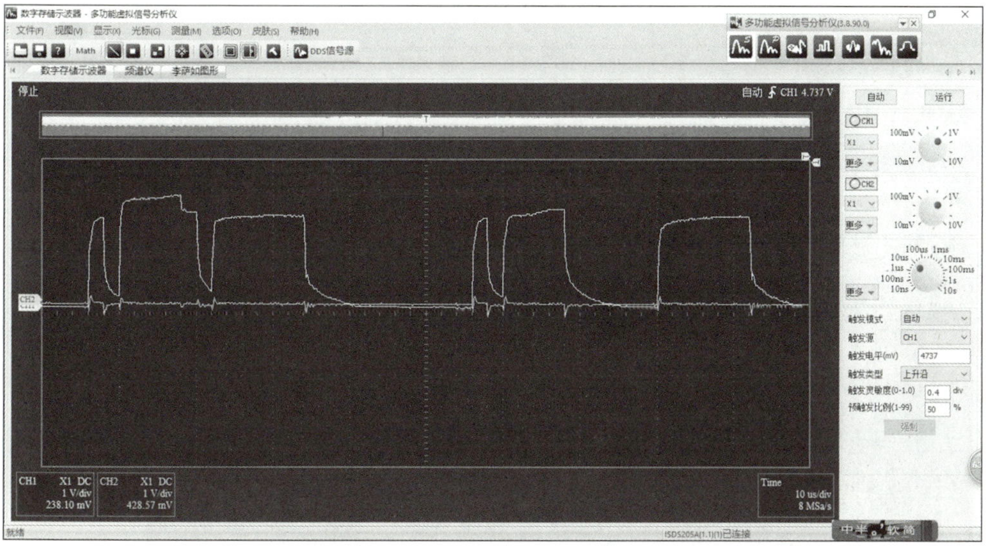

(b) 故障波形

图 5-4　CAN_L 对负极短路故障波形

电阻:CAN_L 对负极短路故障时,电阻的检测结果为正常;拔下故障线路的控制单元,电阻值没有变化。

电压:CAN_L 对负极短路故障时,CAN_H 和 CAN_L 对地电压均为 0 V 左右;拔下故障线路的控制单元,电压值恢复正常。

波形:CAN_L 对负极短路故障时,诊断接口处检测波形为故障波形;拔下故障线路的控制单元，波形恢复正常。对应 CAN_L 的电压为 0 V，CAN_H 的隐性电压也被降至 0 V。

微课

CAN_H 对负极短路故障简析

② CAN_H 对负极短路，故障点及波形如图 5-5 所示。

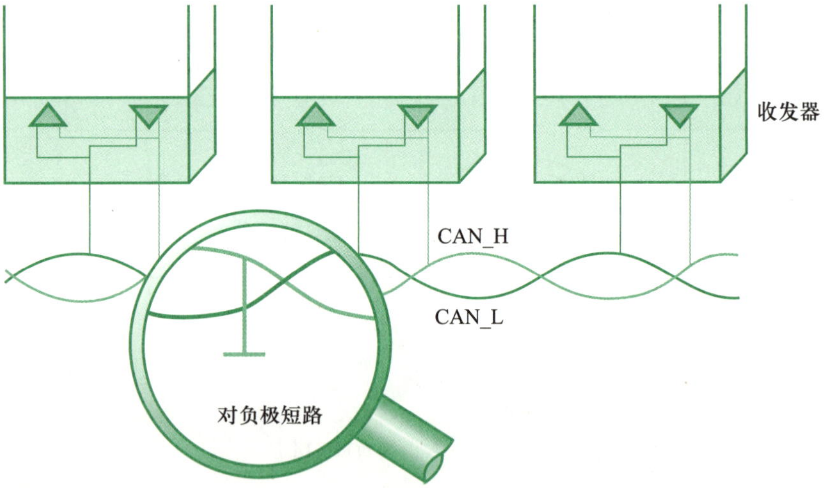

(a) CAN_H 对负极短路

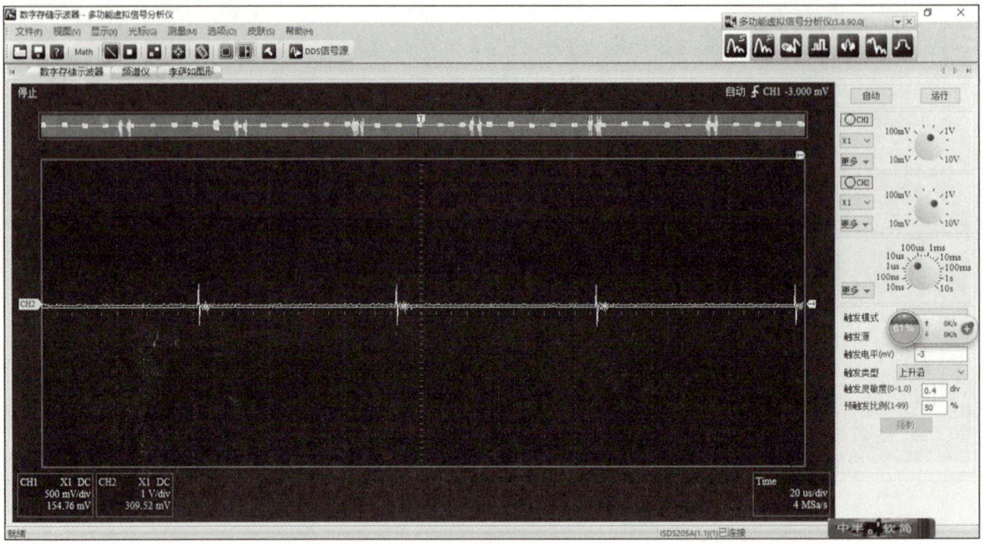

(b) 故障波形

图 5-5　CAN_H 对负极短路故障波形

电阻：CAN_H 对负极短路故障时，电阻的检测结果为正常；拔下故障线路的控制单元，电阻值没有变化。

电压：CAN_H 对负极短路故障时，CAN_H 和 CAN_L 对地电压均为 0 V 左右；拔下故障线路的控制单元，电压值恢复正常。

波形：CAN_H 对负极短路故障时，检测波形为故障波形；拔下故障线路的控制单元，波形恢复正常。对应 CAN_H 的电压为 0 V，CAN_L 的电压也为 0 V，在 CAN_L 上还能看到一小部分电压变化。

（3）CAN 总线对正极短路故障分析

CAN 总线对正极短路，故障点及波形见图 5-6。

① 电阻分析。

CAN_H、CAN_L 对正极短路故障时，电阻的检测结果为正常；拔下故障线路的控制单元，电阻值没有变化。

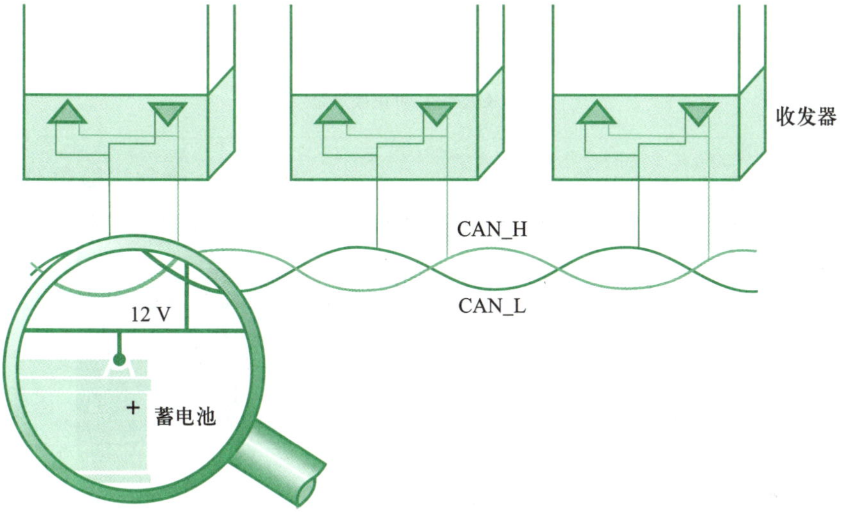

(a) CAN_H 对正极短路

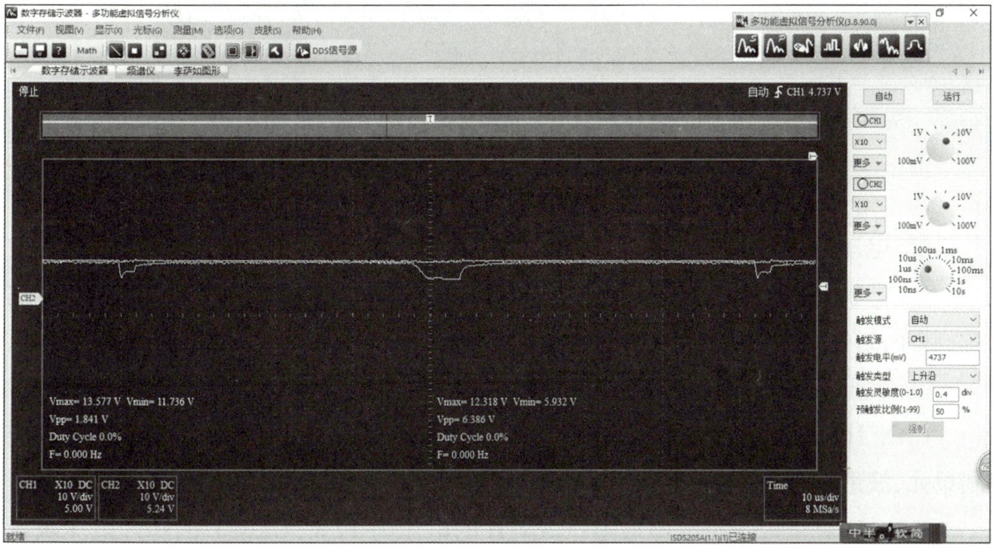

(b) 故障波形

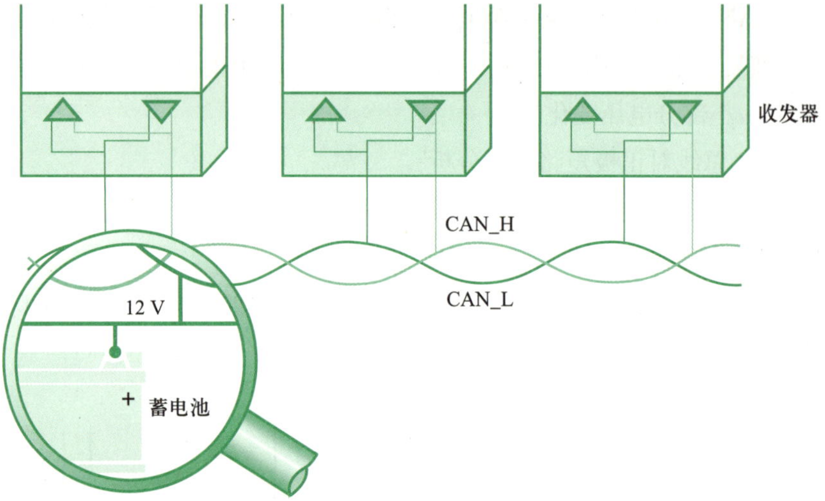

(c) CAN−L 对正极短路

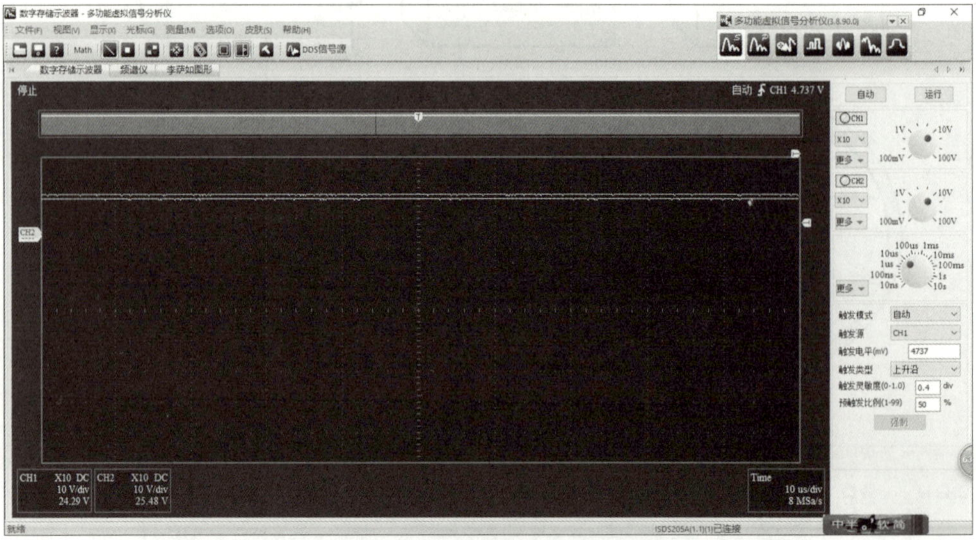

(d) 故障波形

图 5-6　CAN 总线对正极短路故障波形

② 电压分析。

CAN_H、CAN_L 对正极短路故障时，CAN_H 和 CAN_L 对地电压均为 12 V 左右；拔下故障线路的控制单元，电压值恢复正常。

③ 波形分析。

CAN_H、CAN_L 对正极短路故障时，检测波形为故障波形；拔下故障线路的控制单元，波形恢复正常。

CAN_H 对正极短路故障波形：CAN_H 的电压为 12 V，CAN−L 的隐性电压被置于大约 12 V。

CAN_L 对正极短路故障波形：CAN_H 和 CAN_L 对地电压均为 12 V。

微课
CAN_H 与 CAN_L 相互短路故障简析

（4）CAN_H 与 CAN_L 相互短路故障分析

CAN_H 与 CAN_L 相互短路，故障点及波形见图 5–7。

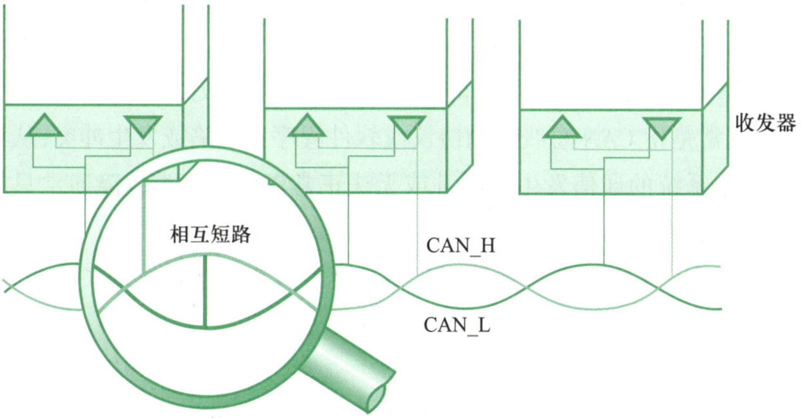

(a) CAN_H 与 CAN_L 相互短路

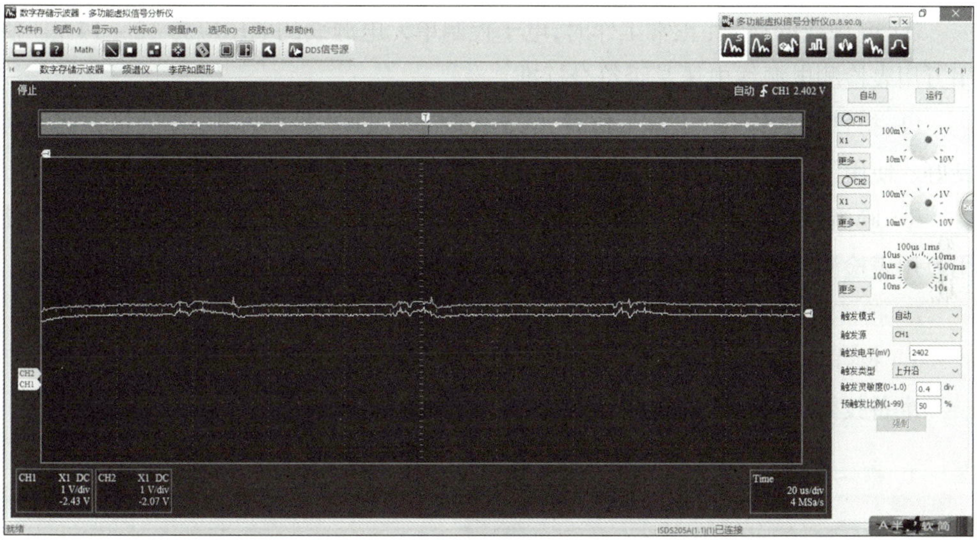

(b) 故障波形

图 5–7 CAN_H 与 CAN_L 相互短路故障波形

① 电阻。CAN_H 与 CAN_L 相互短路故障时，测得的终端电阻值接近于 0；拔下故障线路的控制单元，电阻值恢复正常。

② 电压。CAN_H 与 CAN_L 相互短路故障时，CAN_H 和 CAN_L 对地电压相等，为 2.5 V 左右；拔下故障线路的控制单元，电压值恢复正常。

③ 波形。CAN_H 与 CAN_L 相互短路故障时，检测波形为故障波形；拔下故障

线路的控制单元，波形恢复正常。

CAN_H 与 CAN_L 相互短路故障波形：CAN_H 和 CAN_L 的波形重叠，电压置于隐性电压值，约为 2.5 V。

4）CAN 总线节点故障

（1）故障类型

CAN 总线节点主要是指车载网络系统中的电子控制单元，节点故障就是电子控制单元本身的故障。主要包括软件方面的故障和硬件方面的故障。

软件故障：通常是指 CAN 总线传输协议或软件程序有缺陷或发生冲突，从而导致了车载网络传输系统的通信发生了混乱或无法正常工作。这类故障通常只能找车辆生产厂家进行软件更新。

硬件故障：一般多为 CAN 总线数据通信接口芯片或集成电路出现了问题，致使车载网络传输系统的通信无法正常进行。

（2）检测内容

对 CAN 总线系统节点故障进行检测时，检测内容主要包括对电子控制单元电源线、搭铁线、唤醒线的检测。

① 电源线的检测：正常工作时，电子控制单元电源线的电压应为 12 ~ 14 V。使用万用表检测电源线电压是否符合标准。

② 搭铁线的检测：正常工作时，电子控制单元的搭铁线要和全车的搭铁线接触良好。使用万用表检测搭铁线的通断。

③ 唤醒线的检测：正常工作时，电子控制单元的唤醒线电压为 12 V 左右。使用万用表检测唤醒线电压是否符合标准。

2. 技能操作

1）操作准备

准备技能操作所需的物料，见表 5-1。

表 5-1 物料准备

类别	所需物料
实训平台	实训车辆
设备、工具	车辆防护用品、万用表、示波器

2）CAN 总线故障分析

使用示波器，检测 CAN 总线波形，分析 CAN 总线故障，并将分析过程填写在表 5-2 中。

表 5-2　CAN 总线故障分析记录

故障系统	CAN 总线故障波形	故障分析
________CAN 总线 1		
________CAN 总线 2		
________CAN 总线 3		

（二）CAN 总线故障排除

1. 知识学习

1）CAN 总线故障检修流程

CAN 总线故障检修首先需要根据诊断仪读取结果来判断 CAN 总线故障类型，然后根据故障类型选择不同的检测方法，最终确定具体故障点，并进行相应的检修。CAN 总线故障检修流程如图 5-8 所示。

CAN 总线传输链路断路故障时，诊断仪可以定位到发生相关故障的电子控制单元，但电压、电阻均无异常，所以需要在发生故障的电子控制单元处对波形进行检测，根据波形判定是 CAN 总线故障还是节点故障。

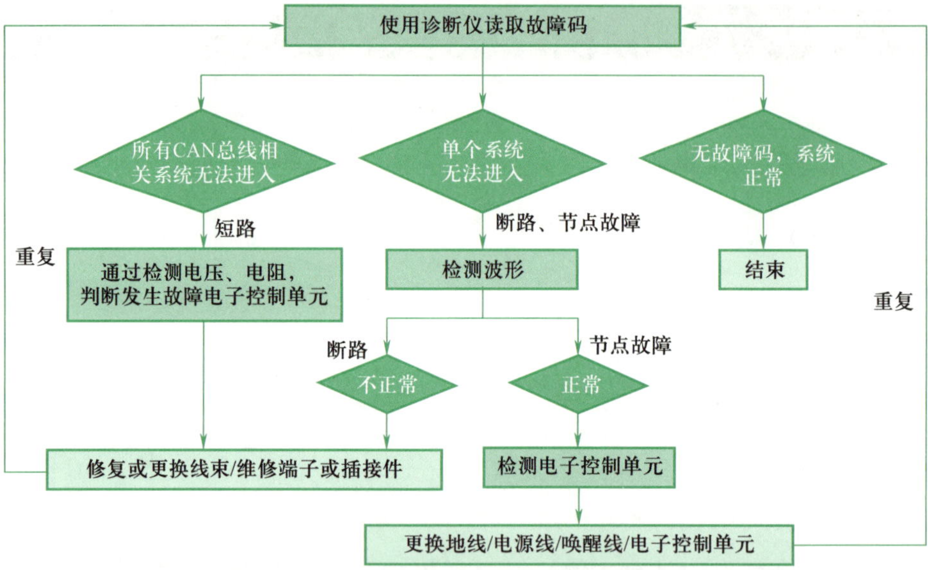

图 5-8　CAN 总线故障检修流程

CAN 总线传输链路短路故障时，所有通过 CAN 总线通信的电子控制单元，诊断仪都无法进入，所以不能通过诊断仪判断故障的具体位置。需要依次拔下 CAN 总线连接的电子控制单元，检测波形、电阻和电压，如果故障仍然存在，说明此段 CAN 总线没有故障；如果波形、电阻和电压恢复正常，说明拔下的这一段 CAN 总线出现短路故障。

2）CAN 总线故障检测方法

（1）车辆诊断仪的使用

车辆诊断仪是一款专门针对车辆检测的专业仪器，可实时检测车辆的性能，并对车辆故障进行检测，是检测车辆必备的一种工具。车辆诊断仪如图 5-9 所示。

图 5-9　车辆诊断仪

① 车辆诊断仪的分类。

面向个人车主的车讯通检测仪：主要面向个人车主设计，采用集成技术，外观小巧、功能多，车主可通过手机实时查看检测数据，是有车一族了解车辆性能和故障的帮手。

面向专业人员的车辆检测仪：主要面对专业人员和修理厂设计，具有多重诊断功能。

② 诊断仪的功能。

诊断仪包括如下测试项目，在每一个测试项目完成后单击菜单键进行数据的保存，以供后续进行历史记录的查询。

读取故障码：读取存储在发动机系统中的故障码和故障码详细信息，并针对读出的故障码给出故障产生的原因及维修指导信息。

清除故障码：清除系统中的所有故障码。

读取动态数据流：阅读所有和ECU系统相关的运行参数。

读取冻结帧数据：当出现与排放相关的故障时，ECU会设置故障码，同时也会记录故障发生瞬间的车辆运行状态信息，以确认故障，这些记录的信息就被称为冻结帧。

检测准备测试状态：用于检测车辆当前的准备测试状态，在诊断软件界面点击“准备测试”选项，屏幕显示本车支持该类测试的状态。

读取车辆信息：读取车辆的信息，如车辆识别号码（VIN）、校准标识（CALID）和校准验证号（CVN）等。

③ 诊断仪的使用（以通用诊断仪为例）

第一步，连接诊断接口，打开启动开关。

第二步，在弹出菜单中单击“诊断程序”，在子菜单中选择“解码器程序”。

第三步，单击“开始”进入选择车型界面。

第四步，选择“快速数据流诊断”，进入选择“非CAN bus系统”和“CAN bus系统”界面。

第五步，选择“非CAN bus系统”进入诊断系统，选择“02变速箱系统”。

第六步，进入“诊断系统”，选择“02读取故障码”。

第七步，读取故障码后选择“05清除故障代码”。再次读取故障码，如果故障码依然存在，说明故障真实存在。

（2）电压与电阻测量方法

① 电压测量法。

由于CAN网络采用多种协议，每个电子控制单元的端口在正常的情况下都有标准电压，因此电压测量法可用于判断线路是否有对搭铁或电源短路、相线间短路等问题。

为了确定 CAN_H 或 CAN_L 导线是否损坏或信号是否正常，可以测量其对负极电压（平均电压）。

正常情况下，当 CAN 总线唤醒后，CAN_H 对负极电压约为 2.656 V，CAN_L 对负极电压约为 2.319 V，而且两者相加为 4.975 V。

在怀疑有问题的电子控制单元的 CAN 导线针脚处测量其电压，验证电压是否正常。结合 CAN 网络图核对线路连接情况进行检查，判断是否存在这种故障。若存在，则对 CAN 网络进行修复。替换故障码涉及的电子控制单元，判断故障是否是由该电子控制单元造成的。

② 终端电阻测量法。

车型不同，终端电阻故障的表现形式也有所不同。当终端电阻短路时，CAN_H 和 CAN_L 的两条导线短接在一起，这导致 CAN 数据传输失败。

而对于终端电阻断路问题，则会有不同的故障表现形式。有的车型会导致 CAN 通信失败，有的车型则不会有明显的影响，车辆基本能够正常使用。

对于终端电阻的检测，一般采用电阻测量法。注意，在测量电阻之前，必须先对车辆进行断电，大约等待 3 min，直至系统中所有的电容器放完电，然后再使用万用表进行测量。

在一个 CAN 网络中，有两个终端电阻，每个终端电阻的阻值为 120 Ω，因此测量在 CAN_H 与 CAN_L 之间的电阻，正常情况约为 60 Ω。如果某个终端电阻短路，测量值约为 120 Ω。如果终端电阻的测量值过小、过大或无穷大，则说明两条 CAN 总线之间存在短路、接触不良或断路的问题。也有可能是带终端电阻的电子控制单元损坏。此时，需要对带终端电阻的电子控制单元进行检测，包括电源、搭铁、CAN 等针脚的测量。找到 CAN 总线的两个针脚，测量两者之间的电阻，应为 120 Ω，否则说明该电子控制单元损坏，需进行更换处理。

3）CAN 总线检修注意事项

① 检修时，线束缠绕长度应小于或等于 50 mm，如图 5-10 中标记 1 部分长度；CAN 导线断开处要与下一个压节点相距至少 100 mm，如图 5-10 中标记 2 部分长度。

② 断开 CAN 传输导线进行检修时，导线断点应距离总线接点 100 mm 以上。

③ 由于总线的接点对于线路的反射很重要，检修时不能拆开总线接点。

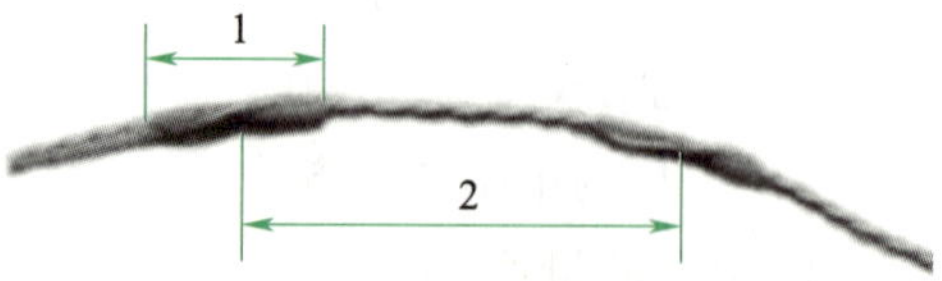

图 5-10　CAN 总线线束检修

2. 技能操作

1）操作准备

准备技能操作所需的物料，见表 5-3。

表 5-3　物料准备

类别	所需物料
实训平台	实训车辆
设备、工具	车辆防护用品、车辆维修手册、车辆电路图、万用表、示波器、诊断仪

2）故障验证

使用诊断仪读取故障码，将相关内容填写在表 5-4 中。

表 5-4　故障码信息

序号	故障码	故障码描述
1		
2		
3		

3）制订检修方案

（1）拆画电路图

参考车辆维修手册，将故障相关电路图拆画至图 5-11 中。

图 5-11　绘制电路图

（2）故障分析及制订检修方案

根据读取的故障信息，参考电路图，分析可能的故障原因及故障点，并制订检修方案，完成表 5–5 的填写。

表 5–5　故障分析及制订检修方案

<table>
<tr><td colspan="3">故障分析：可能的故障原因或故障点</td></tr>
<tr><td>1</td><td colspan="2"></td></tr>
<tr><td>2</td><td colspan="2"></td></tr>
<tr><td>3</td><td colspan="2"></td></tr>
<tr><td colspan="3">检修方案 / 检测流程</td></tr>
<tr><td>1</td><td></td><td></td></tr>
<tr><td>2</td><td></td><td></td></tr>
<tr><td>3</td><td></td><td></td></tr>
<tr><td>4</td><td></td><td></td></tr>
<tr><td>5</td><td></td><td></td></tr>
</table>

4）CAN 总线故障检修

参考车辆维修手册，对 CAN 总线故障进行检测，并将检修结果记录在表 5–6 中。

5）结果检验

完成以上操作后对检修结果进行验证，并记录在表 5–7 中。

表 5–6　CAN 总线故障检修记录

<table>
<tr><th>序号</th><th>检测项目</th><th>检测内容</th><th colspan="3">检测结果</th><th>检修意见</th></tr>
<tr><td rowspan="2">1</td><td rowspan="2">判别故障类型</td><td rowspan="2">读取发生故障电子控制单元</td><td colspan="3">能读取发生故障电子控制单元（断路故障）☐</td><td rowspan="2"></td></tr>
<tr><td colspan="3">电子控制无法读取故障码（短路故障）☐</td></tr>
<tr><td rowspan="7">2</td><td rowspan="7">短路故障检测</td><td rowspan="3">确定短路类型</td><td colspan="2" rowspan="3">终端电阻：____Ω
CAN_H 电压：____V
CAN_L 电压：____V</td><td>对正极短路 ☐</td><td rowspan="7">1. 确定电子控制单元 CAN 总线短路、断路后应维修或更换该电子控制单元 CAN 总线通信线束或插接件</td></tr>
<tr><td>对负极短路 ☐</td></tr>
<tr><td>相互短路 ☐</td></tr>
<tr><td rowspan="4">确定发生故障电子控制单元</td><td rowspan="3">依次断开电子控制单元插接件再次检测</td><td>不正常☐</td><td>继续断开下一个电子控制单元</td></tr>
<tr><td rowspan="2">正常☐</td><td>终端电阻：________Ω</td></tr>
<tr><td>CAN_H 电压：____V
CAN_L 电压：____V</td></tr>
<tr><td colspan="3">故障电子控制单元是________________</td></tr>
</table>

续表

序号	检测项目	检测内容	检测结果			检修意见
3	断路、节点故障检测	确定故障点	测量波形	正常	□	2. 确定节点故障后需要检测节点的电源线、搭铁线、唤醒线，并维修或更换故障线束或电子控制单元
				不正常	□	
			故障点	被测电子控制单元 CAN 总线断路	□	
				节点故障	□	

表 5-7　结果检验记录

序号	检 验 项 目	是否正常
1	系统功能是否恢复正常	是□　否□
2	使用诊断仪清除故障码，确认故障码是否被清除	是□　否□

四、检查评估

对本任务的学习情况进行检查，并将相关内容填写在表 5-8 中。

表 5-8　检查表

检查项目	检查结果	结果点评
CAN 总线故障分析		
波形检测结果是否正常	是□　否□	
故障分析结果是否正确	是□　否□	
CAN 总线故障检修		
是否能读取故障码信息	是□　否□	
拆画的电路图是否正确	是□　否□	
是否能准确判定故障点	是□　否□	
CAN 总线故障是否排除	是□　否□	
整理及恢复		
工具、设备是否整理恢复	是□　否□	
实训工位是否打扫干净	是□　否□	
工作页是否填写完整	是□　否□	

五、任务小结

本任务小结如图 5-12 所示。

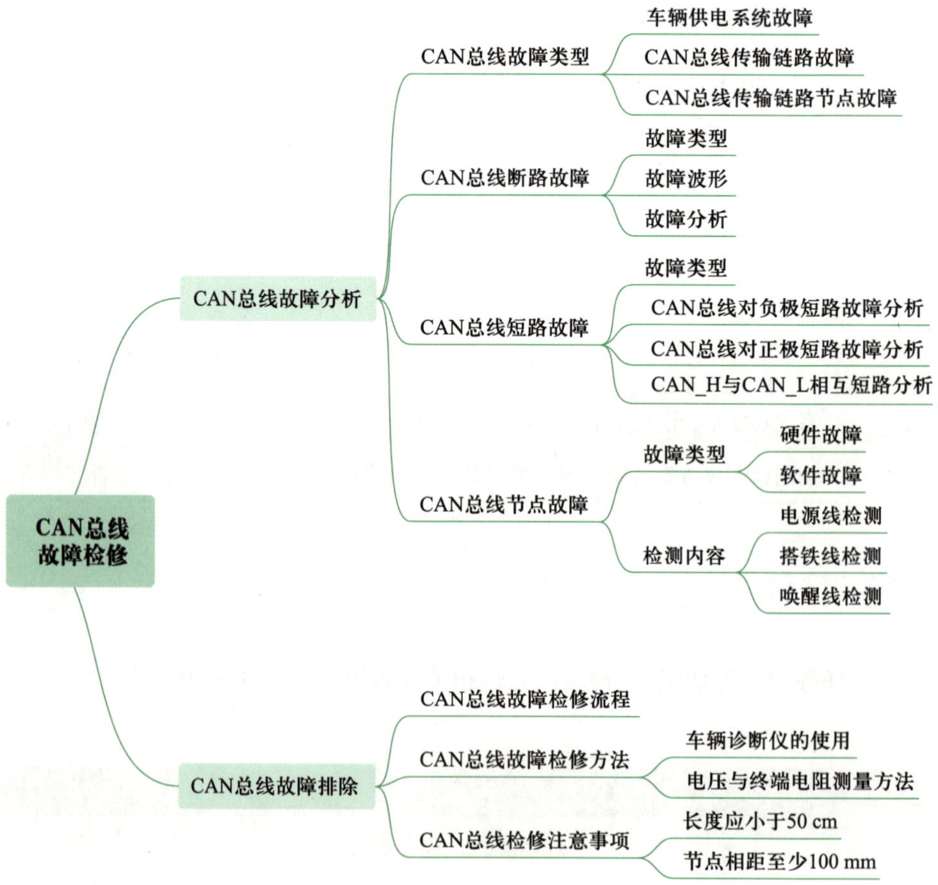

图 5-12　任务小结

任务六　LIN 总线故障检修

一、任务导入

场景：某国产品牌新能源汽车售后维修中心。

人物：王先生（客户）、张师傅（维修技师）、小李（学徒）。

情节：王先生车辆的驾驶人侧开关可正常控制驾驶人侧车门的车窗玻璃升降，无法控制其他三个车门的车窗玻璃升降，而各车门的车窗升降分控开关能控制各自车门的车窗玻璃升降，张师傅检查后判断 LIN 总线故障，安排小李来完成下一步的检修工作。

二、任务目标

✧ 能根据车载网络原理图，使用示波器，读取车辆 LIN 总线波形，完成车辆 LIN 总线故障分析和故障判定。

✧ 能按照 LIN 总线的检查步骤，使用示波器表和万用表，完成车辆 LIN 总线故障排除作业。

2

三、任务实施

（一）LIN 总线波形检测

1. 知识学习

1）LIN 总线定义

LIN（Local Interconnect Network）总线即局域互联网络，也被称为"局域网子系统"，是面向汽车分布式应用的低成本、低速率的串行数据通信总线，是基于 UART/SCI（Universal Asynchronous Receiver-Transmitter/Serial Communication Interface，通用异步收发器 / 串行通信接口）的低成本串行通信协议。整车网络中的 LIN 总线如图 6-1 所示。

微课

LIN总线的基本识别

相对于 CAN 总线而言，LIN 总线协议较为简单，只有一根数据线，基本的串口就可以实现，因而成本较低。作为 CAN 总线的辅助总线，是对控制器区域网络（CAN）等其他汽车多路网络的一种补充，适用于对网络的带宽、性能或容错功能没有过高要求的应用，目前车辆上的 LIN 总线主要用于智能传感器和执行器的串行通信，例如刮水器、光照雨量传感器、车门、车窗、车灯以及中控锁等车身控制领域，图 6-2 所示为某国产品牌车型中 LIN 总线运用。

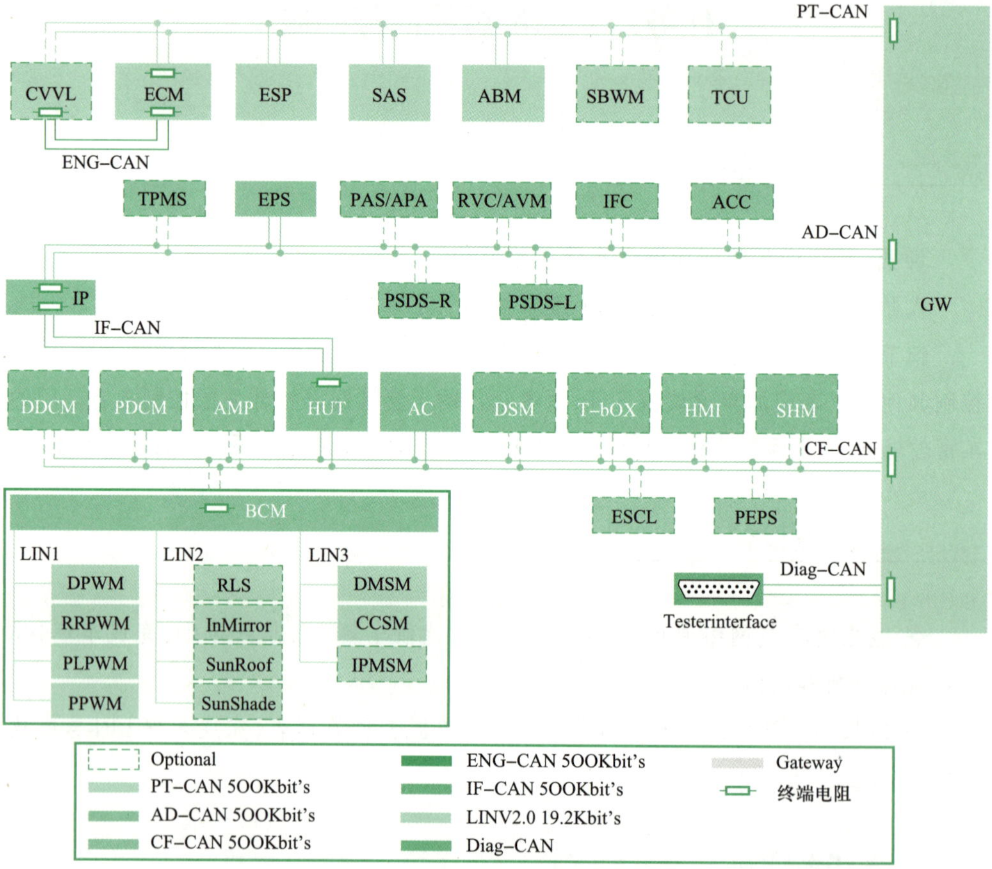

图 6-1　整车网络中的 LIN 总线

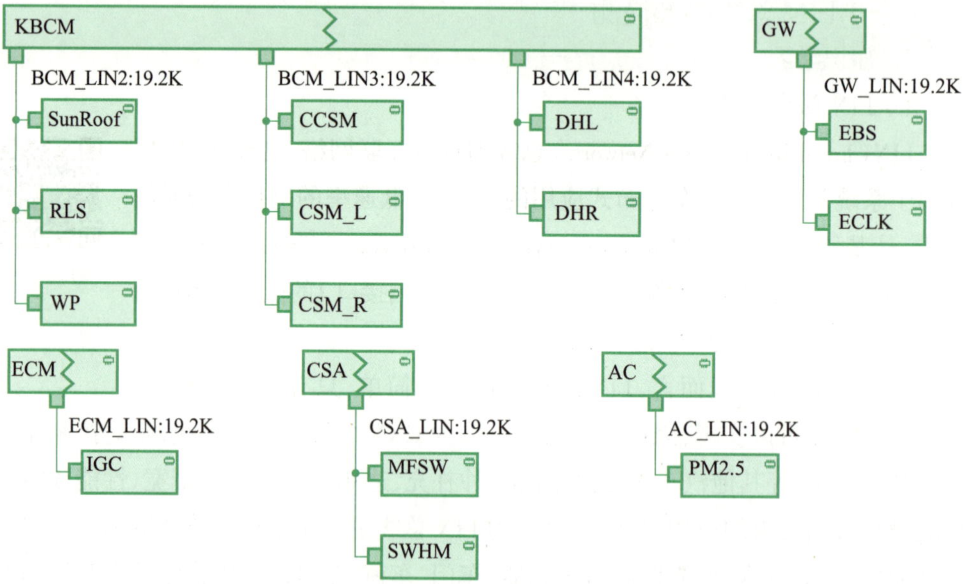

图 6-2　某国产品牌车型 LIN 总线运用

某国产品牌车型 LIN 总线所含控制单元英文名称和中文名称对照见表 6-1。

表 6-1　LIN 总线所含控制单元中英文名称对照

英文名称	中文名称	英文名称	中文名称	英文名称	中文名称
KBCM	电子域控制单元	GW	网关	ECM	发动机控制模块
CSA	组合开关总成	AC	空调控制器	SunRoof	天窗电动机
DHR	右侧门把手模块	RLS	光照雨量传感器	EBS	蓄电池传感器
WP	电动刮水器	ECLK	电子时钟	CCSM	中央控制开关模块
IGC	智能发电机控制模块	CSM-L	左控制开关模块	MFSW	多功能转向盘模块
CSM-R	右控制开关模块	SWHM	转向盘加热模块	DHL	左侧门把手模块

LIN 总线有其“局域”特性，在车辆中一般不独立存在，通常与上层 CAN 网络相连，形成 CAN—LIN 网关节点，通常车辆生产厂家会规定该网关节点的控制器归属。LIN 总线网络节点结构如图 6-3 所示。

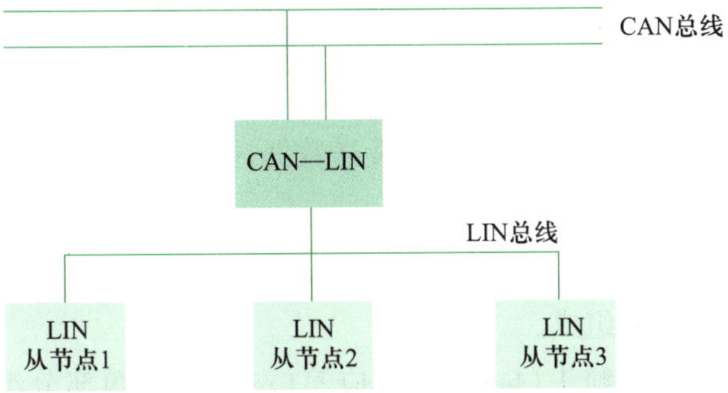

图 6-3　LIN 总线网络节点结构

2）LIN 总线网络结构

LIN 总线是单线式总线，仅靠一根导线传输数据，一般由 1 个主机节点和最多 16 个从机节点组成。主机节点是 CAN 总线和 LIN 总线之间进行数据交换的桥梁，接收从机节点发送的数据，并发出操控指令。LIN 总线从机节点主要是接收或传送相关的数据，在 LIN 总线内，单个的控制模块或传感器及执行元件都可看作从机节点。图 6-4 所示为 LIN 总线网络结构。

3）LIN 总线数据传输

（1）LIN 总线特点

LIN 总线有如下特点：

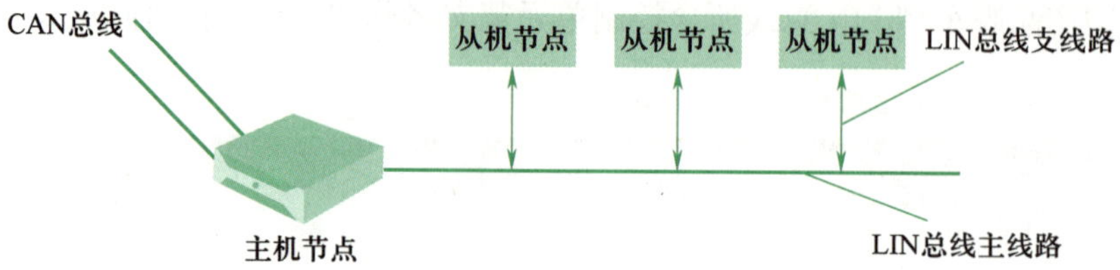

图 6-4　LIN 总线网络结构

① 单主控器 / 多从设备模式无须仲裁机制；

② 低成本，基于通用 UART 接口所有控制机都具备 LIN 总线必需的硬件；

③ 单信号线传输，同时保证信号传输的延迟时间；

④ LIN 总线具有可预测的电磁兼容 EMC（electromagnetic compatibility）性能，为了限制电磁兼容 EMC 的强度，LIN 总线协议规定最大传输速率为 20 kb/s；

⑤ LIN 总线提供信号的配置、处理、识别和诊断功能。

（2）LIN 总线任务

LIN 总线主要负责如下任务：

① 调度 LIN 总线上帧的传输次序；

② 监测数据，处理错误；

③ 作为标准时钟参考；

④ 接收从机节点发出的 LIN 总线唤醒命令；

⑤ 从机任务不能直接向 LIN 总线发送数据，需要接收到主机节点发送的帧头后，根据帧头所包含的信息来判断。

（3）LIN 总线报文帧

① LIN 总线报文帧组成。

LIN 总线报文帧由帧头（header）与应答（response）两部分组成，如图 6-5 所示。传输过程中，主机节点负责发送帧头，从机节点负责接收帧头，然后做出解析决定发送应答，还是接收应答或不回复。

帧头结构包括同步间隔段、同步段、PID（受保护 ID）段，应答部分包括数据段

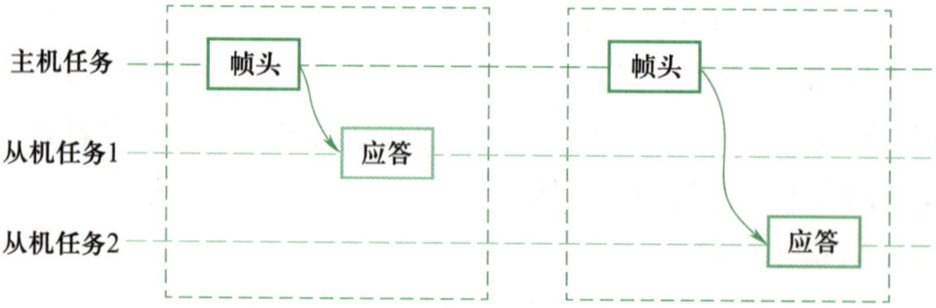

图 6-5　LIN 总线报文帧组成

与效验和段，如图 6-6 所示。其中“0”为显性电平；“1”为隐性电平，显隐性与 CAN 总线是相同的。在 LIN 总线上实行“线 – 与”：当总线有至少一个节点发送显性电平时，LIN 总线呈现显性电平；所有节点均发送隐性电平或者不发送信息时，LIN 总线呈隐性电平，即显性电平起着主导作用。

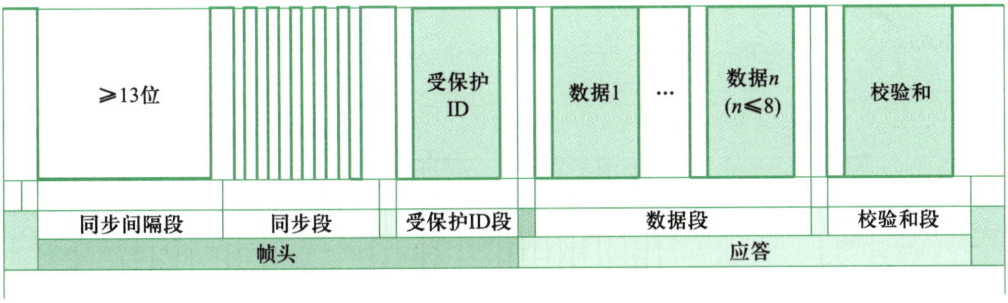

图 6–6　LIN 总线帧头和应答部分组成

LIN 总线的通信方式是帧头都是由主机节点发布，当主机节点要发布数据时，整个帧全部由主机节点发送。主机节点作为发布节点的 LIN 总线波形如图 6–7 所示。

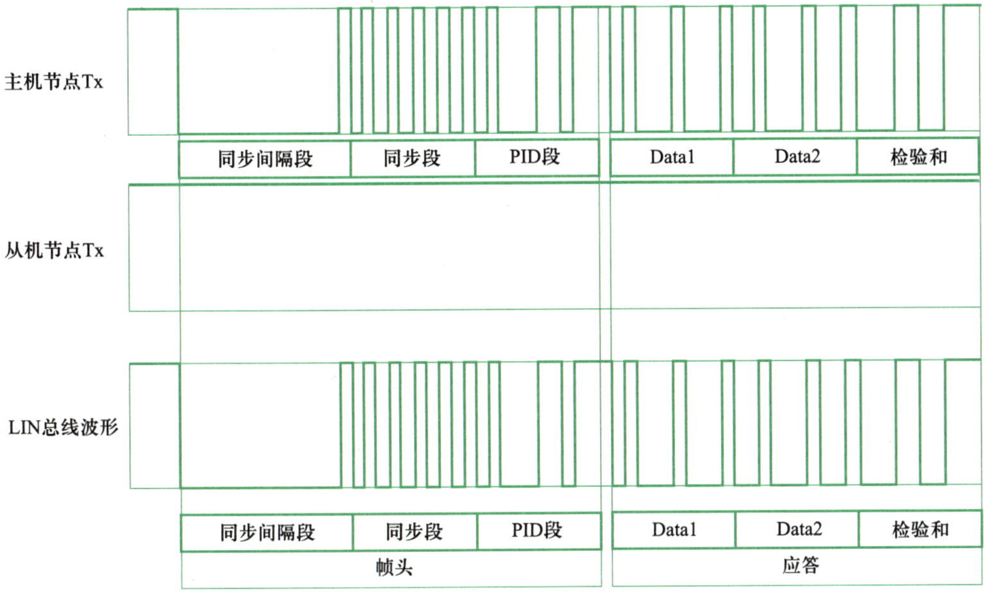

图 6–7　主机节点作为发布节点的 LIN 总线波形

当从机节点要发布数据时，帧头部分由主机节点发布，应答部分由从机节点发布，这样其余节点都能收到完整的报文。从机节点作为发布节点的 LIN 总线波形如图 6–8 所示。LIN 总线的通信都是由主机节点发起，只要合理地规定好每个节点的配置，这样就不会存在 LIN 总线冲突的情况（事件触发帧冲突时采用冲突解决进度表）。

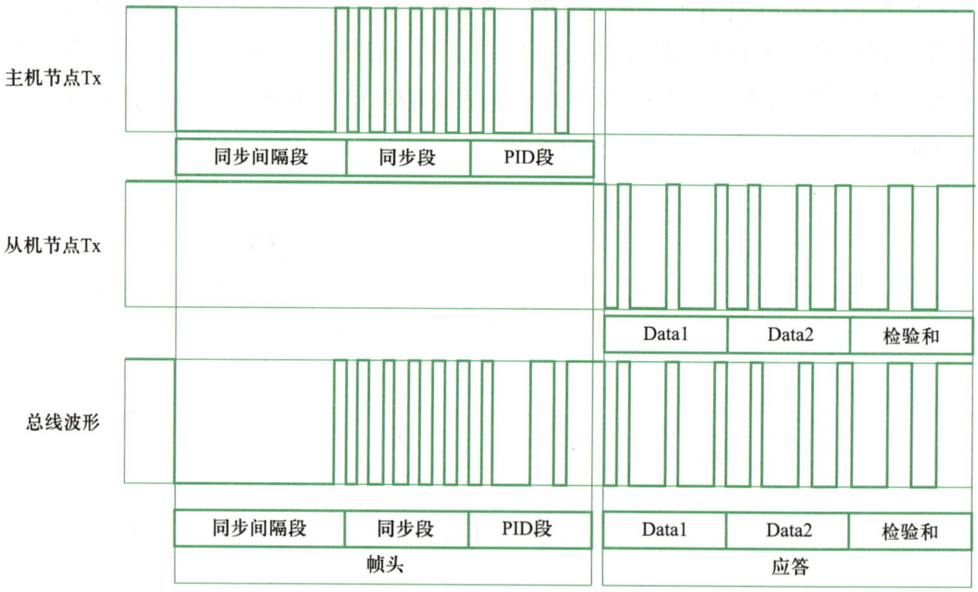

图 6-8　从机节点作为发布节点的 LIN 总线波形

② LIN 总线的帧类型。

a. 无条件帧。无条件帧是具有单一发布节点，且无论信号是否发生变化，帧头均会被无条件应答的帧。无条件帧在主机节点分配给它的固定的帧时隙中传输。LIN 总线上一旦有帧头发送出去，应有从机节点做应答（即无条件发送应答），如图 6-9 所示。

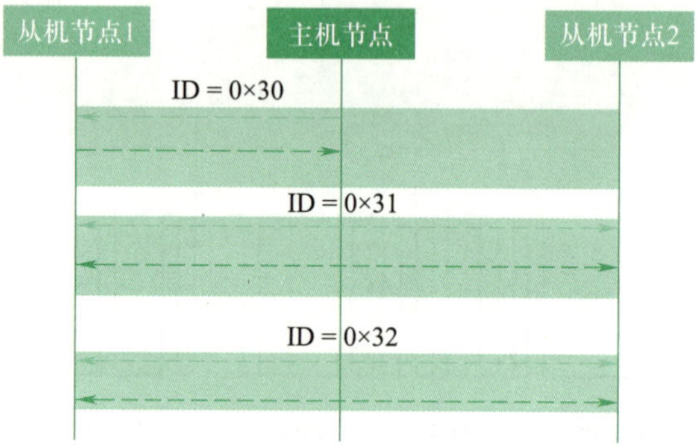

图 6-9　无条件帧示意图

帧 ID=0×30 应答部分的发布节点为从机节点 1，收听节点为主机节点。典型应用为从机节点 1 向主机节点报告自身某信号的状态。

帧 ID=0×31 应答部分的发布节点为主机节点，收听节点为从机节点 1 和从机节点 2。典型应用为主机节点向从机节点发布信息。

帧 ID=0×32 应答部分的发布节点为从机节点 2，收听节点为从机节点 1。典型应用为从机节点之间彼此通信。

b. 事件触发帧。事件触发帧是主机节点在一个帧间隙中查询各从机节点的信号是否发生变化时使用的帧。当存在多个发布节点时，通过冲突解决进度表解决冲突。当从机节点信号发生变化的频率较低时，主机任务查询各个节点信息会占用一定的带宽。为了减小带宽的占用，引入了事件触发帧的概念。其主要原理就是：当从机节点信息状态没有发生变化的时候，从机节点可以不应答主机节点发出的帧头；当有多个节点信息同时发生变化的时候，同时应答事件触发帧头会造成总线的冲突。当主机节点检测到冲突时，便会查询冲突解决进度表来依次向各从机节点发送无条件帧（无条件帧只能有 1 个从机节点应答），以确定从机节点的信息状态，如图 6-10 所示。

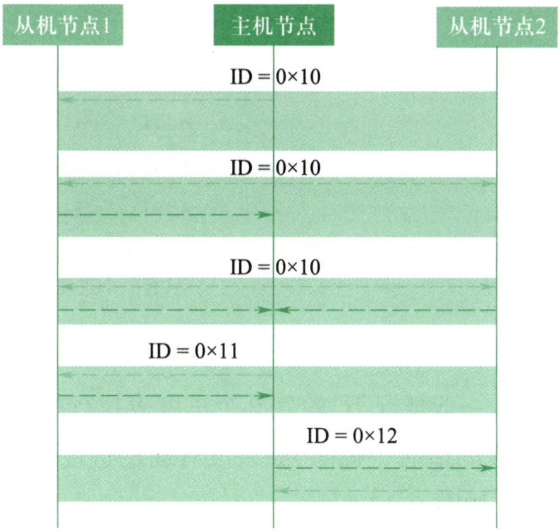

图 6-10　事件触发帧示意图

与事件触发帧关联的多个无条件帧需要满足以下 5 个条件：数据段包含的数据字节数等长；使用相同的校验和类型；数据段的第一个字节为该无条件帧的受保护 ID，这样才能够知道应答是哪个关联的无条件帧发送出来的；由不同的从机节点发布；不能与时间触发帧处于同一个进度表中。

c. 偶发帧。偶发帧是主机节点在同一帧时隙中当自身信号发生变化时向 LIN 总线启动发送的帧。当存在多个关联的应答信号变化时，通过预先设定的优先级来仲裁。与事件触发帧类似，偶发帧也定义了一组无条件帧。偶发帧只能由主机节点发布，如图 6-11 所示。偶发帧的传输可能出现三种情况：

当关联的无条件帧没有信号发生变化，这时主机节点连帧头也不需要发送；

当关联的一个无条件帧信号发生变化则发送该帧；

当有多个无条件帧发生信号变化时，则按照事先规定所要求的优先级依次发送。

d. 诊断帧。诊断帧包括主机请求帧和从机应答帧，主要用于配置、识别和诊断。主机请求帧 ID=0×3C，应答部分的发布节点为主机节点；从机应答帧 ID=0×3D，应答部分的发布节点为从机节点。数据场规定为 8 个字节，一律采用标准校验和。

e. 保留帧的 ID=0×3E 与 ID=0×3F，为将来扩张需求用。

③ 帧的进度表。

帧的进度表（或冲突解决进度表）规定了 LIN 总线上帧的传输次序以及传输时间。进度表位于主机节点，主机任务根据应用进程需要进行调度，只有一个进度表时，采用循环执行，如图 6-12 所示。

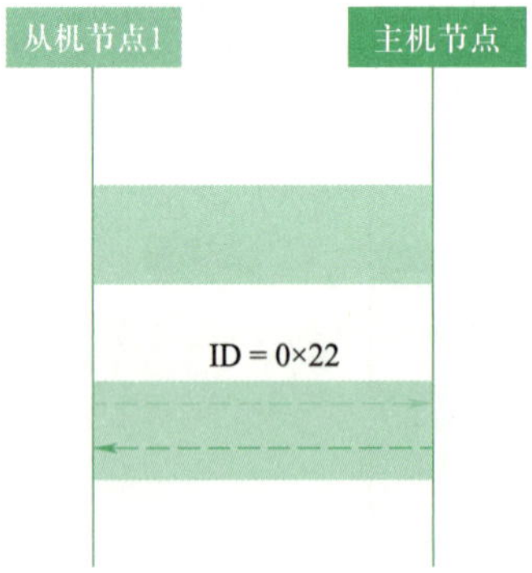

图 6-11　偶发帧示意图

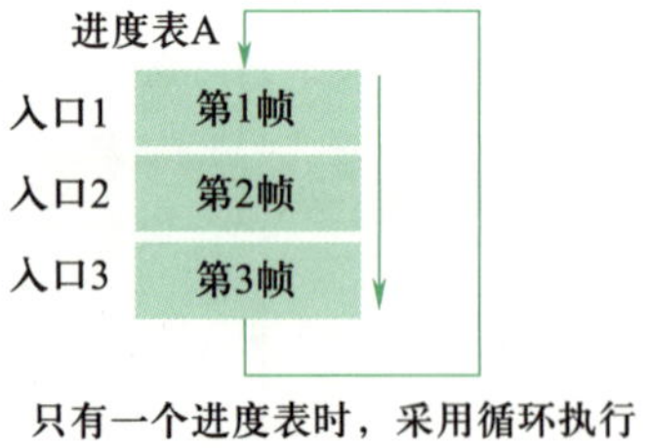

图 6-12　一个进度表的调度示意图

进度表可以有多个，一般情况下，轮到某个进度表执行的时候，从该进度表的入口处开始执行，到进度表的最后一帧时，如果没有新的进度表启动则返回到当前进度表的第一帧开始执行，如图 6-13 所示。

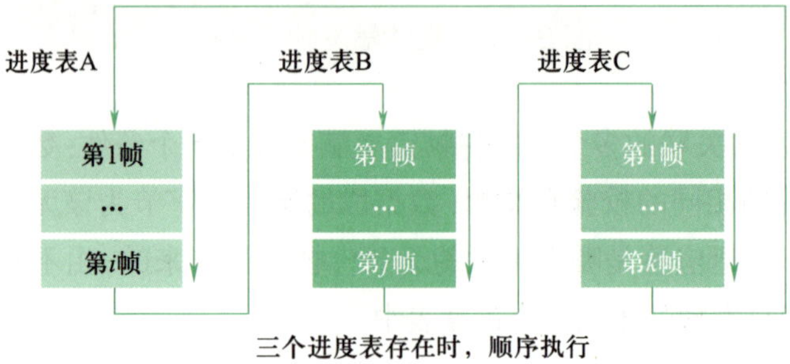

图 6-13　多个进度表的调度示意图

也有可能在执行到某个进度表时发生中断，跳到另一个进度表后再返回，事件触发帧就是典型的例子，如图 6-14 所示。

④ 收发 LIN 总线帧的硬件组成。

收发 LIN 总线帧需要的硬件包括协议控制器（protocol controller）、总线收发器（bus transceiver）和 LIN 总线三部分，如图 6-15 所示。

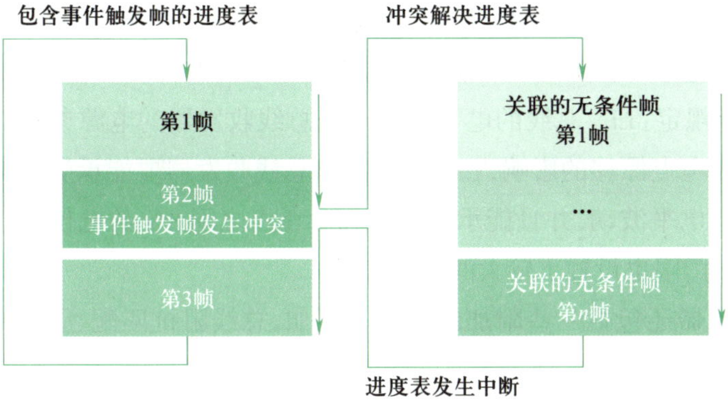

图 6-14　进度表被中断的调度示意图

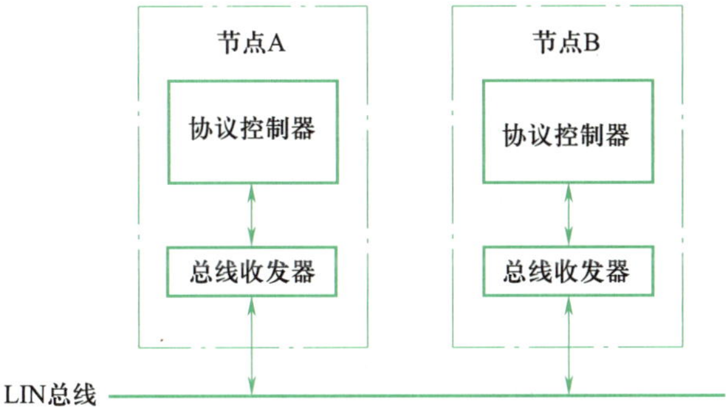

图 6-15　收发 LIN 帧的硬件组成

a. 协议控制器。协议控制器主体是一个基于 UART/SCI 的通信控制器，工作方式是半双工。协议控制器既可以使用专用模块实现，也可以用“UART/SCI+ 定时器”实现。

发送时，协议控制器把二进制并行数据转变成高 – 低电平信号，并按照规定的串行格式（8 数据位，1 停止位，无校验位）送往总线收发器。

接收时，协议控制器把来自总线收发器的高 – 低电平信号按照同样的串行格式储存下来，然后再将储存结果转换成二进制并行数据。

协议控制器要能产生和识别帧的同步间隔段。同步间隔段包含一个低电平脉冲，长度至少为 13 位。发出和识别同步间隔段虽然增加了硬件设计的复杂度，但是从接收方的角度看，这样做能把同步间隔段与普通的数据字节区别开，确保了同步信息的特殊性。

协议控制器要能执行本地唤醒（local wakeup）。需要唤醒总线时，协议控制器通过总线收发器向 LIN 总线发送唤醒信号。协议控制器要能识别总线唤醒（bus wakeup）。当收到来自 LIN 总线的唤醒信号时，协议控制器能够正确动作，进入规定的通信状态。

b. 总线收发器。总线收发器的主体是一个双向工作的电平转换器，完成协议控制器的高 - 低电平与 LIN 总线的隐性—显性电平之间的转换。

LIN 规范规定：LIN 总线的电平参考点是总线收发器的电源参考点。为了克服电源波动和参考点漂移的影响，LIN 规范要求总线收发器要能承受 ±11.5% 的电源波动和参考点电平波动，并且能承受电源和参考点之间 8% 的电位差波动。收发双方的电平鉴别门限也设置了较大的冗余度。

总线收发器还包括一些附加的功能。例如，总线阻抗匹配、压摆率（slew-rate）控制等。

此外，LIN 规范要求总线收发器具备这样一种特性：本地节点掉电或工作异常时，不能影响总线上其他节点工作。

4）LIN 总线波形分析

（1）正常波形

LIN 总线分为隐性状态（电平）和显性状态（电平），LIN 总线波形如图 6-16 所示。

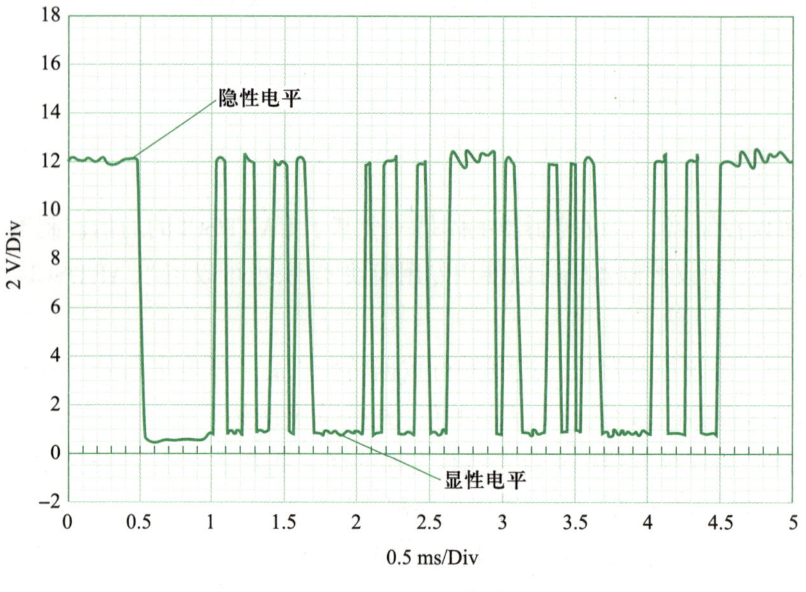

图 6-16　LIN 总线波形

隐性状态（电平）：无信息发送到 LIN 数据总线上（总线空闲）或者发送到 LIN 数据总线上的是一个隐性位，那么数据总线导线上的电压就是蓄电池电压，即 12 V。

显性状态（电平）：LIN 数据总线上有信息传递时，控制单元内的收发报机数据总线导线接地，即显性电平接近于 0 V。

使用专用诊断仪器测量 LIN 总线时的波形显示界面，如图 6-17 所示。

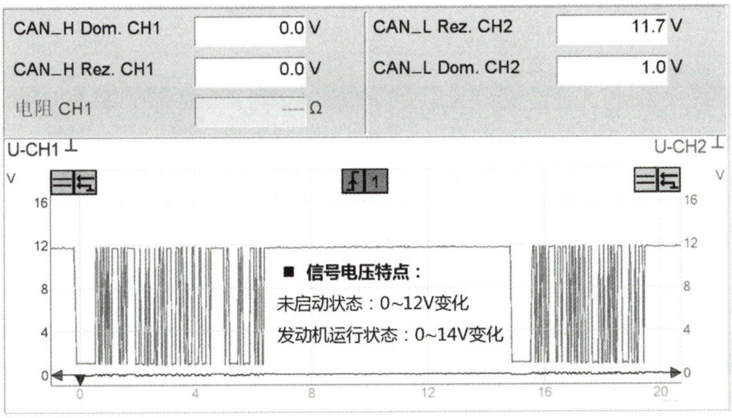

图 6-17　LIN 总线波形显示界面

（2）异常波形

LIN 总线异常波形如图 6-18 所示。

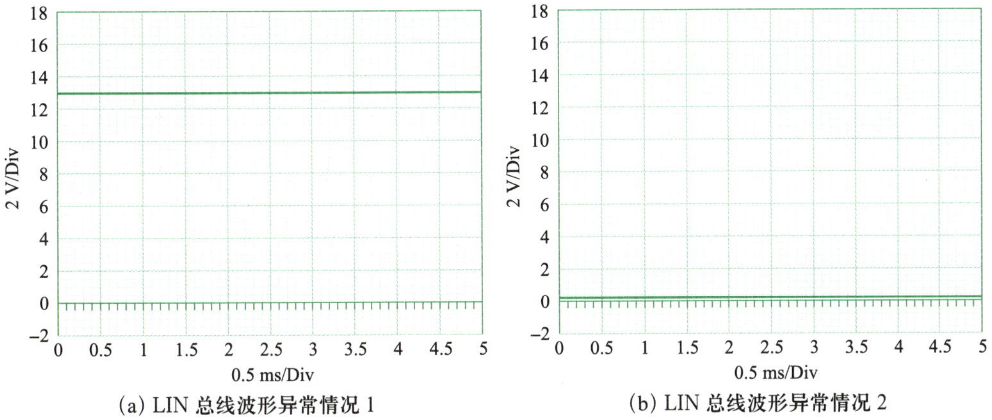

图 6-18　LIN 总线异常波形

2. 技能操作

1）操作准备

准备技能操作所需的物料，见表 6-2。

表 6-2　物料准备

类别	所需物料
实训平台	实训车辆 / 实训台架
设备、工具	车辆防护用品、万用表、示波器、诊断仪、抹布

2）LIN 总线波形检测

使用示波器，检测 LIN 总线波形，并将检测过程记录在表 6–3 中。

表 6–3 LIN 总线波形检测记录

检测项目	检测结果	波形状态
______LIN 总线波形 1		正常波形 □ 异常波形 □
______LIN 总线波形 2		正常波形 □ 异常波形 □

（二）LIN 总线故障排除

1. 知识学习

1）LIN 总线断路故障

LIN 总线发生断路故障时，如果断路发生在主线路上，如图 6–19 所示位置 A，那么 LIN 总线关闭，无法正常工作；如果断路发生在支线路上如图 6–19 所示位置 B 或位置 C，那么只有发生断路的控制单元不能正常工作，其余 LIN 总线正常工作。

2）LIN 总线短路故障

LIN 总线短路故障分为对电源正极短路和对电源负极短路。LIN 总线发生对电源正极或对电源负极短路时，LIN 总线都会关闭，无法正常工作。LIN 总线对正极短路时，电压始终为辅助蓄电池电压，参见图 6–18（a）所示；LIN 总线对负极短路时，电压始终为 0，参见图 6–18（b）所示。

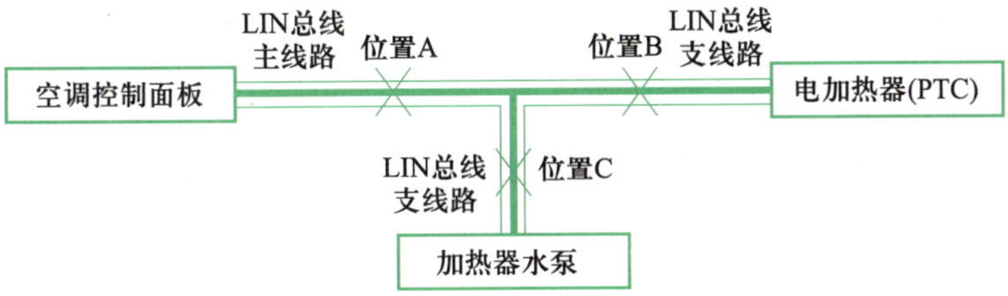

图 6-19　LIN 总线断路故障

3）LIN 总线故障检修流程

LIN 总线故障检修流程如图 6-20 所示。首先通过诊断仪读取主机节点故障码，判断是单个从机节点无法通信，还是整个 LIN 总线无法通信；若单个从机节点无法通信，可能是该从机节点未正常工作或 LIN 总线支线路断路；若整个 LIN 总线无法通信，可能是 LIN 总线（对搭铁或对正极）短路或主机节点侧断路。

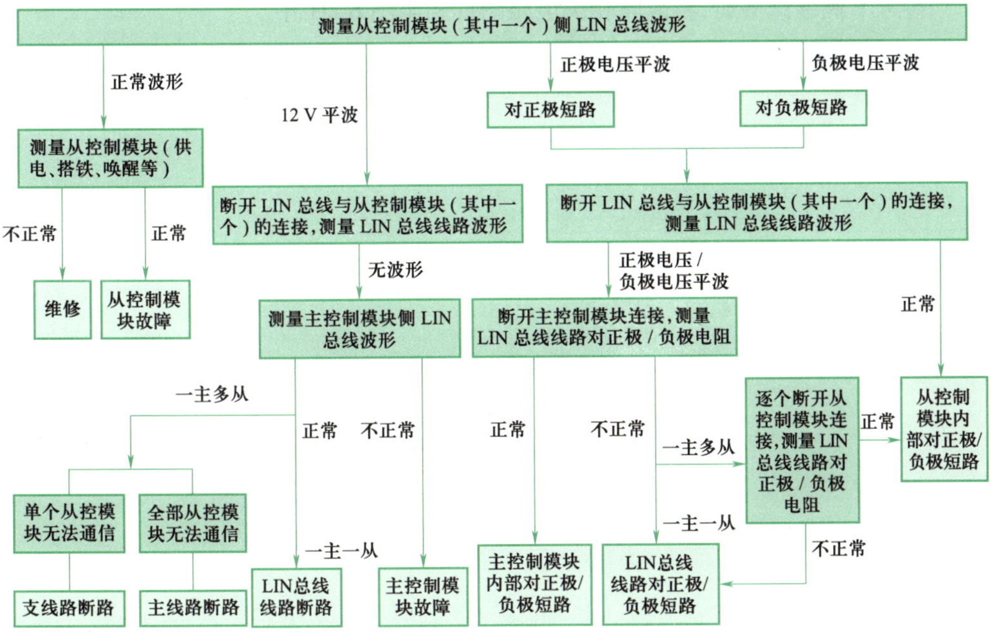

图 6-20　LIN 总线故障检修流程

2. 技能操作

1）操作准备

准备技能操作所需的物料，见表 6-4。

2）故障验证

使用诊断仪读取故障码，将相关内容填写在表 6-5 中。

表 6-4　物料准备

类别	所需物料
实训平台	实训车辆 / 实训台架
设备、工具	车辆防护用品、车辆维修手册、车辆电路图、万用表、示波器、诊断仪

表 6-5　故障码信息

序号	故障码	故障码描述
1		
2		
3		

3）制订检修方案

（1）拆画电路图

参考车辆维修手册，将故障相关电路图拆画至图 6-21 中。

图 6-21　绘制电路图

（2）故障分析及制订检修方案

根据读取的故障信息，参考电路图，分析可能的故障原因及故障点，并制订检修方案，完成表 6-6 的填写。

表 6-6　故障分析及制订检修方案

故障分析：可能的故障原因或故障点		
1		
2		
3		
检修方案 / 检测流程		
1		
2		
3		
4		
5		

4）LIN 总线故障检修

根据 LIN 总线故障检修流程，对 LIN 总线故障进行检测，并将检测结果记录在表 6-7 中。

表 6-7　LIN 总线故障检测记录

<table>
<tr><th>序号</th><th>检测项目</th><th>检测内容</th><th colspan="2">操作记录</th></tr>
<tr><td rowspan="3">1</td><td rowspan="3">诊断仪验证</td><td>读取故障码</td><td colspan="2">故障码______________</td></tr>
<tr><td rowspan="2">故障类型</td><td colspan="2">单个从控制模块故障 □</td></tr>
<tr><td colspan="2">LIN 总线故障 □</td></tr>
<tr><td rowspan="4">2</td><td rowspan="4">从控制模块侧 LIN 总线波形</td><td rowspan="4">波形状态</td><td colspan="2">正常波形 □</td></tr>
<tr><td colspan="2">12 V 平波 □</td></tr>
<tr><td colspan="2">正极电压平波 □</td></tr>
<tr><td colspan="2">负极电压平波 □</td></tr>
<tr><td rowspan="3">3</td><td rowspan="3">正常波形</td><td rowspan="2">测量从控制模块（供电、搭铁、唤醒等）</td><td rowspan="2">状态</td><td>正常　□（维修）</td></tr>
<tr><td>不正常　□（从控制模块故障）</td></tr>
<tr><td>确定故障点</td><td colspan="2">根据以上检测，确定具体故障为______________</td></tr>
<tr><td rowspan="5">4</td><td rowspan="5">12 V 平波</td><td rowspan="2">断开 LIN 总线与（其中一个）从控制模块连接，测量 LIN 总线线路波形</td><td rowspan="2">状态</td><td>有波形　□</td></tr>
<tr><td>无波形　□</td></tr>
<tr><td rowspan="2">测量主控制模块侧 LIN 总线波形</td><td rowspan="2">状态</td><td>正常　□（LIN 总线线路断路）</td></tr>
<tr><td>不正常　□（主控制模块故障）</td></tr>
<tr><td>确定故障点</td><td colspan="2">根据以上检测，确定具体故障为______________</td></tr>
</table>

续表

序号	检测项目	检测内容	操作记录		
5	正极电压平波	断开 LIN 总线与（其中一个）从控制模块连接，测量 LIN 总线线路波形	状态	正常	□（从控制模块内部对正极短路）
				不正常	□（下一步）
		断开主控制模块连接，测量 LIN 总线线路对正极电阻		一主一从结构	□
				一主多从结构	□
		一主一从结构	状态	正常	□（主控制模块内部对正极短路）
				不正常	□（LIN 总线线路对正极短路）
		一主多从结构	挨个断开从控制模块连接，测量 LIN 总线线路对正极电阻	正常	□（从控制模块内部对正极短路）
				不正常	□（LIN 总线线路对正极短路）
		确定故障点	根据以上检测，确定具体故障为______		
6	负极电压平波	断开 LIN 总线与（其中一个）从控制模块连接，测量 LIN 总线线路波形	状态	正常	□（从控制模块内部对负极短路）
				不正常	□（下一步）
		断开主控制模块连接，测量 LIN 总线线路对负极电阻	一主一从结构		□
			一主多从结构		□
		一主一从结构	状态	正常	□（主控制模块内部对负极短路）
				不正常	□（LIN 总线线路对负极短路）
		一主多从结构	挨个断开从控制模块连接，测量 LIN 总线线路对负极电阻	正常	□（从控制模块内部对负极短路）
				不正常	□（LIN 总线线路对负极短路）
		确定故障点	根据以上检测，确定具体故障为______		

5）结果检验

完成以上操作后对检修结果进行验证，并记录在表 6-8 中。

表 6-8　结果检验记录表

序号	检 验 项 目	是否正常
1	系统功能是否恢复正常	是□　否□
2	使用诊断仪清除故障码，确认故障码是否被清除	是□　否□

四、检查评估

对本任务的学习情况进行检查，并将相关内容填写在表 6-9 中。

表 6-9　检查表

检查项目	检查结果	结果点评
LIN 总线波形检测		
示波器线路连接是否正确	是□　否□	
波形检测结果是否正常	是□　否□	
LIN 总线故障检修		
拆画的电路图是否正确	是□　否□	
是否能读取故障码信息	是□　否□	
是否能准确判定故障点	是□　否□	
LIN 总线故障是否排除	是□　否□	
整理及恢复		
工具、设备是否整理恢复	是□　否□	
实训场地卫生是否打扫干净	是□　否□	
工作页是否填写完整	是□　否□	

五、任务小结

本任务小结如图 6-22 所示。

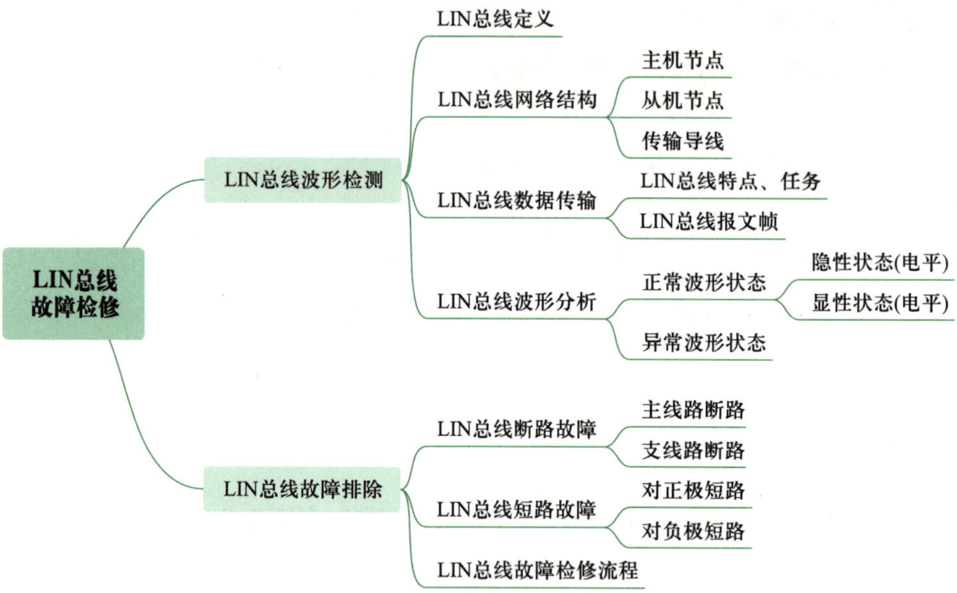
LIN总线
故障检修
LIN总线波形检测
LIN总线定义
LIN总线网络结构
主机节点
从机节点
传输导线
LIN总线数据传输
LIN总线特点、任务
LIN总线报文帧
LIN总线波形分析
正常波形状态
隐性状态(电平)
显性状态(电平)
异常波形状态
LIN总线故障排除
LIN总线断路故障
主线路断路
支线路断路
LIN总线短路故障
对正极短路
对负极短路
LIN总线故障检修流程

图 6-22　任务小结

任务七　车载以太网故障检修

一、任务导入

场景：某国产品牌新能源汽车售后维修中心。

人物：王先生（客户）、张师傅（维修技师）、小李（学徒）。

情节：王先生反映其车辆在偏离车道行驶时，无“滴滴”警示声音，车辆转向盘也无震动提示，经张师傅检查发现，该车的车道保持功能失效，无法对周围环境进行感知，需要进一步检测判断是否因车载网络通信出现故障导致功能失效。因小李已检修过车辆网络系统方面的故障，于是张师傅安排小李来完成此次检测任务。

二、任务目标

✧ 能按照网络系统故障诊断流程，使用专用诊断设备，独立完成车载以太网故障诊断。

✧ 能按照车载以太网故障检测流程和方法，使用专用检修工具，完成车载以太网故障检修。

三、任务实施

（一）车载以太网故障诊断

1. 知识学习

1）车载以太网定义

近几十年来，为了让驾驶更安全、舒适、环保，越来越多的功能被开发应用于车辆。这些功能的实现使得车辆电子架构变得越来越复杂，包括越来越多的传感器、控制器和接口，其对信息交换的需求也日益增长，需要更高速的通信带宽要求，车载以太网的出现，满足了这一要求。

车载以太网是一种用以太网连接车内电子单元的新型局域网技术，采用单对非屏蔽双绞线，可实现 100 Mbit/s，甚至 1 Gbit/s 的传输速率，同时还满足汽车行业对高可靠性、低电磁辐射、低功耗、带宽分配、低延迟以及同步实时性等方面的要求。车载以太网如图 7-1 所示。

2）车载以太网的标准

以太网包括标准的以太网（10 Mbit/s）、快速以太网（100 Mbit/s）和 10 G 以太网（10 Gbit/s）等，它采用的是 CSMA/CD 访问控制法，符合 IEEE802.3 标准。

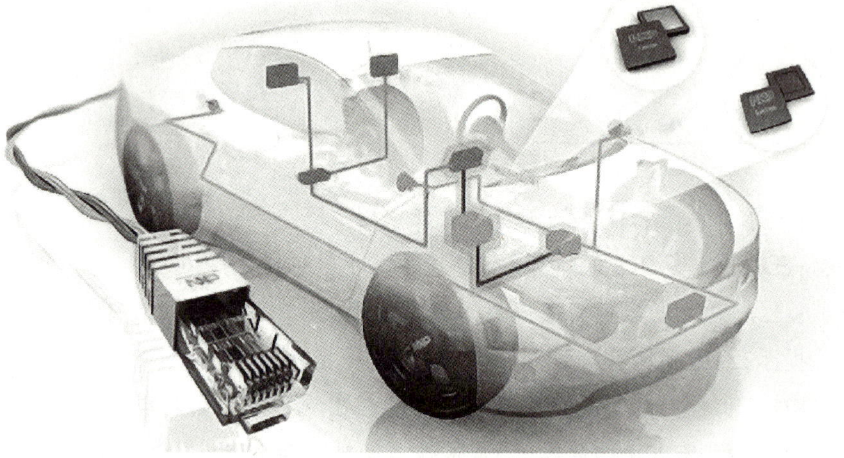

图 7-1　车载以太网

车载以太网采用 IEEE 802.3 的接口标准，无须做任何适配即可无缝支持广泛使用的高层网络协议。车载网络系统以快速以太网作为骨干网络，将各域控制器（如动力域控制器、舒适域控制器、ADAS 域控制器等）连接在一起，各域控制器在实现各自功能的同时还提供网关功能，而各域之间通过域控制器及以太网传递数据信息。车载以太网连接结构如图 7-2 所示。

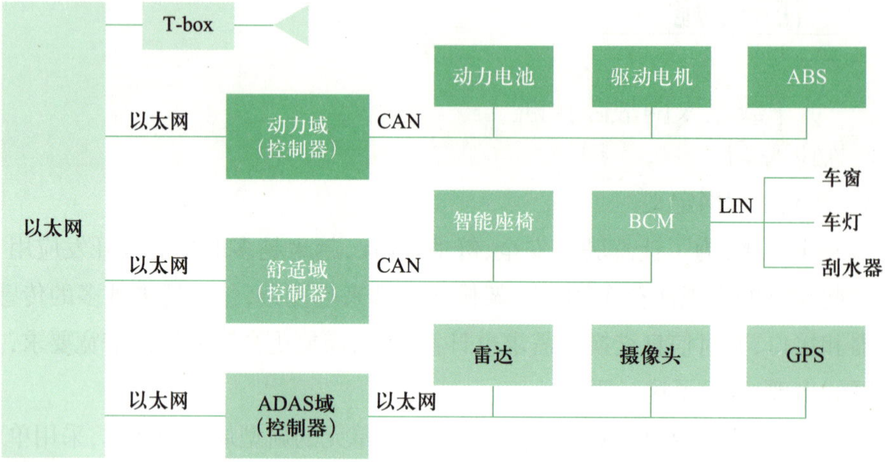

图 7-2　车载以太网连接结构

微课

车载以太网常规的拓扑结构识别

3）车载以太网拓扑结构

车载以太网常见的拓扑结构有星型、菊花链型和树型，这些结构在交换式以太网中支持 IEEE 802.3 和 IEEE 802.1Q 标准。

星型拓扑结构特点是管理方便、极易扩展、安装维护成本低，但由于需要专用的网络设备（如交换机）作其核心节点，对核心设备的负担较重，可靠性要求高，各站点的分布处理能力较低。菊花链型拓扑结构是由星型结构的基础网络构成，通过菊花链或串行的方式增加下一个节点。菊花链型拓扑结构容易扩展，各站点可以分布处理，网络设备的负担相对较轻，但节点之间的通信相对较复杂，安装维护成本较高。车载以太网常见的拓扑结构如图 7-3 所示。

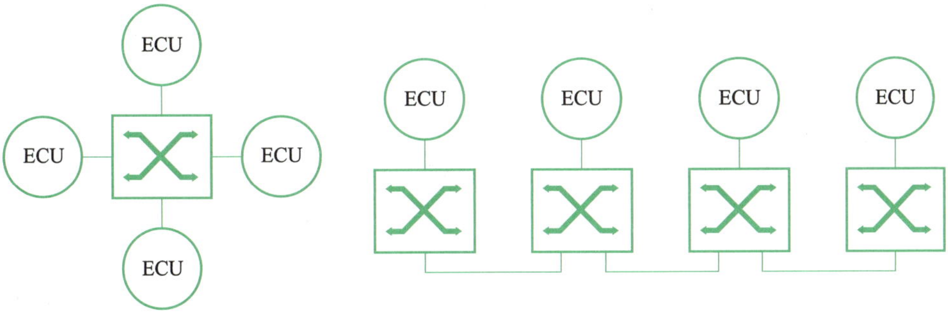

(a) 星型拓扑结构　　(b) 菊花链型拓扑结构

图 7-3　车载以太网常见的拓扑结构

4）车载以太网的发展过程

（1）第一阶段：子系统级别

如图 7-4 所示，子系统级别以太网单独在某个子系统使用。这一阶段的衍生产品目前已经在整车上使用，如基于 DoIP 标准的 OBD 诊断设备，以及使用 IP 摄像头的驾驶辅助系统。

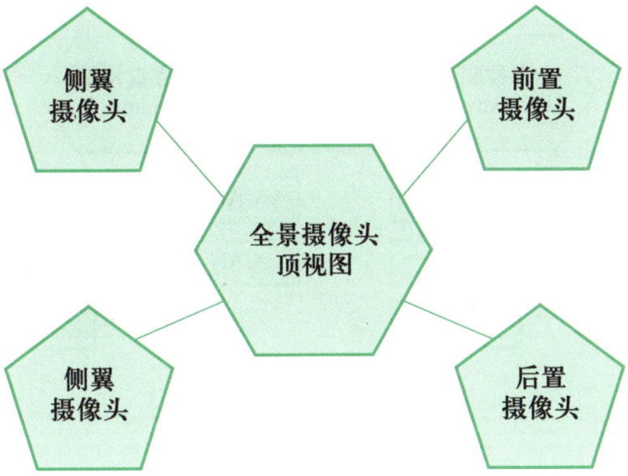

图 7-4　子系统级别以太网

（2）第二阶段：架构级别

如图 7-5 所示，架构级别以太网将几个子系统功能整合，形成一个拥有功能集合的小系统，将多媒体、驾驶辅助和诊断界面结合在一起，融合了传感器、全景摄像头及雷达等多种数据。因为架构级别以太网可以保证更高的带宽和更低的延迟，在涉及安全方面的应用，摄像头可以使用更高分辨率的未压缩的数据传输，从而避免如压缩失真等导致障碍物检测失败的问题。

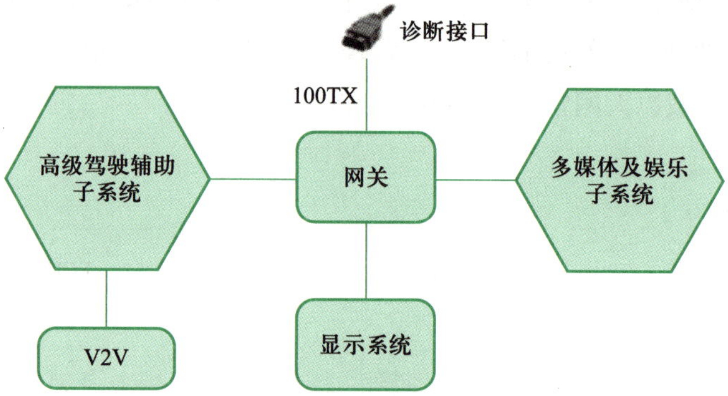

图 7-5　架构级别以太网

（3）第三阶段：域级别

如图 7-6 所示，域级别以太网为车载网络的骨干网络，集成动力总成、底盘、车身、多媒体、辅助驾驶，真正形成一个域级别的汽车网络。

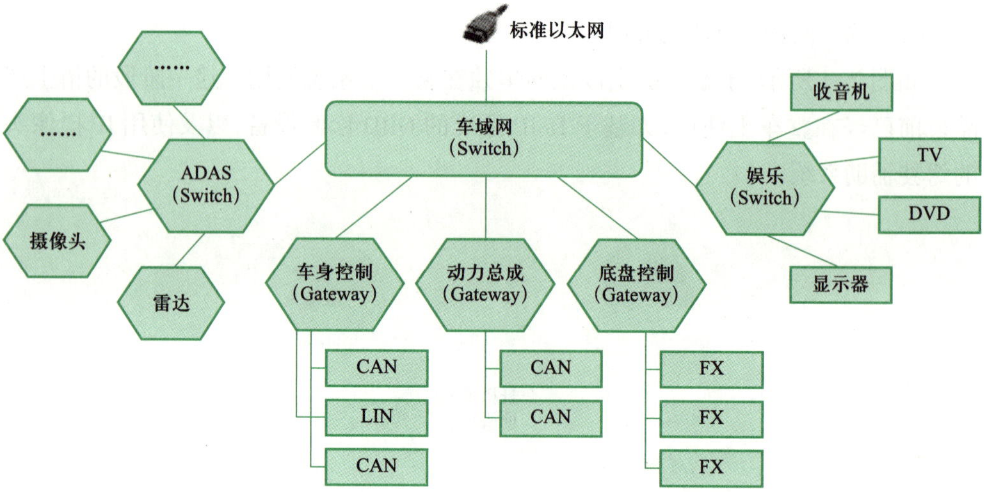

图 7-6　域级别以太网

辅助驾驶系统可以采用以太网传输高清摄像头和高精度雷达数据，娱乐系统可以使用以太网传输视频和音频数据，车辆相关数据（车辆状态数据、道路环境高清视频数据、雷达数据）可以通过远程信息处理模块或 V2X 传输到外部云端平台、基站、数据控制中心等，车辆娱乐系统控制器可以通过 4G、5G、Wi-Fi、蓝牙等方式下载音频和视频。

5）车载以太网功能特点

车载以太网功能特点如下。

① 数据传输速率很高，可达 100 Mbit/s。

② 建立连接和分配地址时系统启动用时 3 s，进入休眠模式时用时 1 s。

③ 只能通过车辆编程系统访问以太网。

④ 进行维修时能更迅速地进行车辆编程。

⑤ 在 CIC 与 RSE 之间传输媒体数据。

如图 7-7 所示，在 OBD-Ⅱ、ZGM 和 CIC 之间通过两个没有附加屏蔽层的双绞线连接，此外还有一个为各控制单元内以太网控制器供电的启用导线。CIC 与 RSE 之间的导线带有屏蔽层，取代了启用导线。

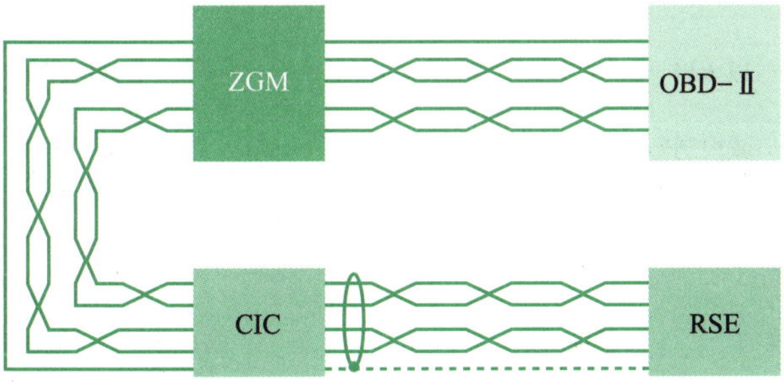

图 7-7　某车型 F01/F02 以太网的导线连接

CIC——车辆信息计算机；OBD-Ⅱ——诊断插座；RSE——后座区娱乐系统；ZGM——中央网关模块

6）车载以太网的应用

以太网作为车载网络的骨干网络，集成动力总成、底盘、车身、多媒体、辅助驾驶，真正形成一个域级别的汽车网络已经成为趋势。目前，车载以太网主要用于诊断、车载信息娱乐（IVI）系统和连接远程传感器。由于数据量大，这些系统需要更大的带宽来维持程序驱动与数据传输。一辆具有自动驾驶功能的新能源车辆最终可能需要 100 Gbps 以太网来传输图像传感器的所有数据。

以太网上的所有设备都有单独分配的识别号，即 MAC（媒体访问控制）地址。建立连接时，编程系统通过该地址和 VIN（车辆识别号）识别车辆，以此避免第三方更改数据记录和存储值。与办公室内的计算机网络一样，以太网网络内的所有设备都应拥有唯一的识别号。车载以太网的应用如图 7-8 所示。

2. 技能操作

1）操作准备

准备技能操作所需的物料，见表 7-1。

2）故障验证

（1）查看仪表显示

打开起动开关，查看仪表显示，在表 7-2 中填写并绘制车辆仪表显示的故障指示灯并尝试启动相应系统，查验系统功能。

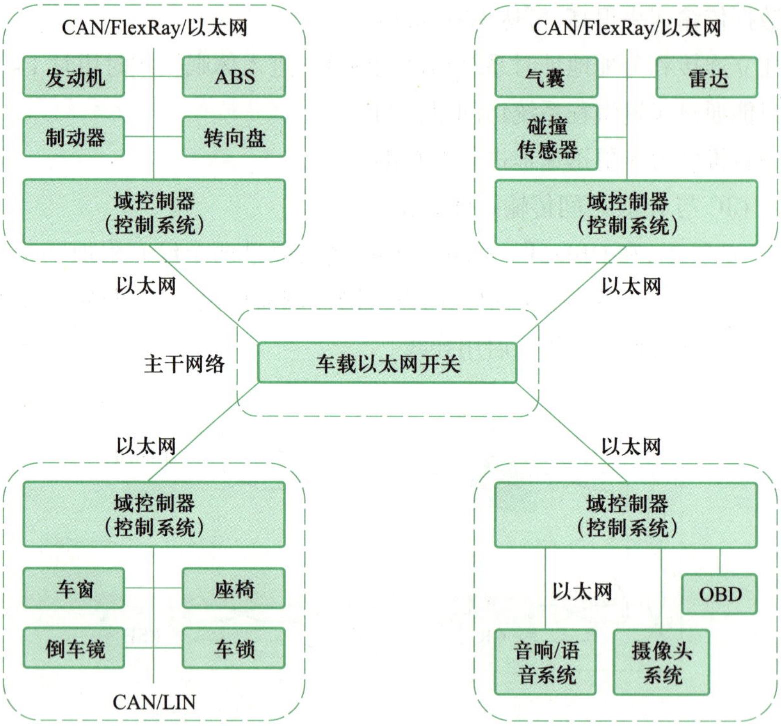

图 7-8　车载以太网的应用

表 7-1　物料准备

类别	所 需 物 料
实训平台	实训车辆 / 实训台架
设备、工具	车辆防护用品、车辆电路图、万用表、诊断仪、抹布

表 7-2　仪表显示记录

序号	名称	符号	颜色	是否点亮	系统功能是否正常
1					是□　否□
2					是□　否□

（2）读取故障码

使用诊断仪读取故障码，将相关内容填写在表 7-3 中。

表 7-3　故障码信息

序号	故障码	故障码描述
1		
2		
3		

3）制订检修方案

（1）拆画电路图

参考车辆维修手册，将故障相关电路图拆画至图 7-9 中。

图 7-9　绘制电路图

（2）故障分析及制订检修方案

根据读取的故障信息，参考电路图，分析可能的故障原因及故障点，并制订检修方案，完成表 7-4 的填写。

表 7-4　故障分析及制订检修方案

故障分析：可能的故障原因或故障点		
1		
2		
3		
检修方案 / 检测流程		
1		
2		
3		
4		
5		

（二）车载以太网故障检测

1. 知识学习

1）车载以太网的传输信号

车载以太网中的控制单元通过物理层接口与双绞线相连，双绞线两端会同时以相同频率发出信号，因此在接收到的信号中，会混合对方发来的信号和自身发出的信号，利用回声消除技术从混合信号中去除自身发出的信号，得到对方发来的信号。

2）车载以太网故障检测流程

车载以太网故障检测流程如图 7-10 所示。

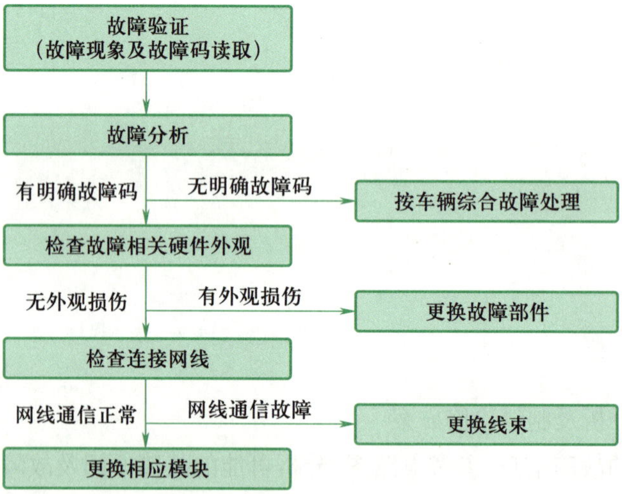

图 7-10　车载以太网故障检测流程

3）车载以太网故障检测方法

由于车载以太网采用的是星型或树型的拓扑结构，每个模块都用单独的线束和交换机相连接。某个模块的线路发生短路或者断路的问题，只会使该模块无法通信，不会影响其他模块正常通信。当交换机出现故障时，所有与交换机相连的模块都无法正常通信。

当某个控制单元通信出现故障时，可以使用万用表对该控制单元的通信线路进行电阻的测量，从而验证通信线路的通断。由于车载以太网通信时两根双绞线的电压会在 0 V 左右来回波动，所以用万用表的电压挡测量会显示 0 V。如果用万用表测量线路的电压高于 0 V 时，可能是线路或模块内部对正极短路引起的。若线路对负极短路，万用表无法区分，需要使用示波器，检测波形是否正常。车载以太网某模式下端口信号波形如图 7-11 所示。

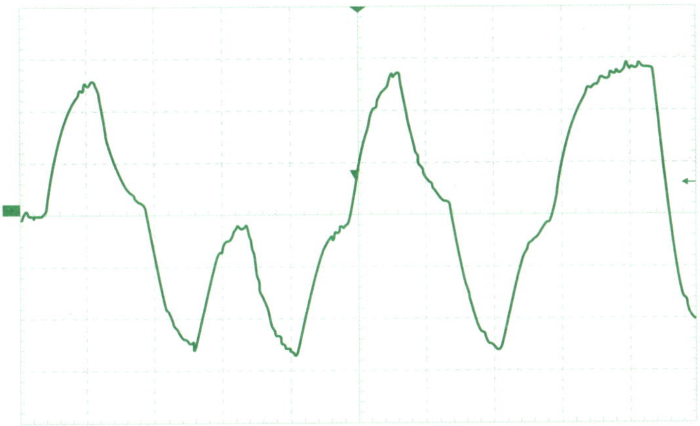

图 7-11　车载以太网某模式下端口信号波形

2. 技能操作

1）操作准备

准备技能操作所需的物料，见表 7-5。

表 7-5　物料准备

类别	所需物料
实训平台	实训车辆 / 实训台架
设备、工具	车辆防护用品、车辆维修手册、万用表、专用示波器、网线检测仪

2）车载以太网线束外观检查

对车载以太网线束外观状态进行初步检查，并将检查结果记录在表 7-6 中。

表 7-6　车载以太网线束外观检查记录

序号	检测项目	检测内容	是否正常	检修意见
1	以太网线束外观	线束是否存在破损	是□　否□	
		线束是否存在折断	是□　否□	
		线束是否存在烧蚀	是□　否□	
2	以太网线束接口	接口是否存在虚接	是□　否□	
		接口是否存在异物	是□　否□	
		接口是否存在烧蚀	是□　否□	

3）车载以太网线故障检测

测量车辆相关模块运行状态及以太网通信状态，并将结果填入表 7-7 中。

表 7-7　车载以太网故障检测记录

序号	检测项目	检测内容	检测工具	检测结果	标准值	是否正常	检修意见
1	交换机工作状态	工作指示灯是否点亮	—			是□　否□	
2	4G 路由器工作状态	工作指示灯是否点亮	—			是□　否□	
3	激光雷达供电线路	电压				是□　否□	
4	4G 路由器至交换机间网线	网线通断				是□　否□	
5	激光雷达至交换机间网线	网线通断				是□　否□	
6	AGX 至交换机间网线	网线通断				是□　否□	

4）结果检验

完成以上操作后对检修结果进行验证，并记录在表 7-8 中。

表 7-8　结果检验记录

序号	检 验 项 目	是否正常
1	起动车辆，仪表盘故障指示灯是否点亮	是□　否□
2	系统功能是否恢复正常	是□　否□
3	使用诊断仪清除故障码，确认故障码是否被清除	是□　否□

四、检查评估

对本任务的学习情况进行检查，并将相关内容填写在表 7-9 中。

表 7-9　检查表

检查项目	检查结果	结果点评
车载以太网故障诊断		
拆画的电路图是否正确	是□　否□	
是否能读取故障码信息	是□　否□	

续表

检查项目	检查结果	结果点评
车载以太网故障检测		
是否能准确判定故障点	是□　否□	
车载以太网故障是否排除	是□　否□	
整理及恢复		
工具、设备是否整理恢复	是□　否□	
实训场地卫生是否打扫干净	是□　否□	
工作页是否填写完整	是□　否□	

五、任务小结

本任务小结如图 7–12 所示。

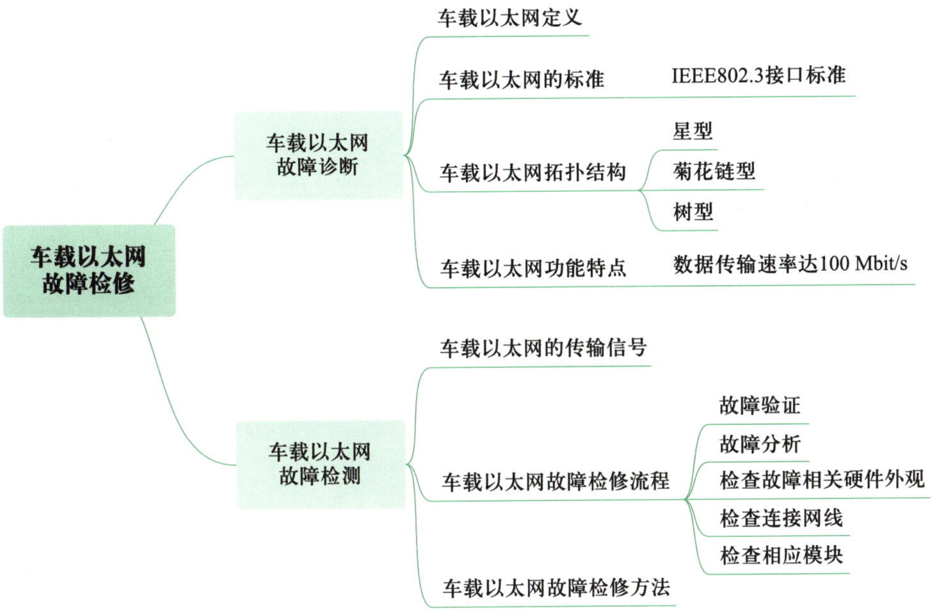

图 7–12　任务小结

情境三
新能源汽车辅助电气系统检修

一、情境介绍

随着生活水平的不断提高,人们对车辆的需求已不仅仅局限于单纯的代步,对其舒适性的需求也越来越高。新能源汽车辅助电气系统是车辆实现舒适性的基础支撑,要解决新能源汽车辅助电气系统相关的故障,首先要掌握车辆各个辅助电气系统的工作原理和控制策略,还要能熟练运用新能源汽车电气系统故障检修基本思路和方法对辅助电气系统出现的故障进行检修。

本情境包含玻璃升降系统检修、无钥匙进入系统检修、一键起动系统检修、自适应前照明系统检修、光信号装置检修和提示音系统检修六个工作任务,内容包括:玻璃升降系统、无钥匙进入系统、一键起动系统、自适应前照明系统、光信号装置、提示音系统等辅助电气系统故障检修流程和方法。

二、情境目标

✧ 能根据玻璃升降系统工作原理,按照车辆维修手册标准流程,正确使用诊断设备和检修工具,规范完成玻璃升降系统故障检修。

✧ 能根据无钥匙进入和一键起动系统工作原理,按照车辆维修手册标准流程,正确使用诊断设备和检修工具,规范完成无钥匙进入系统、一键起动系统故障检修。

✧ 能根据车辆光信号装置各个灯光的控制原理,按照车辆维修手册标准流程,正确使用检测设备和工具,规范完成自适应大灯、制动灯、转向灯和雾灯等光信号装置故障检修。

✧ 能依据车辆售后维修标准流程,按照故障检修方法,正确使用诊断设备和检修工具,规范完成提示音系统故障检修。

3

任务八　玻璃升降器电机检修

一、任务导入

场景：某国产品牌新能源汽车售后维修中心

人物：王先生（客户）、张师傅（维修技师）、小赵（学徒）

情节：王先生发现车辆左前车窗玻璃降不下来，其他车窗玻璃升降都正常，于是到售后维修中心进行维修。经过张师傅检测，确定玻璃升降器电机损坏，于是便安排小赵完成拆装与更换玻璃升降器电机的任务。身为学徒的小赵将采取怎样的行动来完成这一任务呢？

二、任务目标

✧ 能按照车辆维修手册标准流程，选择合适的工具，规范完成玻璃升降器电机拆卸任务。

✧ 能根据维修操作规范，结合维修手册，选择正确的检查标准，准确完成玻璃升降器电机各项参数检查任务。

三、任务实施

（一）玻璃升降器电机拆卸

1. 知识学习

1）汽车玻璃升降器的组成和功能

汽车玻璃升降器是指将汽车车窗玻璃沿玻璃导向槽升起或下降，并能按要求停留在任意位置的装置，通常由操纵机构（电机及控制系统）、传动机构（齿轮、齿条或齿轮软轴啮合机构）、玻璃升降机构（玻璃导槽、升降臂、运动托架）及其他附件组成，如图 8-1 所示。

微课

玻璃升降器电机的结构

玻璃升降器具体功能如下：

① 能准确按照玻璃升降开关的指令，使汽车车窗玻璃上升或下降。

② 保证车窗玻璃升降顺畅、平稳。

③ 当玻璃升降开关不工作时，车窗玻璃能停留在任意位置上。

④ 部分车型玻璃升降器具备一键升降功能和防夹功能。

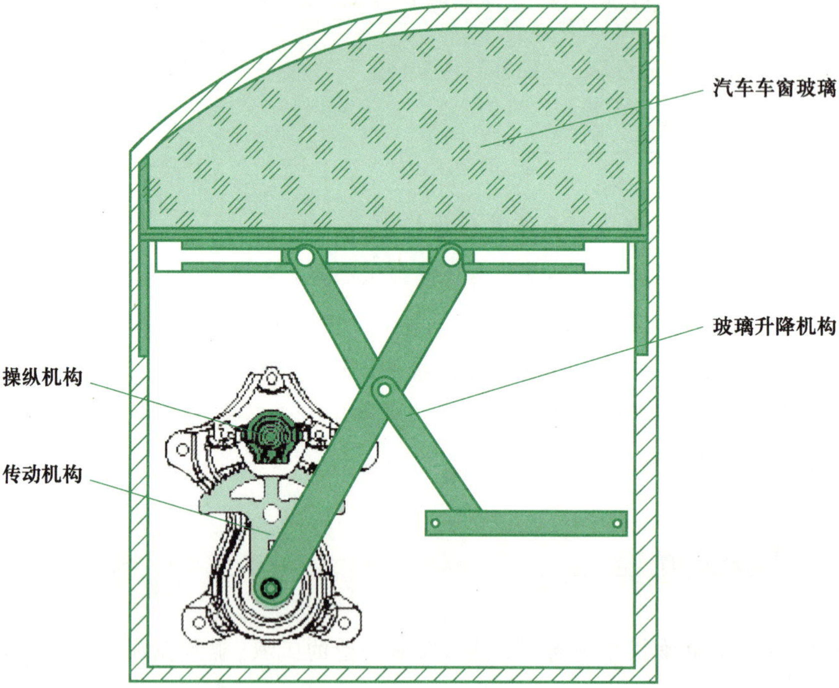

图 8-1　玻璃升降器

微课
玻璃升降器种类

2）玻璃升降器的分类

玻璃升降器从结构上划分，可分为臂式玻璃升降器和柔式玻璃升降器。其中臂式玻璃升降器包括单臂式玻璃升降器和双臂式玻璃升降器。柔式玻璃升降器包括绳轮式玻璃升降器、带式玻璃升降器和软轴式玻璃升降器。

玻璃升降器从结构上划分，可分为手动式玻璃升降器和电动式玻璃升降器，如图 8-2 所示，目前市场上的车辆大多采用电动式玻璃升降器。

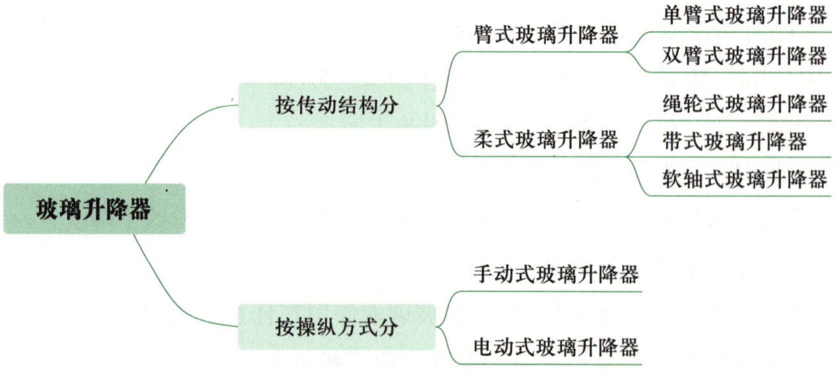

图 8-2　玻璃升降器

3）臂式玻璃升降器的结构特点分析

臂式玻璃升降器因为结构简单、加工方便、成本低，所以在市场上使用较为普遍。

（1）单臂式玻璃升降器

单臂式玻璃升降器只有一个升降臂，结构简单，但由于升降臂承点与玻璃质心之间的相对位置经常变化，玻璃升降时会产生倾斜、卡滞，该结构只适用于玻璃两侧为平行直边的情况，如图 8–3 所示。

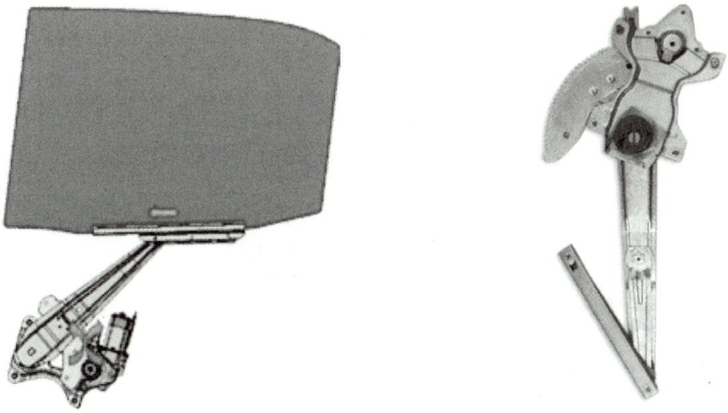

图 8–3　单臂式玻璃升降器

（2）双臂式玻璃升降器

双臂式玻璃升降器的结构特点是具有两个升降臂，按照两臂的布置方式又分为平行臂式升降器和交叉臂式升降器。与单臂式玻璃升降器相比，双臂式玻璃升降器本身可保证玻璃的平行升降，提升力也比较大。

平行臂式玻璃升降器结构相对比较简单、紧凑，但由于支撑宽度比较小，工作载荷较大，所以运动平稳性不如交叉臂式玻璃升降器，平行臂式如图 8–4 所示。

交叉臂式玻璃升降器支撑宽度较大，运动比较平稳，因此被普遍采用，如图 8–5 所示。

交叉臂式玻璃升降器由座板、扇形齿轮片、导轨（玻璃托架）、主动臂、从动臂、玻璃导向槽、电机、齿轮轴等组成，如图 8–6 所示。交叉臂式玻璃升降器电机的输出部分是一个齿轮，经啮合的扇形齿轮片，通过主动臂与从动臂在导轨横向滑动，带动车窗玻璃沿玻璃导向槽做上下运动，如图 8–7、图 8–8 所示。

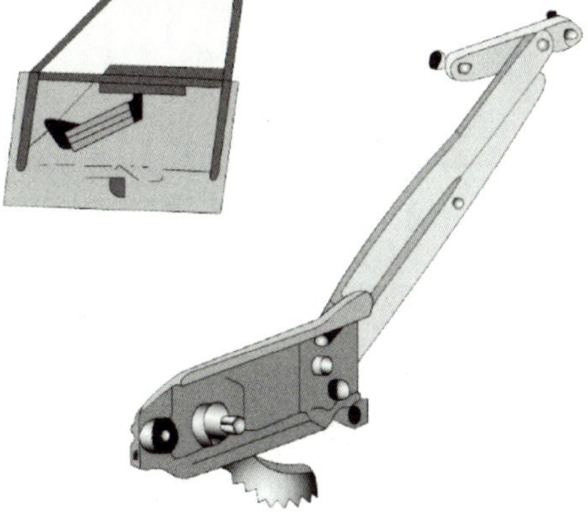

图 8–4　平行臂式玻璃升降器

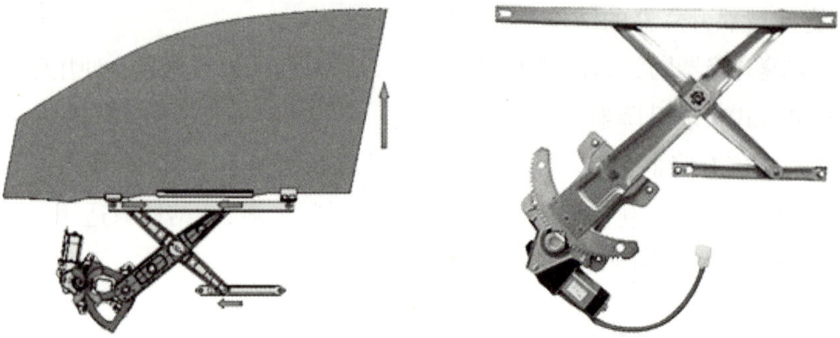

图 8-5　交叉臂式玻璃升降器

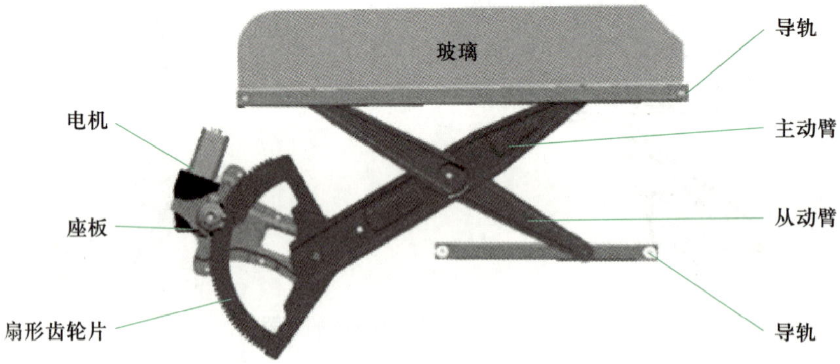

图 8-6　交叉臂式玻璃升降器

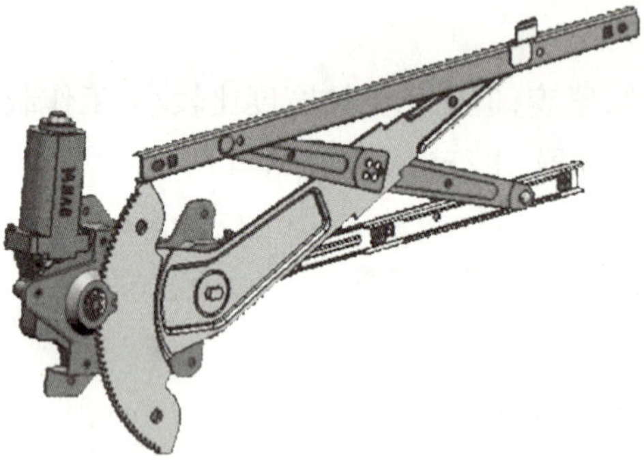

图 8-7　交叉臂式玻璃升降器低点位置

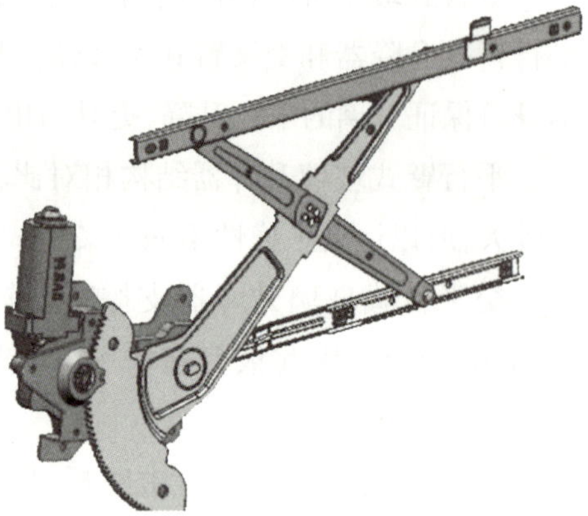

图 8-8　交叉臂式玻璃升降器高点位置

交叉臂式玻璃升降器的传动路线是：电机——小齿轮——扇形齿轮——主动臂（或从动臂）——导轨（玻璃托架）——车窗玻璃（升降）。

4）柔式玻璃升降器的结构特点分析

柔式玻璃升降器中常见的类型是绳轮式玻璃升降器，如图 8-9 所示，相比臂式玻璃升降器，绳轮式玻璃升降器减少了摩擦损失，提高了平稳性。

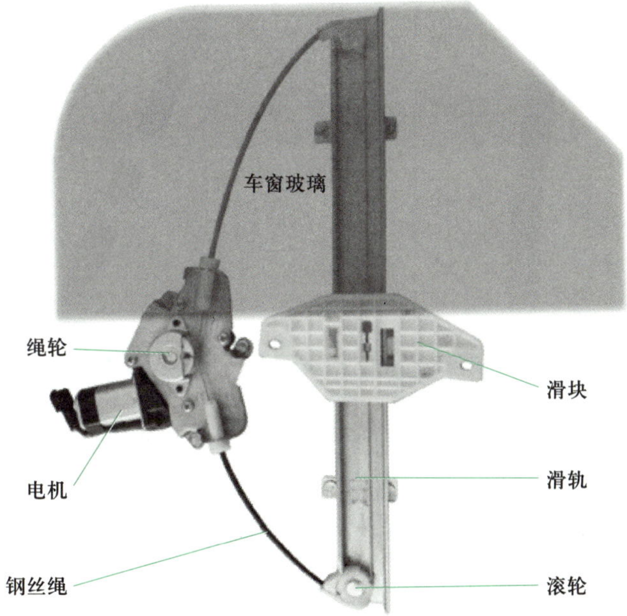

图 8-9　绳轮式玻璃升降器（单轨）

绳轮式玻璃升降器中电机的输出部分是一个绳轮，绳轮上绕有钢丝绳，如图 8-10 所示。钢丝绳上装有滑块。电机带动绳轮卷绕钢丝绳，钢丝绳上的滑块带动车窗玻璃，使之沿玻璃导向槽上下运动。

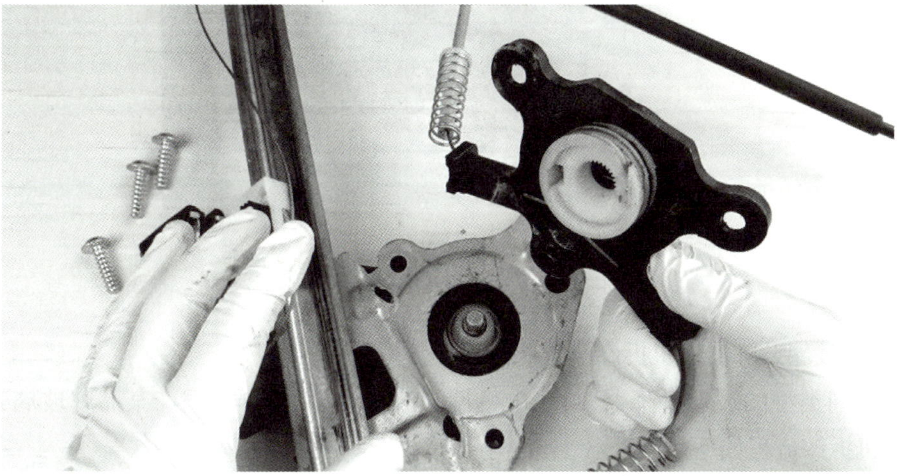

图 8-10　绳轮和钢丝绳

绳轮式玻璃升降器又分为单轨式和双轨式，两者基本原理相同。单轨式玻璃升降器如图 8-9 所示。双轨式玻璃升降器如图 8-11 所示。

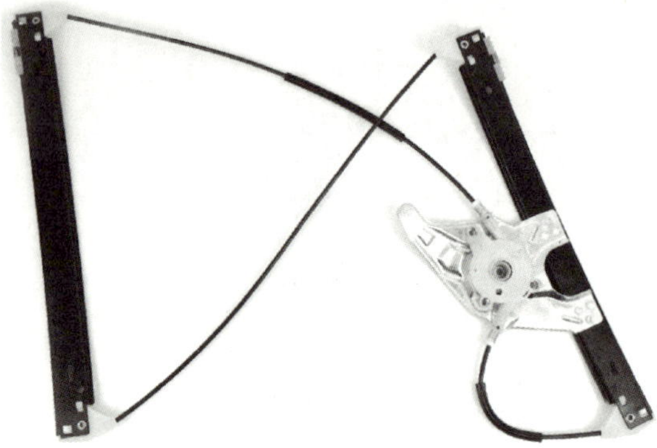

图 8-11　绳轮式玻璃升降器（双轨）

绳轮式玻璃升降器，通过开关控制玻璃升降器电机正反转，带动绳索转动，牵动固定着玻璃的玻璃托架上下滑动，迫使车窗玻璃做上升或下降的直线运动。

传动路线：电机——绳轮——钢丝绳——玻璃托架——玻璃（升降）。

5）玻璃升降器电机安装位置

玻璃升降器电机安装在车门内饰板后部，需要拆卸车门内饰板才能看到，如图 8-12 所示。

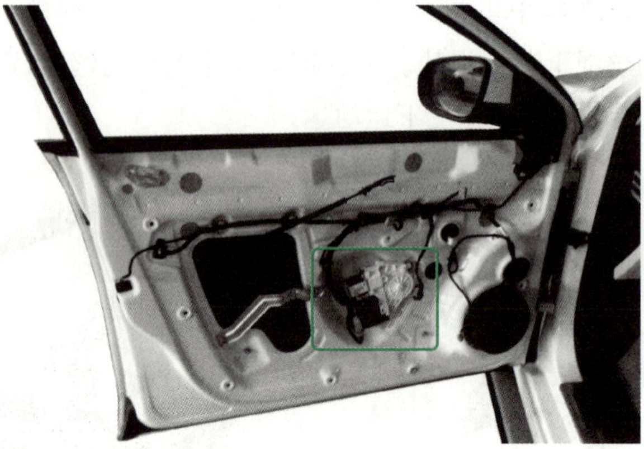

图 8-12　玻璃升降器电机安装位置

6）玻璃升降器电机拆卸流程

不同类型的玻璃升降器，对应电机拆卸流程也有所不同，国产某品牌玻璃升降器电机拆卸流程如下。

① 低压断电。

② 拆卸车门内饰板固定螺栓及卡扣。

③ 断开内开手柄拉线、玻璃升降开关连接器及其他连接装置。

④ 断开玻璃升降器电机连接器。

⑤ 拆卸玻璃升降器电机固定螺栓。

⑥ 取下玻璃升降器电机。玻璃升降器电机取下后结构如图 8-13 所示。

注意：

① 车门内饰板后部玻璃升降开关线束较短，在拆卸车门内饰板时注意不要拉扯。

② 取下玻璃升降器电机后，绳轮因为失去固定可能会掉落进门洞内；安装玻璃升降器电机时也可能会将绳轮顶进门洞内，可以从门洞伸入手指进行固定。

图 8-13　取下玻璃升降器电机后结构

2. 技能操作

1）操作准备

准备技能操作所需的物料，见表 8-1。

表 8-1　物料准备

类别	所需物料
实训平台	实训整车
设备、工具	车辆防护用品、车辆维修手册、智能钥匙、绝缘工具套装、绝缘扭矩扳手、绝缘表、塑料撬板

2）验证玻璃升降功能

操纵司机侧开关、乘客侧单独开关控制各车门玻璃升降，验证各车门玻璃升降功能是否正常，并将验证结果记录在表 8-2 中。

表 8-2　玻璃升降功能验证结果记录

序号	验证项目	验证结果
1	驾驶人侧开关控制左前车窗玻璃升降	正常□　　不正常□
2	驾驶人侧开关控制右前车窗玻璃升降	正常□　　不正常□
3	驾驶人侧开关控制左后车窗玻璃升降	正常□　　不正常□
4	驾驶人侧开关控制右后车窗玻璃升降	正常□　　不正常□
5	故障侧车门单独开关控制玻璃升降	正常□　　不正常□

3）拆卸玻璃升降器电机

查询车辆维修手册，按照标准流程对玻璃升降器电机进行拆卸，并将拆卸流程记录在表 8-3 中。

表 8-3　玻璃升降器电机拆卸记录

序号	项目	内　容	工具
1	高压安全防护	人身安全防护	安全防护用具
		环境安全防护	安全防护用具
2	低压断电	关闭起动开关	—
		断开辅助蓄电池负极端子	绝缘工具套装、防护袋
3	拆卸车门内饰板		
4	拆卸玻璃升降器电机	判断玻璃升降器类别： 绳轮式□　臂式□　其他□	

（二）玻璃升降器电机检查

1. 知识学习

1）玻璃升降器电机作用

电机是指依靠电磁感应原理将电能转换成机械能或机械能转换成电能的一种电气装置。

在纯电动汽车上，除了为车辆行驶提供驱动力的驱动电机外，还应用了辅助电机进行机械驱动，如玻璃升降器电机、天窗电机、外后视镜调节电机、刮水器电机、座椅调节电机等。

玻璃升降器电机的作用主要是通过驱动机械机构实现车窗玻璃的自动升降功能，实现车窗玻璃升降的自动化、智能化。

玻璃升降器电机一般为永磁式电机，如图 8-14 所示。

2）蜗轮蜗杆机构

玻璃升降器电机通常会采用蜗轮蜗杆这一动力传动机构，其具备以下特点。

① 蜗轮蜗杆机构可以得到很大的传动比，利用其速度转化特性，将电机的转速减速到想要的转速，并得到较大转矩，从而顺利驱动玻璃升降，如图 8-15 所示。

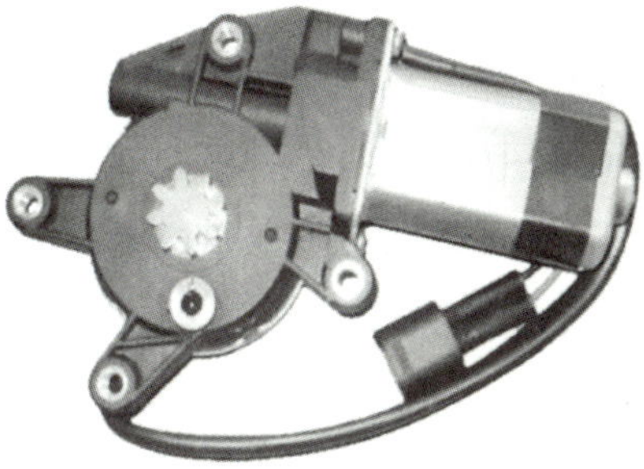

图 8–14　玻璃升降器电机

图 8–15　玻璃升降器电机蜗轮蜗杆机构

② 蜗轮蜗杆传动相当于螺旋传动，为多齿啮合传动，传动平稳、噪声很小。

③ 具有自锁性。通过图 8–15 可知，当车窗玻璃升降时，由玻璃升降器电机驱动蜗杆旋转，再由蜗杆驱动蜗轮旋转，即只能由蜗杆带动蜗轮，而不能由蜗轮带动蜗杆；当玻璃升降器电机停止工作时，蜗轮承受来自车窗玻璃的压力从而顺时针或逆时针旋转，蜗轮旋转必然要带动蜗杆左右运动，但受到蜗杆安装限制，蜗杆无法进行左右运动，从而实现蜗轮反向自锁，即使玻璃升降器电机停止工作时，车窗玻璃也可以停留在当时所在位置。蜗轮与蜗杆运动方向如图 8–16 所示。

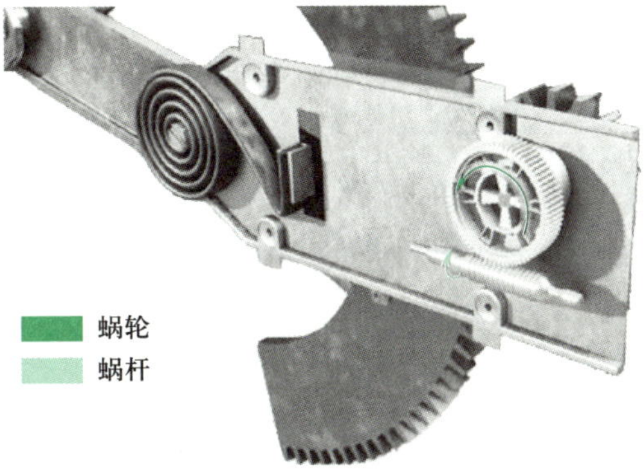

图 8–16　蜗轮与蜗杆运动方向示意图

④ 传动效率较低，磨损较严重。蜗轮蜗杆啮合传动时，啮合轮齿间的相对滑动速度大，故摩擦损耗大、效率低。另一方面，相对滑动速度大使齿面磨损严重、发热严重，为了散热和减小磨损，常采用减摩性与抗磨性

较好的材料及良好的润滑装置。

⑤ 在蜗轮蜗杆传动中，蜗轮轮齿的失效形式有点蚀、磨损、胶合和轮齿弯曲折断。

微课

玻璃升降器电机转向的控制

3）玻璃升降器电机工作原理

玻璃升降器电机工作原理示意图如图 8-17、图 8-18 所示，电机根据通过电机电流的方向不同实现正转和反转，来实现玻璃的上升与下降。

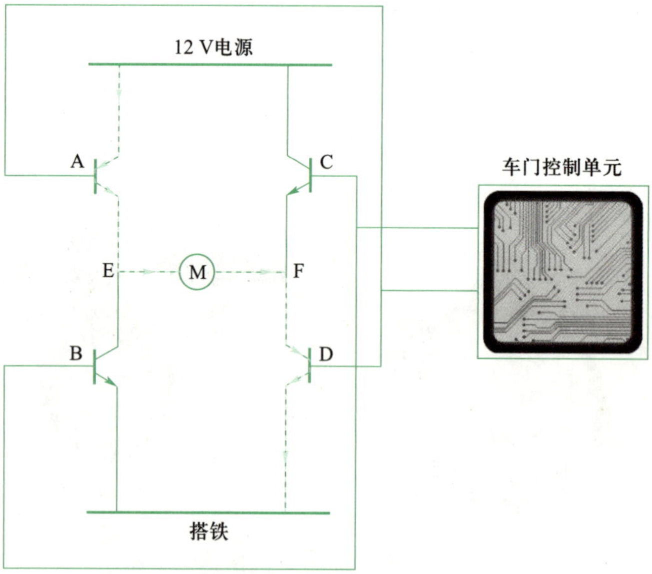

图 8-17　玻璃升降器电机正向旋转控制示意图

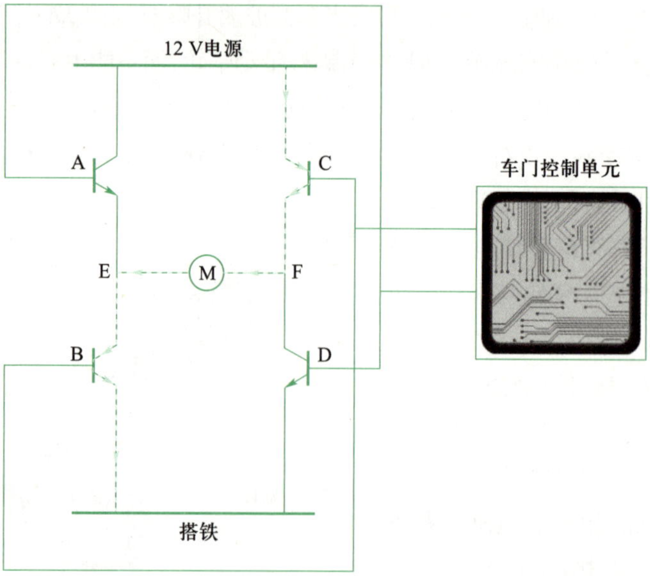

图 8-18　玻璃升降器电机反向旋转控制示意图

① 当电机正转时，车门控制单元输出电压，在晶体管 A 和晶体管 D 的基极上面施加高电压，晶体管 A 和 D 导通，其电流方向为：12 V 电源——晶体管 A——点 E——点 F——晶体管 D——搭铁，此时电机正转，如图 8-17 所示。

② 当电机反转时，车门控制单元输出电压，在晶体管 B 和晶体管 C 的基极上面施加高电压，晶体管 B 和 C 导通，其电流方向为：12 V 电源——晶体管 C——点 E——点 F——晶体管 B——搭铁，此时电机反转，如图 8-18 所示。

4）玻璃升降器电机检查内容

① 电机外观是否存在划痕、磕碰等，是否沾染油污。

② 电机齿轮是否缺齿、龟裂、变形，是否空旷晃动。

③ 电机连接器端子是否缺失、断裂、弯曲、松动。

④ 电机连接器正极、负极端子对壳体之间绝缘电阻应不小于 1 MΩ。

5）玻璃升降器电机安装流程

玻璃升降器电机安装流程基本与拆卸流程相反，流程如下。

① 检查玻璃升降器电机和车辆是否匹配。

② 安装玻璃升降器电机固定螺栓。

③ 连接玻璃升降器电机连接器，并测试功能是否正常。

④ 连接内开手柄拉线、玻璃升降开关连接器及其他连接装置。

⑤ 更换损坏的门板卡扣，安装车门内饰板及拧紧固定螺栓。

⑥ 恢复车辆供电，并检查各个车窗玻璃升降情况。

6）玻璃升降器使用注意事项

（1）注意车窗玻璃清洁

车窗玻璃经常在脏污或附着其他异物时升降，会造成与橡胶压条的摩擦增大，造成车窗玻璃上升和下降阻力变大，影响玻璃升降器正常工作，因此需要经常性地保持车窗玻璃洁净。

（2）注意车窗玻璃夹缝中的小卡片等异物

车窗玻璃夹缝中经常会被插入小卡片，如果处理不当，卡片可能顺着车窗掉进车门内部，车门内部结构复杂，卡片掉进车门里会产生一系列连锁反应，比如升降器损坏、车门失灵、排水口堵塞等。

（3）定期清理升降槽

车窗受到污损会影响升降动作，在遭遇沙尘暴或长时间在灰尘比较大的地区驾驶以后，车主最好清理一次车窗玻璃下的升降槽，将可能“趁虚而入”的泥沙吹出来。如果不及时清理，玻璃升降槽中的沙尘会不断累积，会使车窗玻璃与沟槽之间的摩擦阻力增大，从而影响电动车窗玻璃的正常升降。

（4）雨天应关闭车窗

雨天行车，应尽可能地关闭车窗，如不关闭车窗行驶，雨水会从车外飘进车内，可能淋湿车窗电动开关，或者流进车窗的升降槽，造成连杆机构浸水锈蚀，时间一长会造成机构断裂，玻璃滑槽脱轨。

2. 技能操作

1）操作准备

准备技能操作所需的物料，见表 8–4。

表 8–4 物料准备

类别	所需物料
实训平台	实训整车
设备、工具	车辆防护用品、车辆维修手册、智能钥匙、绝缘工具套装、绝缘扭矩扳手、绝缘表、塑料撬板、门板卡扣

2）玻璃升降器电机检查

对玻璃升降器电机进行检查，并将检查结果记录在表 8–5 中。

表 8–5 玻璃升降器电机检查记录

序号	检查项目	检查内容	检查结果	处理意见
1	外观	划痕、磕碰	是□ 否□	
		沾染油污	是□ 否□	
2	齿轮	缺齿	是□ 否□	
		龟裂、变形	是□ 否□	
		空旷晃动	是□ 否□	
3	连接器	端子缺失	是□ 否□	
		端子弯曲、断裂	是□ 否□	
		端子松动	是□ 否□	
4	绝缘电阻	正极端子对壳体电阻	________MΩ	
		负极端子对壳体电阻	________MΩ	

3）玻璃升降器电机安装

参考车辆维修手册，对玻璃升降器电机进行安装，并将安装流程记录在表 8–6 中。

4）验证玻璃升降功能

操纵司机侧开关、乘客侧单独开关控制各车窗玻璃升降，验证各车窗玻璃升降功能是否正常，并将验证结果记录在表 8–7 中。

表 8-6 玻璃升降器电机安装记录

序号	工作项目	工作内容	工具	备注
1	安装玻璃升降器电机			
2	安装车门内饰板			
3	通电复位			

表 8-7 玻璃升降功能验证结果记录

序号	验 证 项 目	验证结果	
1	驾驶人侧开关控制左前车窗玻璃升降	正常□	不正常□
2	驾驶人侧开关控制右前车窗玻璃升降	正常□	不正常□
3	驾驶人侧开关控制左后车窗玻璃升降	正常□	不正常□
4	驾驶人侧开关控制右后车窗玻璃升降	正常□	不正常□
5	故障侧车门单独开关控制玻璃升降	正常□	不正常□

四、检查评估

对本任务的学习情况进行检查,并将相关内容填写在表 8-8 中。

表 8-8 检查表

检查项目	检查结果	结果点评
玻璃升降器电机拆装与检查		
车窗玻璃升降功能是否正常	是□ 否□	
车窗升降是否有异响	是□ 否□	
车门内饰板安装是否牢固	是□ 否□	
整理及恢复		
工具、设备是否整理恢复	是□ 否□	
实训工位是否打扫干净	是□ 否□	
工作页是否填写完整	是□ 否□	

五、任务小结

本任务小结如图 8-19 所示。

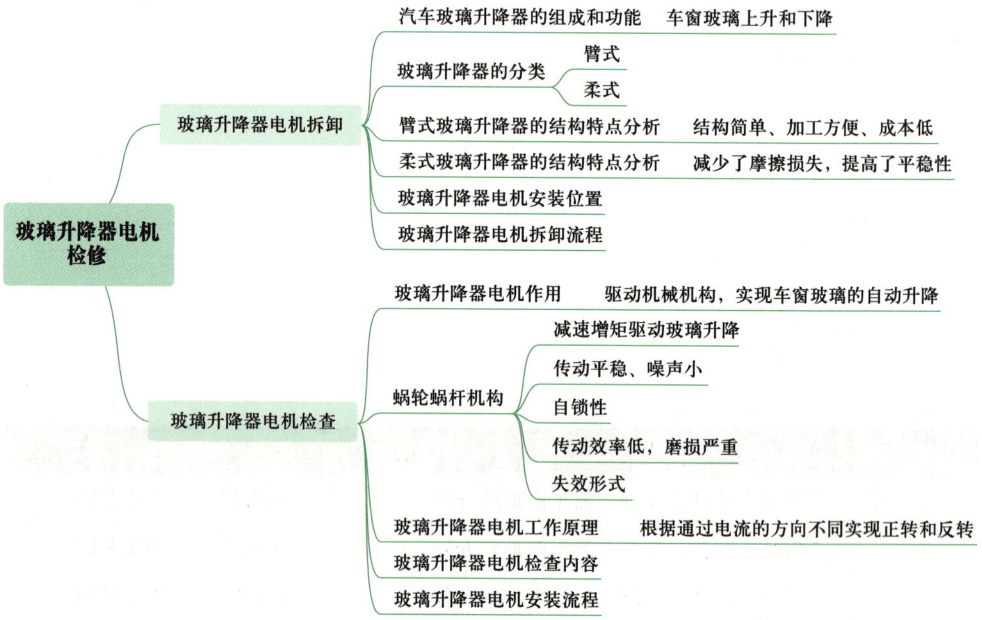

图 8-19　任务小结

任务九　电动玻璃升降系统检修

一、任务导入

场景：某国产品牌新能源汽车售后维修中心。

人物：冯先生（客户）、张师傅（维修技师）、小李（学徒）。

情节：冯先生反映使用驾驶人侧玻璃升降开关时，出现了车窗玻璃一键下降失效的情况，于是到售后维修中心进行维修。已经有过玻璃升降器维修经验的小李主动找张师傅说要检修这辆车，经过小李的一番检查，发现驾驶人侧车窗玻璃防夹功能也失效了，小李没有了思路，于是只能请来张师傅进行指导……

二、任务目标

✧ 能按照维修车间操作规范，正确查找维修手册，通过对电路图进行拆画，准确完成电动玻璃升降系统故障分析。

✧ 能根据汽车维修操作要求，结合故障排除流程，选择正确的检测设备，规范完成电动玻璃升降系统故障维修。

三、任务实施

（一）电动玻璃升降系统故障分析

1. 知识学习

1）电动玻璃升降系统组成

汽车上的车窗玻璃升降器前期为机械式，通过摇窗把手驱动玻璃升降器来进行车窗玻璃升降，如图 9–1 所示，随着汽车电子技术逐步发展，手动机械式车窗逐渐改为电动车窗，通过操纵玻璃升降开关来控制车窗玻璃升降。

电动玻璃升降系统主要由车窗玻璃、玻璃升降器、玻璃升降器电机、玻璃升降总控开关、玻璃升降分控开关、玻璃升降锁止开关、控制单元等组成，如图 9–2 所示。

2）电动玻璃升降系统工作原理

（1）传统电动玻璃升降系统工作原理

玻璃升降器电机分为永磁式和双绕组串激式两类。电动玻璃升降系统装有两套控制开关：一套为总开关，可由驾驶人控制每个车窗玻璃升降；另一套为分开关，

图 9-1　手动摇窗玻璃升降器

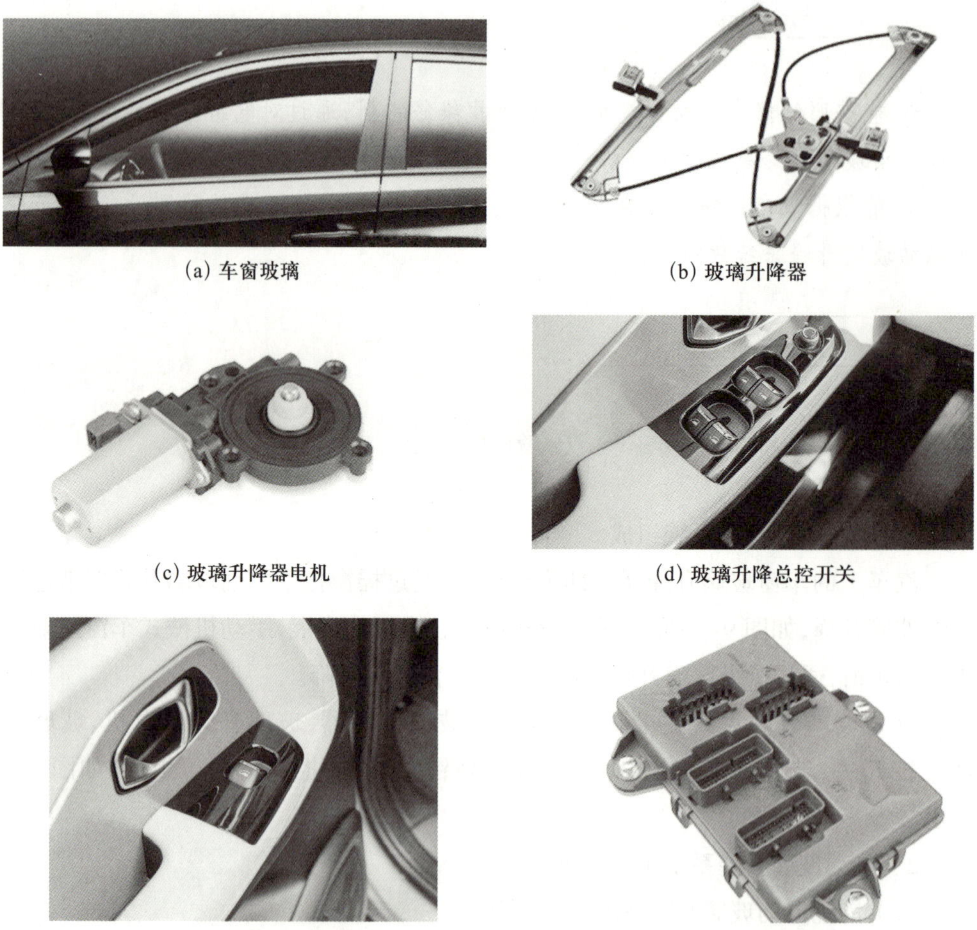

(a) 车窗玻璃　(b) 玻璃升降器　(c) 玻璃升降器电机　(d) 玻璃升降总控开关　(e) 玻璃升降分控开关　(f) 控制单元

图 9-2　电动玻璃升降系统组成

分别装在每个车窗中部，可由乘客进行操纵。总开关与分开关互不干涉，均可独立地控制车窗玻璃的升降。

① 永磁式直流电机。

永磁式直流电机是通过改变电枢电流的方向来改变电机的旋转方向，从而使车窗玻璃上升或下降的。某车型永磁式直流电机的电路如图 9-3 所示，当点火开关接通时，通过车窗组合开关可以控制 4 扇车窗玻璃；当点火开关切断时，车窗延时继电器自动延时 50 s 后切断所有的电动车窗的搭铁端。左前车窗电机采用特殊控制，按下其控制按钮，车窗自动继电器会自动保持接通约 300 ms 的时间，将车窗玻璃升降到底。如果中途想让它停下来，只要按一下反向按钮即可，如图 9-3 所示。

② 双绕组串激式直流电机。

双绕组串激式直流电机有两个绕向相反的磁场绕组，一个称为“上升”绕组，一个称为“下降”绕组，通电后产生相反方向的磁场，改变电动机的旋转方向，使车窗玻璃上升或下降，其电路如图 9-4 所示。在各电动车窗电路中，均有断路开关，以免电机因超载而烧坏。断路开关触点臂为双金属片结构，当电机超载，电路中的电流过大时，双金属片因温度上升，产生翘曲变形，断开多功能触点，切断电路；电流消失后，双金属片冷却，变形消失，触点再次闭合。如此周期动作，使电机电流平均值不致超过规定值，以防过热损坏。

（2）新型电动玻璃升降系统工作原理

随着技术更新，为降低成本，提高稳定性，现在市场上出现了多种形式的新型电动玻璃升降系统。

① 集成到车身控制单元的车窗控制系统。

部分车型将电动车窗、雨量光线传感器、天窗控制器等功能集成到车身控制单元（BCM）中，如图 9-5 所示。

图 9-6 所示是某车型车身控制单元车窗升降器相关电气原理图，车身控制单元接收各个车窗升降器开关信号，然后车身控制单元再控制对应车窗升降器电机动作，完成车窗玻璃升降，如图 9-6 所示。

② 前 CAN 后 LIN 车窗控制系统。

有的车型的电动玻璃升降系统采用前 CAN 后 LIN 控制。前 CAN 后 LIN 控制是指驾驶人侧及前排乘员侧车门控制单元通过舒适系统 CAN 总线与车身控制单元连接，左后车门控制单元通过 LIN 总线与驾驶人侧车门控制单元连接，右后车门控制单元通过 LIN 总线与前排乘员侧车门控制单元连接，如图 9-7 所示。

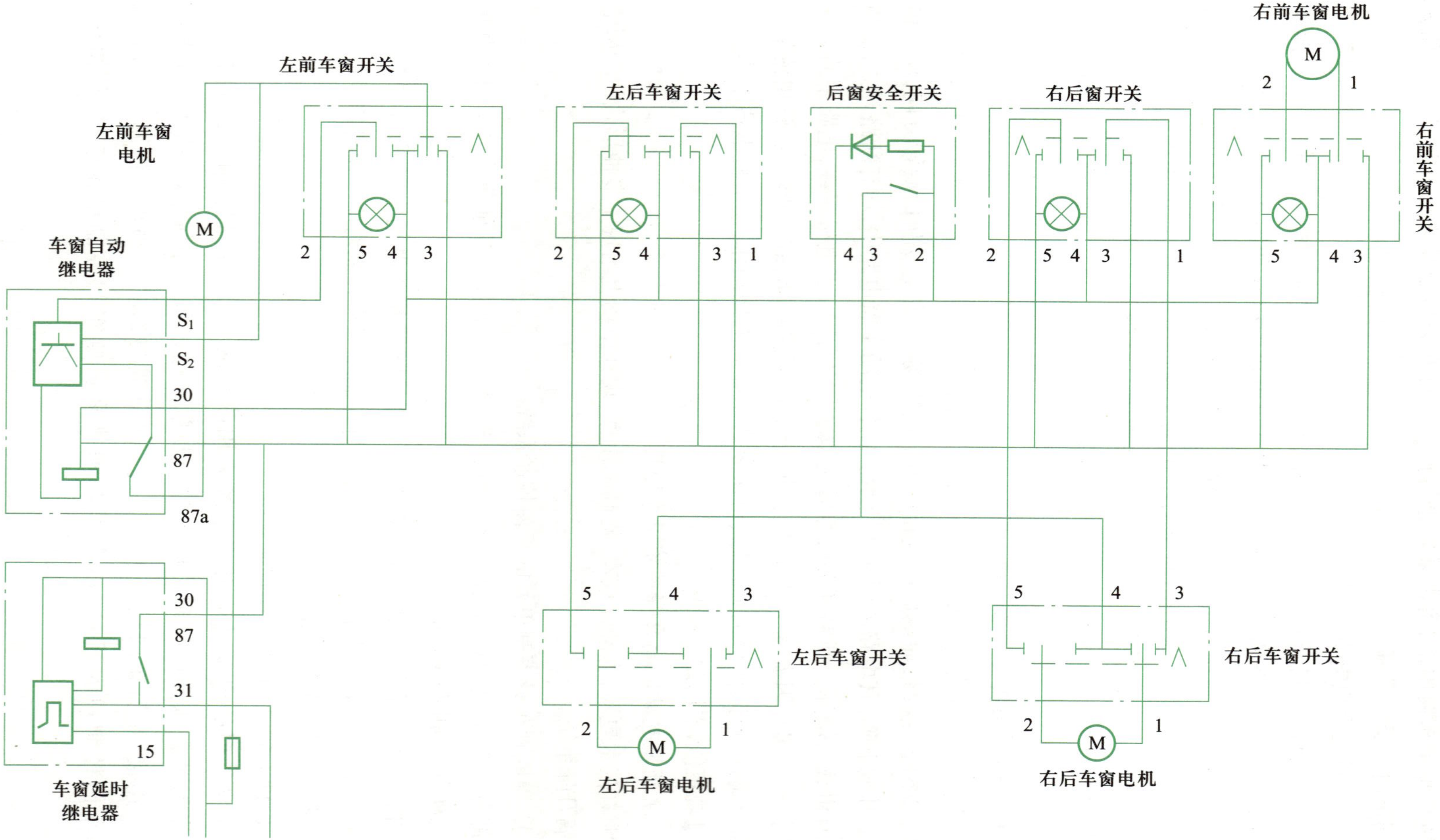

图 9-3　永磁式直流电机的电路示意图

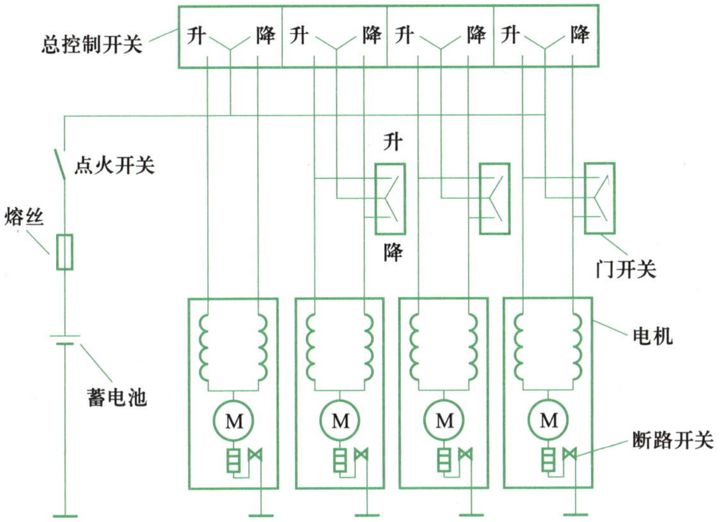

图 9-4　双绕组串激式直流电机的电路示意图

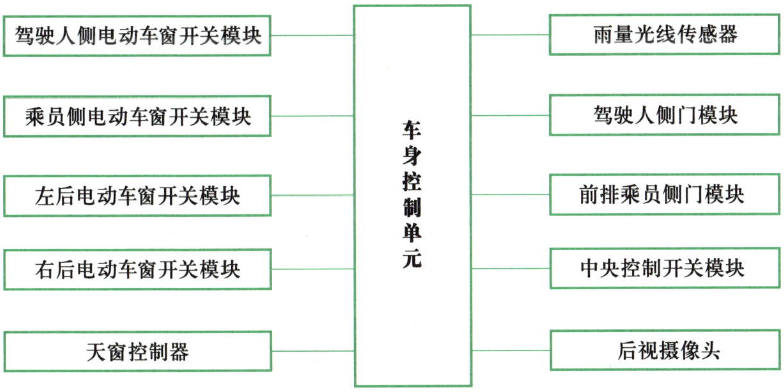

图 9-5　车身控制单元功能示意图

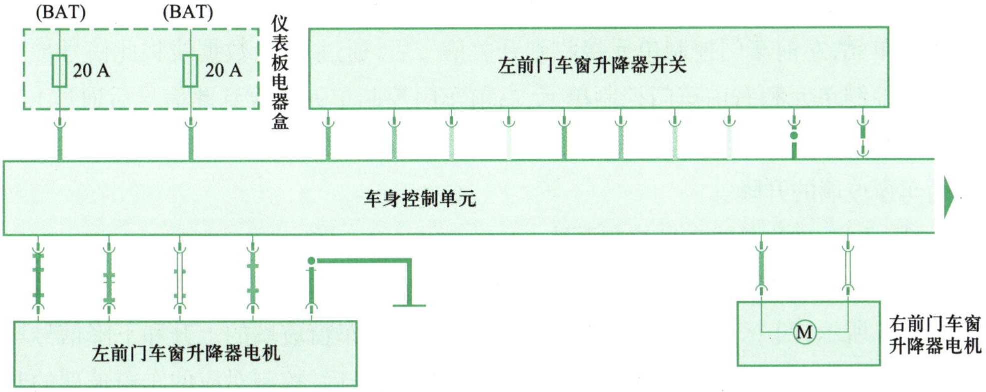

图 9-6　车身控制单元车窗玻璃升降控制原理图

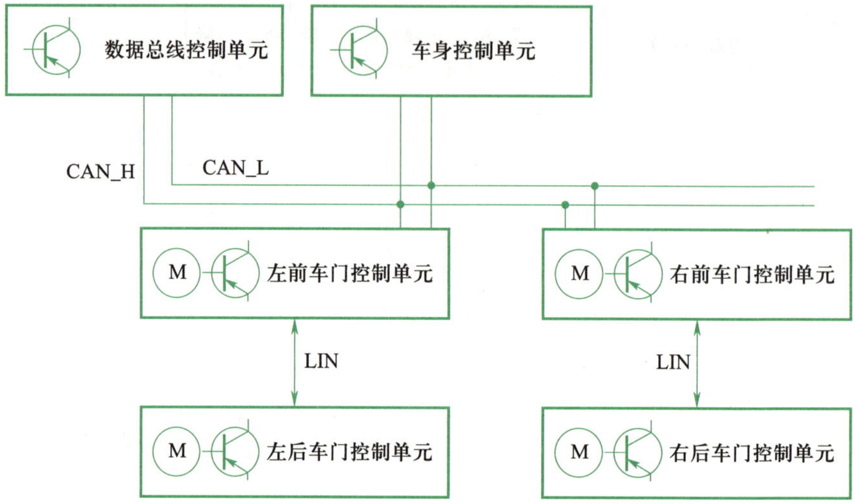

图 9–7　前 CAN 后 LIN 控制系统示意图

车窗玻璃升降器的数据总线连接如 9–7 图所示。接通点火开关，按下驾驶人侧车门上的电动车窗玻璃升降器开关时，开关信号发送给左前车门控制单元，左前车门控制单元接收到开关信号以后，控制本车门的车窗玻璃升降。

按下驾驶人侧车门上的右前电动车窗玻璃升降器开关，开关信号发送给左前车门控制单元，左前车门控制单元接收到开关信号后，通过 CAN 数据线将此信号传输给车身控制单元和右前车门控制单元，右前车门控制单元接收到此信号后控制右前车窗玻璃的升降。

按下驾驶人侧车门上的左后电动车窗玻璃升降器开关，开关信号发送给左前车门控制单元，左前车门控制单元接收到开关信号后，通过 LIN 数据线将此信号传输给左后车门控制单元，左后车门控制单元接收到此信号后控制左后车窗玻璃的升降。

按下驾驶人侧车门上的右后电动车窗玻璃升降器开关，开关信号发送给左前车门控制单元，左前车门控制单元接收到开关信号后，通过 CAN 数据线将此信号传输给车身控制单元和右前车门控制单元，右前车门控制单元接收到此信号后通过 LIN 数据线将此信号传输给右后车门控制单元，右后车门控制单元收到此信号后，控制右后车窗玻璃的升降。

③ 四门 CAN 总线车窗控制系统。

还有部分车型通过 CAN 总线将各个车门控制单元与舒适系统控制单元相连，如图 9–8 所示，四个车门均连接到 CAN 总线上，各个车窗玻璃的上升和下降信号均通过 CAN 总线传递，指定的车门控制单元接收到信号后，控制对应的车窗玻璃的升降，如图 9–8 所示。

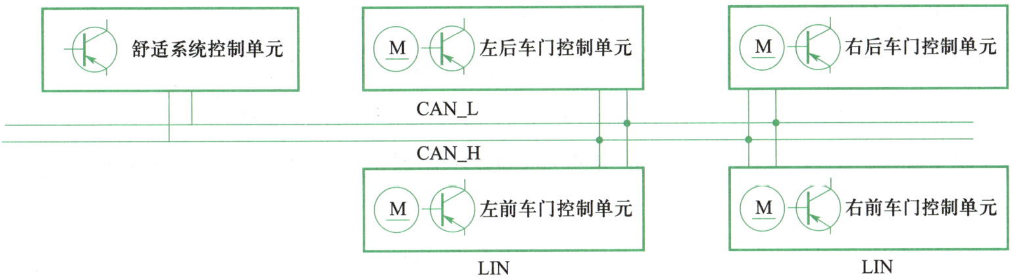

图 9-8　四门 CAN 总线控制系统示意图

3）电动玻璃升降系统功能

通过将电动玻璃升降控制功能集成在车身控制单元中，或是采用 CAN 总线、LIN 总线的模式，电动玻璃升降系统通常可以实现以下功能：手动升 / 降、自动升 / 降、升降锁止、防夹保护、延时操作、移动终端升降控制、雨天自动关闭、过载保护等，见表 9-1。

表 9-1　电动玻璃升降系统功能

序号	功能	功能说明
1	手动升 / 降	当玻璃升降开关位于一挡位时，玻璃会升 / 降；松开玻璃升降开关，玻璃停止升 / 降
2	自动升 / 降	当玻璃升降开关位于二挡位时，松开玻璃升降开关，玻璃会自动升 / 降到上 / 下止点
3	升降锁止	当打开“玻璃升降锁止开关”后，仅驾驶人侧玻璃升降总控开关能控制各玻璃升降，其他玻璃升降分控开关功能失效
4	防夹保护（自动回缩性）	当玻璃上升时遇到障碍物时，能自动检测出由障碍物所引起的阻力或夹紧力，自动停止玻璃的上升，并将玻璃回缩至原来位置或引起回缩位置下方大于 125 mm 的位置，避免伤害人体的可能
5	延时操作	部分车型，在关闭起动开关一定时间内（约 1 min）、车门打开之前，控制单元仍有电流，使驾驶人和乘员能有时间关闭车窗
6	移动终端升降控制	部分车型，能够通过移动终端 App 远程控制车窗升降
7	雨天自动关闭	部分车型，在车辆锁止状态下，控制单元接收到雨量传感器的信号后自动控制车窗、天窗关闭，防止雨水进入车内
8	过载保护	为防止车窗玻璃上升到极限位置或由于结冰而使车窗玻璃不能自由移动时，电机过载，在电路或电机内装有热敏电路开关，进行电路过载保护

电动玻璃升降系统功能说明如下。

只有当启动按钮置于“ON”位置，电动玻璃升降系统才能工作。

电动玻璃升降系统是由控制单元接收驾驶人侧总控开关或乘员侧分控开关的玻璃升降指令，之后控制单元通过驱动玻璃升降器电机，使玻璃升降器带动车窗玻璃上升或下降。

电动玻璃升降系统中驾驶人侧为玻璃升降总控开关，可以操作控制各车窗的升降动作，并且还设置有玻璃升降锁止开关，它可以使驾驶人禁用所有乘员玻璃升降开关。

电动玻璃升降系统具有延时功能，当前车门关闭，车辆电源挡位从“ON”挡切换至“OFF”挡后的 10 min 内（车型不同，对应时长不同），玻璃升降开关仍可以工作，开关背光灯点亮，可控制车窗玻璃升降。一旦有任意前车门打开，则延时功能失效。

驾驶人一侧自动降窗（AUTO）功能可以使驾驶人侧车窗自动降到底，操作时向需要降下车窗玻璃方向按下驾驶人侧玻璃升降开关，到达某一个定位后，则开始自动降窗，再次按下任意方向玻璃升降开关，车窗玻璃停止运动，并且取消自动降窗动作。电动玻璃升降系统的某些功能和特性依赖于其电子模块的控制，这些电子模块是集成于左前车窗玻璃升降器开关组件内的。部分车型每个车窗都具备一键升降玻璃功能。

通过车身控制单元或车载网络，电动玻璃升降系统可以接收雨量传感器信号或其他控制单元信号，执行一些智能化功能，如雨天自动关闭功能、移动终端升降控制功能等。电动玻璃升降系统智能化功能示意图如图 9-9 所示。

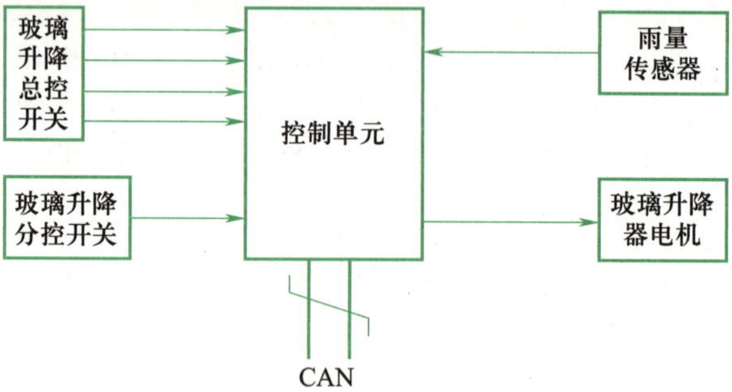

图 9-9　电动玻璃升降系统智能化功能示意图

（1）玻璃升降开关工作原理

玻璃升降开关有两种形式，一种是触点式，一种是电阻式，如图 9-10 所示。触点式玻璃升降开关是开关内部各挡位的触点上都有一根信号线传输给控制单元，控制单元通过感应各线路电压确定挡位。电阻式玻璃升降开关是在开关内部各挡位的触点上串联不同阻值的电阻，之后通过同一根信号线传输给控制单元，控制单元通过感应不同的电压值确定升 / 降挡位。

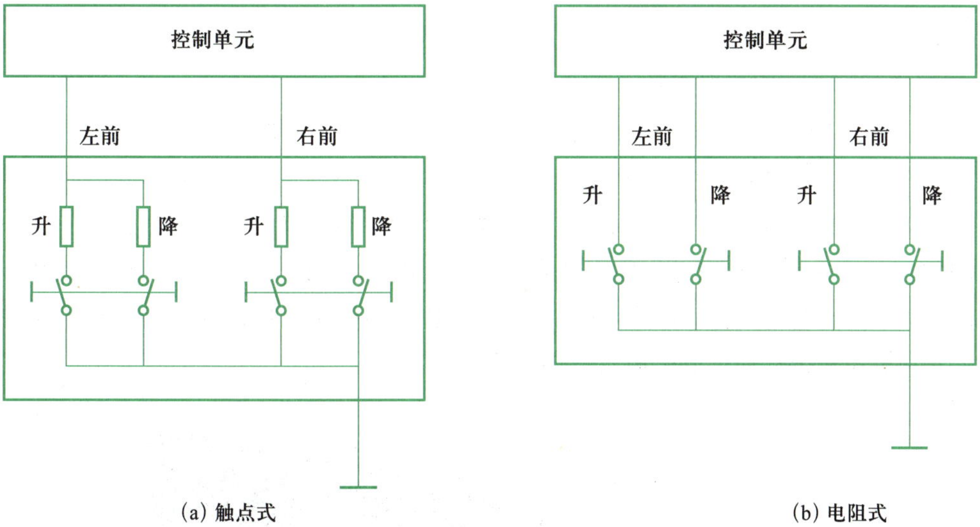

图 9–10　玻璃升降开关

配备一键升降功能的电动玻璃升降开关，要传送的信号相对较多（手动升 / 降、自动升 / 降、初始状态），所以它的控制原理要更复杂些，图 9–11 所示为某车型车门控制单元上的车窗玻璃升降器开关的电路原理图。

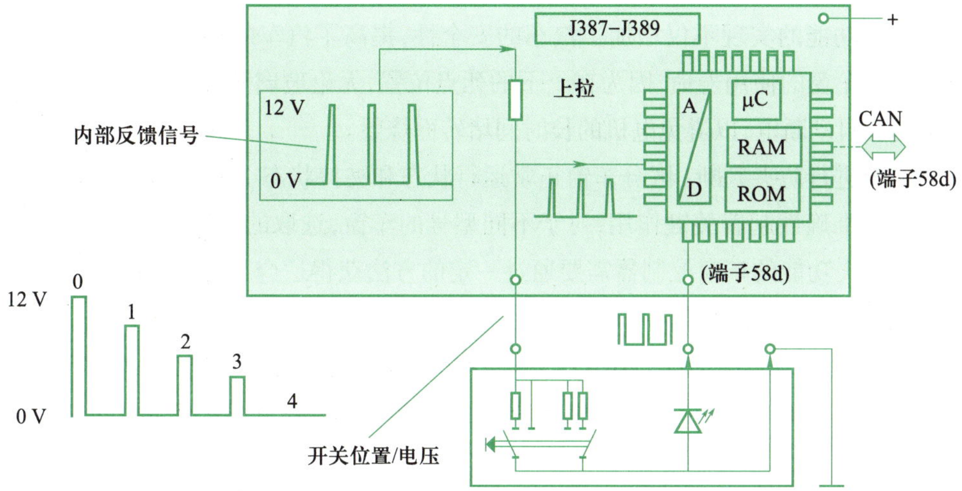

图 9–11　某车型车窗玻璃升降器开关的电路原理图

车窗升降器的五种不同开关状态通过三个不同电阻和信号直接搭铁来实现。

开关照明信息（端子 58 d）通过舒适系统 CAN 总线送达并由车门控制单元当

作促动电流传输至 LED。LED 的信号为脉宽调制信号。

开关升降电阻变化如下。

手动升：1.8 ~ 1.9 kΩ；自动升：500 ~ 600 Ω；手动降：160 ~ 180 Ω；自动降：0 Ω。

（2）电动车窗防夹功能

电动车窗防夹是汽车人性化的一个重要体现，其主要的功能是在车窗玻璃上升夹持到障碍物后，可以识别出车窗玻璃处于夹持状态，并令车窗玻璃回退释放夹持物，如图 9–12 所示，防止电机长时间堵转导致烧毁以及防止人员被夹伤。GB 7258—2017《机动车运行安全技术条件》中规定，从 2018 年 1 月 1 日起，装有电动车窗（包括电动天窗）的乘用车，其控制装置应确保车窗玻璃在运动过程中能在任意位置可靠停住或遇到障碍可自动下降（缩回）。

图 9–12　电动车窗防夹示意图

防夹功能的实现不仅增加了汽车的安全性，提高了汽车的档次，同时也大大延长了电动车窗的使用寿命，因为在上下的死点位置，无论玻璃升降开关是否松开，控制器均会自动断电，以避免电机的长时间堵转而烧毁。

系统进行防夹判断（区分车窗正常运行状态和夹持状态）的参数的选取对于状态识别的准确性起着关键作用，对于不同型号的车窗，选取的参数一般不同。新安装的带防夹功能的车窗控制器需要通过一定的方法获得适合当前车窗的防夹参数，通常将该过程称为控制器与车窗的匹配。

目前我国的通用标准（GB 11552—2009《乘用车内部凸出物》）要求带有自动升降功能的车窗在发生夹持时，能够回退以解除夹持，并且最大夹持力不能超过 100 N。

为防止车窗触顶回退，保证正常关窗，在相关法规和标准中，规定防夹区为车窗顶部密封条下沿 4 ~ 200 mm 处，如图 9–13 所示。仅在该标准防夹区域内，防夹功能才会启动。从车窗顶部到距离车窗顶部 4 mm 的范围以及从距离车窗顶部 200 mm 到车窗底部的范围称作非防夹区域，即无防夹功能的区域。该区域内即使车窗上升时遇到障碍物，电机也不会反转，以保证车窗遇到车窗顶部的玻璃导轨胶条时会停止而不是反转。

防夹区域内，车窗上升遇到障碍物时，系统会采取防夹措施，电机反转一段距离后（如140 ~ 160 mm）停止，以确保不会夹伤人体，如手、手臂等。同时也起到自保护作用，不会因过载而损伤电机。

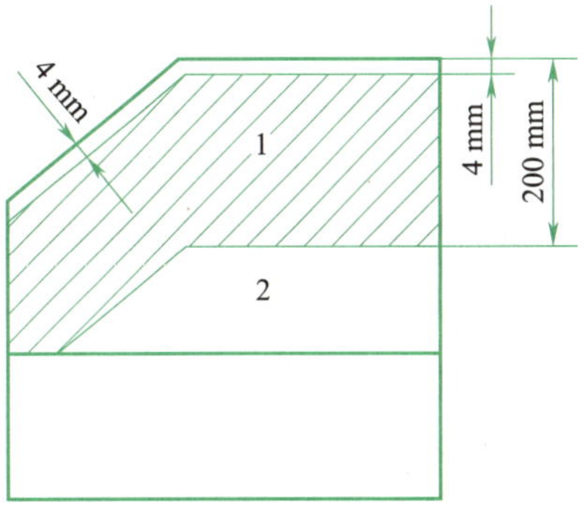

图 9–13　车窗防夹区示意图

目前判断夹持的主流方法是结合霍尔信号和电流信号。使用霍尔信号的脉冲个数描述车窗的位置，以此确定车窗是否处于防夹区内；通过比较当前电机电流与所设定电流阈值的大小，判断车窗是否受力过大，最终完成夹持识别。

① 使用霍尔信号进行夹持判断。

在电机轴上安装磁环，在磁环附近安装带有霍尔传感器、MCU 的电子模块，电机轴每转动一周，霍尔传感器将产生固定数量的方波，利用内部时钟模块的输入捕捉功能捕捉信号个数，从而确定电机转速和车窗玻璃的位置，如图 9–14 所示。在车窗玻璃上升过程中遇到障碍物时，阻力增大，电机转速变小，电流增大，而电机转速变小会使霍尔信号方波的脉宽增大，当检测到电机转速降低到一定程度时，即认为发生了夹持。

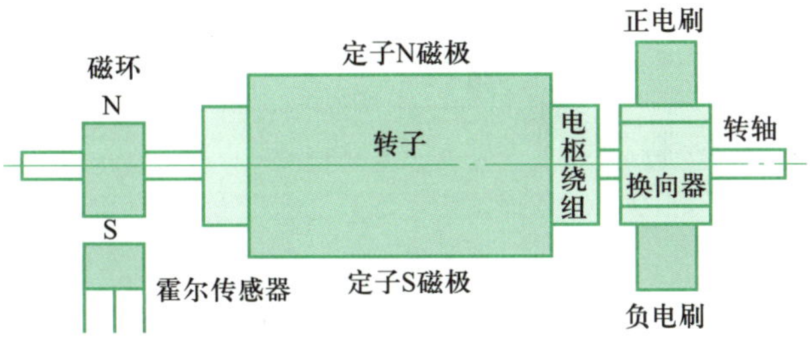

图 9–14　带有霍尔传感器的电机示意图

电子模块可通过霍尔信号脉宽或电机电流的变化来判断车窗是否遇到障碍物以及夹持力的大小（一般超过 100 N 被认为遇到障碍物），计算每次上升过程中的累计脉冲数量，可判断电动车窗是否处于防夹区域（一般离车窗顶部 4 ~ 200 mm 位置），进而最终确定是否需要产生防夹作用。如果模块判定需要产生防夹作用，则发出指令使电机反转，电机下降一段距离后（一般下降 150 mm 左右）停止，如图 9–15 所示。

② 采用电机电流信号（纹波电流）进行夹持判断。

通过在电机电路中串入采样电阻，可以通过采集电阻两端的电压间接获得电机的电枢电流。对电机的物理模型进行分析可知，车窗的受力近似与电机电流的大小呈线性关系。在此基础上，上述方法通过检测电机电流曲线在一段时间内的积分值是否超过设定的阈值，以判断车窗是否发生了夹持。同时利用电流幅值的大小进行冗余判断，减小因为干扰发生误判的可能。

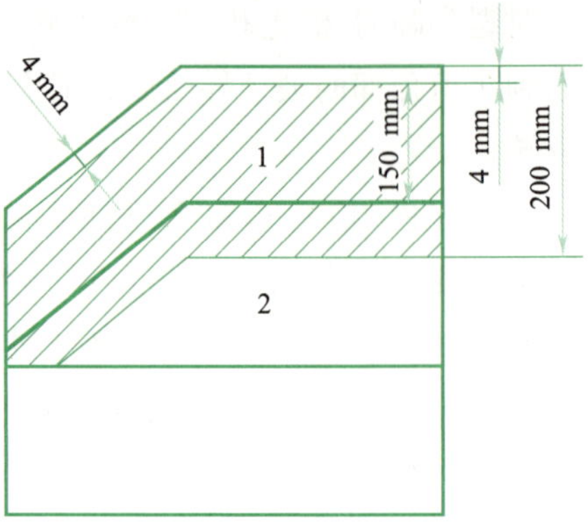

图 9–15　防夹后电机下降示意图

电流识别夹持的改进方法是当车窗升降器电机的供电来源是发电机时，直流上会叠加有交流成分，称为纹波电流。直流稳压电源一般是由交流电源经整流稳压等环节而形成的，这就不可避免地在直流量中多少带有一些交流成分，这种叠加在直流稳压量上的交流分量就称之为纹波。在电机的两极电压波动较小（12 ± 0.2 V）的情况下，通过对纹波进行计数，可以获取车窗的位置，以此判断车窗是否处于防夹区内，结合纹波电流的频率与直流电流幅值可以识别夹持的发生，如图 9–16 所示。

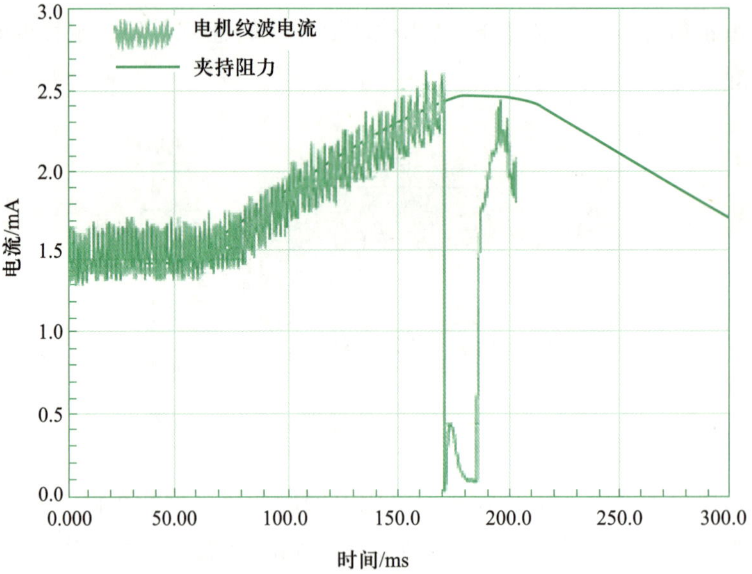

图 9–16　纹波电流识别夹持曲线

③ 利用“电流—霍尔脉冲”方法进行防夹判断。

首先建立车窗的位置坐标系，以下止点，即车窗向下运动所能达到的极限作为位置的零点，此即车窗底部。相应的上止点则为车窗高度，即车窗顶部，以 H_a 表示。

由于电机每转一圈，霍尔传感器会输出固定个数的霍尔脉冲，可以以车窗处于下止点时为一变量 p 的零点，当车窗上升时，以传感器发出的脉冲高电平个数增大 p，当车窗下降时，类似地减小 p，则 p 的数值可以衡量车窗相对于下止点的距离，将其定义为车窗的位置。若车窗由下止点无中断到达上止点，则此时的脉冲个数可以代表车窗的最大行程，将其赋给 H_a 并记录下来，通过比较实时的 p 值与 H_a，即可知道车窗是否处于防夹区。H_a 即为防夹参数中的位置参数。利用电流传感器输出的电机电流 i 反映车窗运行过程中的受力。可以设定 i 的上限阈值 I_a，I_a 即为防夹判断认定的电流参数值，如图 9-17 所示。

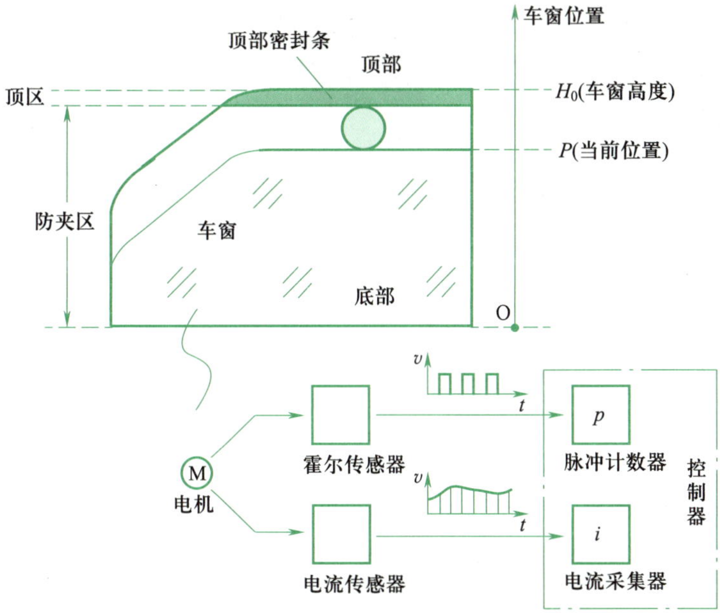

图 9-17　纹波电流识别夹持曲线

④ 四门防夹实例。

以某款销量较好的国产车举例，驾驶人侧玻璃升降开关通过 LIN 总线与 DDCM 进行信号传递；DDCM 主要负责左前玻璃升降器电机与左后玻璃升降器电机的控制；DDCM 与 PDCM 通过 CAN 总线连接，PDCM 主要负责右前玻璃升降器电机与右后玻璃升降器电机的控制；左后车窗玻璃升降开关、右前车窗玻璃升降开关、右后车窗玻璃升降开关信号为硬线信号传递；四门电机为两线式。该车型电动玻璃升降系统线路连接如图 9-18 所示，其通过纹波防夹原理进行防夹控制。

驾驶人侧玻璃升降开关 LIN 失效时故障现象：驾驶人侧玻璃升降控制失效，其他车门单独控制正常。

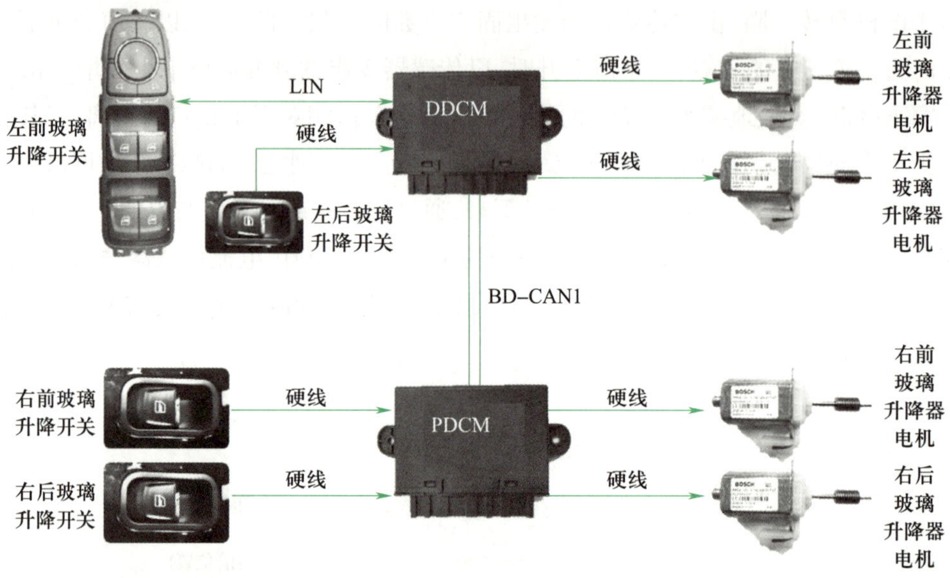

图 9-18　某车型电动玻璃升降系统线路连接

2. 技能操作

1）操作准备

准备技能操作所需的物料，见表 9-2。

表 9-2　物料准备

类别	所需物料
实训平台	实训整车（驾驶人侧车窗带一键升降和防夹功能）
设备、工具	车辆防护用品、车辆维修手册、智能钥匙、绝缘工具套装、绝缘扭矩扳手、绝缘表、塑料撬板、检测工具套装

2）故障验证

操纵司机侧开关、乘客侧单独开关控制各车窗玻璃升降，验证各车窗玻璃升降功能是否正常，并查阅电路图判断电动玻璃升降系统的控制方式，将验证结果记录在表 9-3 中。

表 9-3　电动玻璃升降系统验证结果记录

序号	验证项目	验证结果
1	驾驶人侧开关控制左前车窗玻璃升降	正常□　不正常□
2	驾驶人侧开关控制右前车窗玻璃升降	正常□　不正常□

续表

序号	验 证 项 目	验证结果
3	驾驶人侧开关控制左后车窗玻璃升降	正常□ 不正常□
4	驾驶人侧开关控制右后车窗玻璃升降	正常□ 不正常□
5	故障侧车门单独开关控制车窗玻璃升降	正常□ 不正常□
6	通过查阅对应车型电路图，判断电动玻璃升降系统的控制方式	

3）读取故障码

使用诊断仪读取故障码，将相关内容填写在表 9–4 中。

表 9–4 故障码信息

序号	故障码	故障码描述
1		
2		
3		

4）读取数据流

使用诊断仪读取数据流，根据诊断仪上读取到的信息，完成表 9–5 的填写。

表 9–5 数据流信息

序号	控制单元	名称	当前值 / 状态	标准值 / 状态	是否正常
1					是□ 否□
2					是□ 否□
3					是□ 否□
4					是□ 否□
5					是□ 否□

5）拆画电路图

参考车辆维修手册，将故障相关电路图拆画至图 9–19 中。

图 9–19　绘制电路图

6）故障初步分析

根据故障验证结果，参考电路图，对故障可能原因进行初步分析，并填写在表 9-6 中。

表 9–6　故障初步分析

故障可能原因

（二）电动玻璃升降系统故障检修

1. 知识学习

1）玻璃升降开关检测方法

若玻璃升降开关内部共用搭铁，则在玻璃升降开关没有任何操作状态下，控制单元会向各挡位信号线持续输出 5 V 或 12 V 的监测电压，若是没有监测电压则可能是控制单元电路故障或信号线对地短路；若监测电压正常，当开关内部触点接触时监测电压会形成电压降，若是电压没变化则表示开关电路存在故障。

若玻璃升降开关内部共用供电，首先检测控制单元侧信号线电压是否正常，一般为 0 V 或 5 V、12 V 的监测电压，若是不正常则可能是控制单元电路故障或开关电路故障；若是控制单元侧信号线电压正常，当玻璃升降开关内部触点接触时，控制单元通过挡位信号线接收到供电，检测该供电是否正常，若是不正常则可能是开关电路存在故障。

2）玻璃升降器电机检测方法

由于控制单元通过控制电机的电流方向实现电机的正转或反转，所以可以通过玻璃升降开关上升或下降时电机端子的电压判断电机电路是否正常。

微课
玻璃升降器电机的电压检测法

① 万用表负极表笔搭铁，正极表笔连接电机端子，然后操作玻璃升降开关，若是上升时检测电压为 0 V，则下降时检测电压为 +B；若是上升时检测电压为 +B，则下降时检测电压为 0 V，如图 9-20（a）所示。

② 万用表正极表笔与负极表笔分别连接玻璃升降器电机两个端子，然后操作玻璃升降开关，若是上升时检测电压为 +B，则下降时检测电压为 –B；若是上升时检测电压为 –B，则下降时检测电压为 +B，如图 9-20（b）所示。

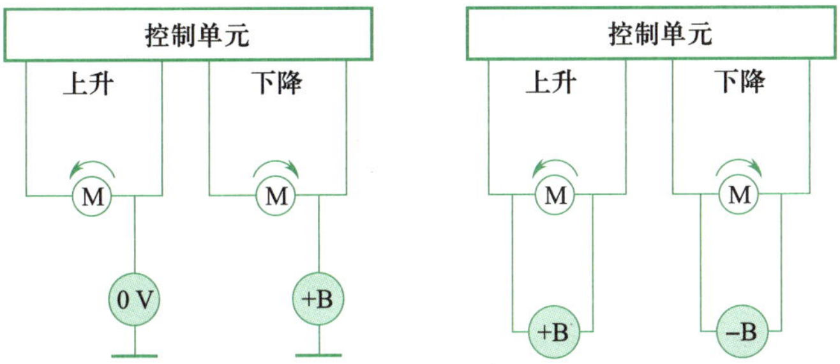

(a) 单侧电压检测法　　(b) 两端电压检测法

图 9-20　玻璃升降器电机检测方法

3）电动玻璃升降系统故障检测方法

① 通过故障现象分析故障，缩小故障范围。如总控开关能够控制右前玻璃升降，而右前分控开关无法控制右前玻璃升降，说明右前玻璃升降器电机工作正常，是右前分控开关出现故障；如总控开关与右前分控开关都无法控制右前玻璃升降，而其他车窗玻璃升降控制正常，基本可以断定为右前玻璃升降器电机出现故障；如各分控开关都能控制各自车窗玻璃升降，而总控开关却无法控制所有车窗玻璃升降，总控开关四个玻璃升降开关都出现故障的概率很小，基本可以断定为总控开关共用的供电或搭铁出现故障。

② 通过诊断仪读取故障码、数据流，执行元件测试对故障进行分析。若是无法判断是玻璃升降开关故障还是玻璃升降器电机故障，则首先检测控制单元接收玻璃升降开关信号是否正常，若是不正常则对开关电路进行检测，若是正常则检测控制单元对电机控制输出是否正常，不正常则对控制单元电路进行检测，正常则对电机进行检测。电动玻璃升降系统故障检测方法如图 9-21 所示。

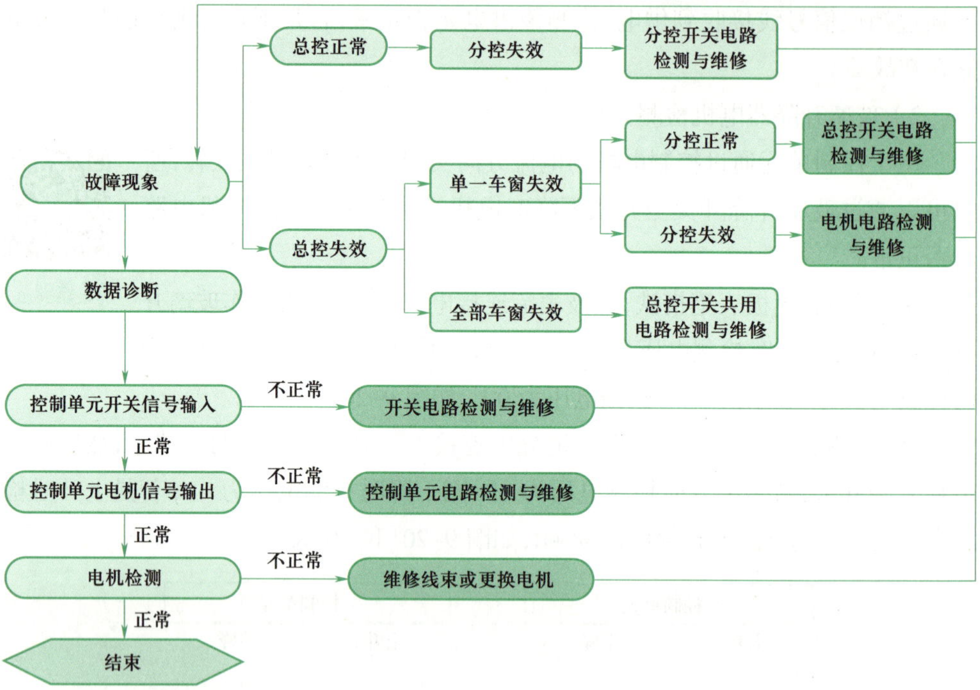

图 9-21　电动玻璃升降系统故障检测方法

4）电动玻璃升降系统参考故障列表

通过对电动玻璃升降系统常见故障进行分析，可以针对电动玻璃升降系统一些故障现象总结出对应的可能发生故障的部位，见表 9-7。

表 9-7　电动玻璃升降系统参考故障列表

序号	故障描述	可能发生故障的部位
1	整个电动玻璃升降系统不工作	左前玻璃升降开关组配电；玻璃升降器电机电源电路
2	只有左前玻璃升降器可以动作，其他玻璃升降器均无法动作	左前玻璃升降开关组；线束
3	左前玻璃升降开关无法控制左前玻璃升降	熔断器；左前玻璃升降器电机；左前玻璃升降开关；线束
4	右前玻璃升降开关无法控制右前玻璃升降	熔断器；右前玻璃升降器电机；右前玻璃升降开关；线束
5	左后玻璃升降开关无法控制左后玻璃升降	熔断器；左后玻璃升降器电机；左后玻璃升降开关；线束
6	右后玻璃升降开关无法控制右后玻璃升降	熔断器；右后玻璃升降器电机；右后玻璃升降开关；线束

续表

序号	故障描述	可能发生故障的部位
7	左前玻璃升降开关组无法控制右前玻璃升降，但右前玻璃升降开关可以控制右前玻璃升降	左前玻璃升降开关；线束
8	左前玻璃升降开关组无法控制左后玻璃升降，但左后玻璃升降开关可以控制左后玻璃升降	左前玻璃升降开关；线束
9	左前玻璃升降开关组无法控制右后玻璃升降，但右后玻璃升降开关可以控制右后玻璃升降	左前玻璃升降开关；线束
10	只有左前玻璃升降器可以动作，其他玻璃升降器均无法动作	左前玻璃升降开关组；线束
11	左前车窗防夹功能失效	左前玻璃升降器电机；左前玻璃升降开关；线束

2. 技能操作

1）操作准备

准备技能操作所需的物料，见表 9–8。

表 9–8 物料准备

类别	所需物料
实训平台	实训整车（驾驶人侧车窗带一键升降和防夹功能）
设备、工具	车辆防护用品、车辆维修手册、智能钥匙、绝缘工具套装、绝缘扭矩扳手、绝缘表、塑料撬板

2）制订维修计划

根据故障分析，制订维修方案或检测流程，完成表 9–9 的填写。

表 9–9 制订维修计划

序号	计划内容
1	
2	
3	
4	
5	

3）电动玻璃升降系统故障检测与维修

参考车辆维修手册，对电动玻璃升降系统故障进行检测与维修，并将检测过程记录在表 9–10 中。

表 9–10　电动玻璃升降故障检测记录

序号	检测项目	检测点		检测条件	检测类型	标准值	检测值	处理方式
示例	右前玻璃升降信号	BCM T26/12	搭铁	操作玻璃升降开关	电压	+B	0 V	检测开关信号输出
1	玻璃升降器电机							
2	玻璃升降开关							
3	控制单元							

对检测出的故障点进行维修。

4）维修结果检验

① 打开起动开关至“ON”挡，玻璃升降总控开关与各分控开关是否可以正常控制各车窗玻璃升降（是□；否□）。

② 使用诊断仪清除故障码，确认故障码是否被清除（是□；否□）。

③ 使用诊断仪读取数据流，将数据流信息填写在表 9–11 中。

表 9–11　数据流信息

序号	控制单元	名称	当前值 / 状态	标准值 / 状态	是否正常
1					是□　否□
2					是□　否□
3					是□　否□

四、检查评估

对本任务的学习情况进行检查,并将相关内容填写在表 9-12 中。

表 9-12　检查表

检查项目	检查结果	结果点评
电动玻璃升降系统故障检测与维修		
电动玻璃升降系统工作是否正常	是□　否□	
电动玻璃升降系统故障是否排除	是□　否□	
是否对车门内饰板造成损伤	是□　否□	
整理及恢复		
工具、设备是否整理恢复	是□　否□	
实训工位是否打扫干净	是□　否□	
工作页是否填写完整	是□　否□	

五、任务小结

本任务小结如图 9-22 所示。

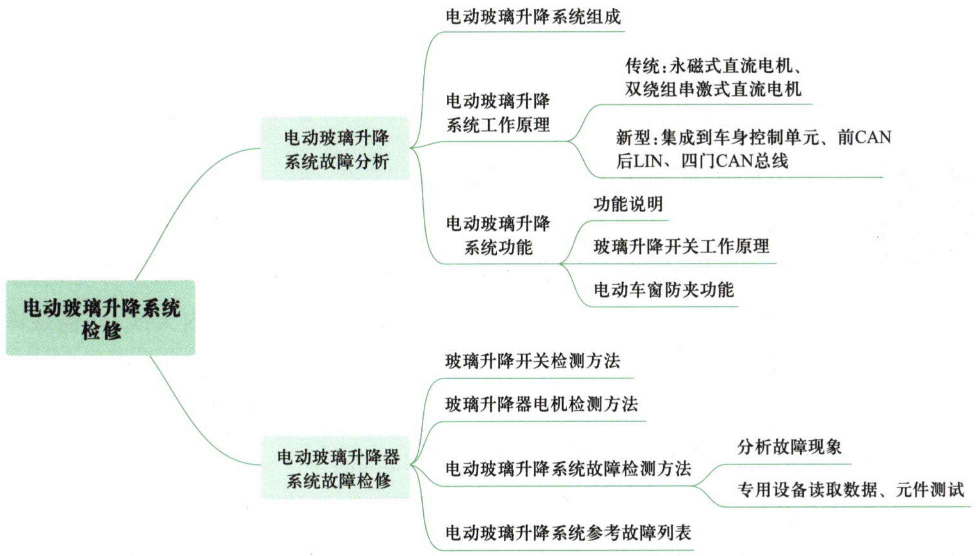

图 9-22　任务小结

任务十　无钥匙进入系统检修

一、任务导入

场景：某国产品牌新能源汽车售后维修中心。

人物：王先生（客户）、张师傅（维修技师）、小李（学徒）。

情节：王先生反映车辆门锁系统功能正常，但携带智能钥匙靠近车辆却无法自动解锁车门，经张师傅检查后确认车辆无钥匙进入系统出现故障，于是张师傅安排小李对车辆的无钥匙进入系统进行检修。

二、任务目标

✧ 能按照故障诊断流程，正确使用诊断设备，规范完成无钥匙进入系统故障诊断。

✧ 能按照故障检修方法，使用正确的检修工具，规范完成无钥匙进入系统故障检修。

三、任务实施

（一）无钥匙进入系统故障诊断

1. 知识学习

1）无钥匙进入系统简介及组成

微课

无钥匙进入系统故障检测与维修

（1）无钥匙进入及起动系统简介

无钥匙进入及起动（Passive Entry Passive Start，PEPS）系统主要由PEPS控制模块、车身控制模块（Body Control Module，BCM）、智能钥匙、车门把手微动开关、车门把手天线、一键起动按键、车内天线、防盗线圈等组成，如图10-1所示。当智能钥匙在有效范围内，车主拉动车门或按下一键起动开关，相应的模块会发送中断信号来唤醒主控制器，开始通信过程，整个过程无须操作智能钥匙即可打开车门和起动车辆。

PEPS系统不仅给车主带来了方便性与舒适性（智能门禁、无钥匙进入/起动），更重要的是极大提高了安全性。相比遥控钥匙系统单向通信认证，PEPS系统通过低频（LF）和射频（RF）的双向通信完成汽车与钥匙之间复杂的双向身份认证，安全性得以提高。

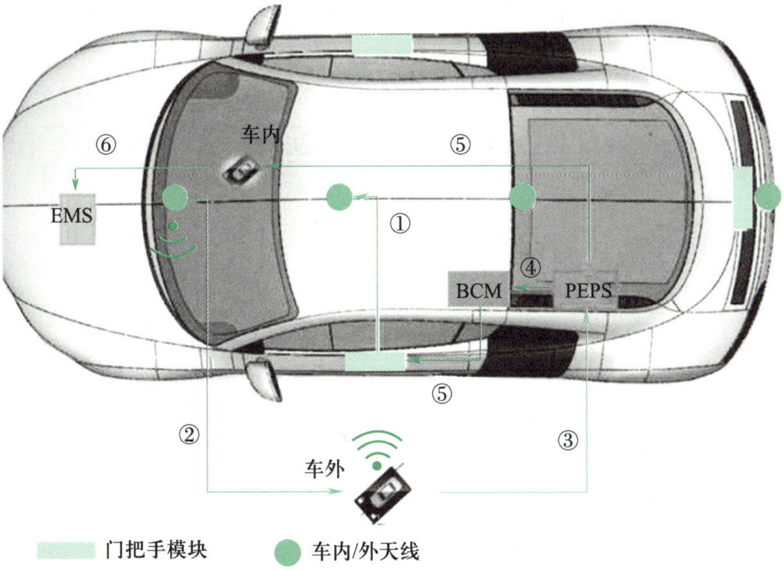

图 10–1　无钥匙进入及起动系统组成

根据车辆所实现的功能，无钥匙进入及起动系统可分为无钥匙进入系统和一键起动系统。

（2）无钥匙进入系统组成

无钥匙进入系统（Passive Keyless Enter，PKE）是采用射频识别（Radio Frequency Identification，RFID，又称无线射频识别，可通过无线电信号识别特定目标并读写相关数据，适用于短距离识别通信）技术和车辆身份编码识别系统，并融合了遥控系统和无钥匙进入系统，实现双重射频、双重防盗保护。当携带智能钥匙进入车辆周边有效范围时，无钥匙进入系统能够识别出授权的智能钥匙信息，自动解锁车门或者触摸微动开关解锁车门，如图 10–2 所示。

图 10–2　无钥匙进入系统示意图

无钥匙进入系统通常由智能钥匙、前车门外把手、车辆后部天线、无钥匙进入控制单元组成，如图 10–3 所示。

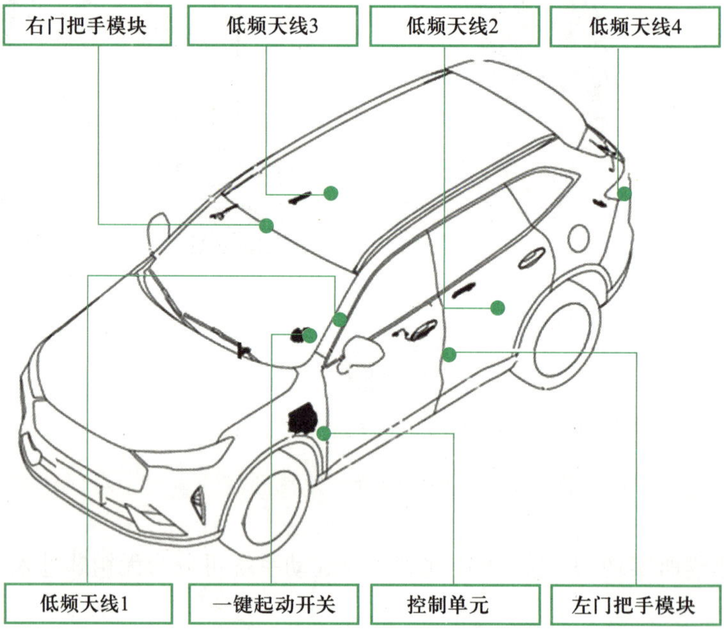

图 10–3　无钥匙进入系统组成

传统遥控钥匙是在按下（锁止 / 解锁）按键时，通过射频识别技术给车辆发送信号。无钥匙进入系统中的智能钥匙则是一个身份编码识别器，由车辆通过天线在一定范围内时刻检测智能钥匙并进行身份编码识别，或者在触摸微动开关后检测智能钥匙并进行身份编码识别，省去了传统的遥控钥匙锁止 / 解锁动作，如图 10–4 所示。

（a）传统遥控钥匙

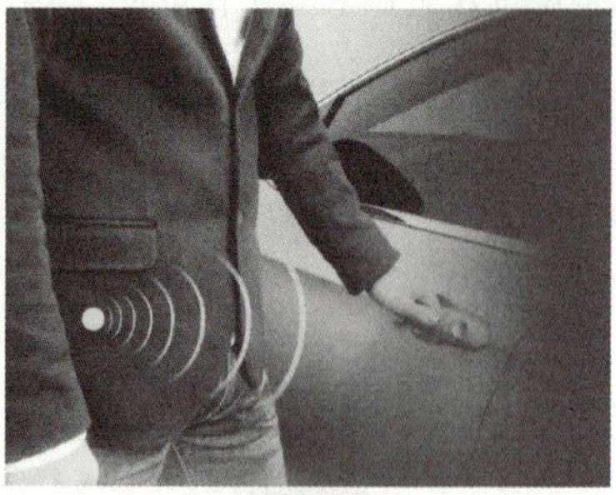

（b）智能钥匙

图 10–4　传统遥控钥匙和智能钥匙

微课

车门的解锁过程

2）无钥匙进入系统工作流程

无钥匙进入系统控制原理，如图 10–5 所示。

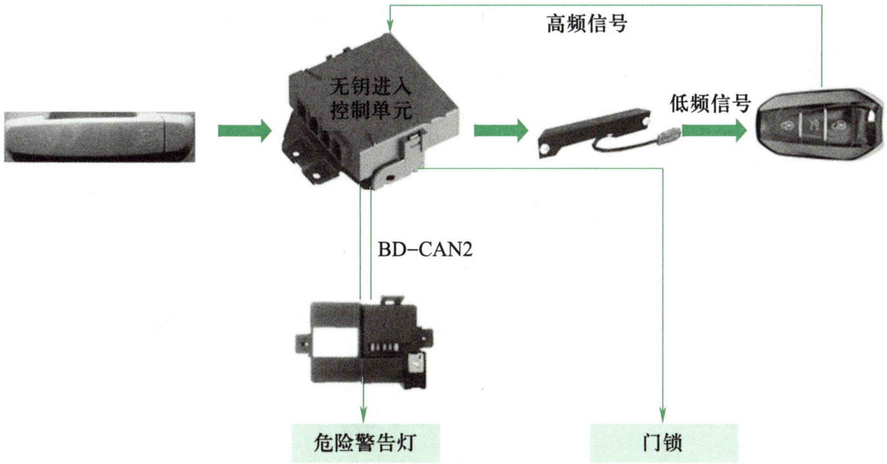

图 10-5　无钥匙进入系统控制原理

① 携带智能钥匙靠近车辆，如图 10-6 所示。

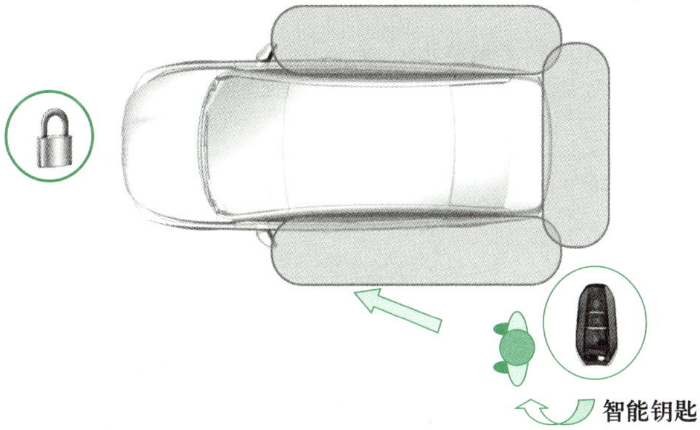

图 10-6　智能钥匙靠近车辆

② 将手探入前车门外把手内或接触微动开关，微动开关收到开门请求，产生一个电流，唤醒无钥匙进入控制单元，如图 10-7 所示。

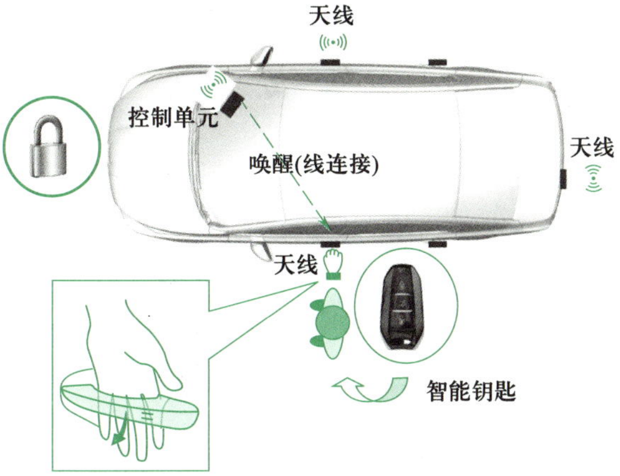

图 10-7　将手探入前车门外把手内或接触微动开关

③ 无钥匙进入控制单元通过车辆天线发送低频（一般为 125 kHz）信号，检测智能钥匙是否在有效范围内以及智能钥匙识别 ID 码，如图 10-8 所示。

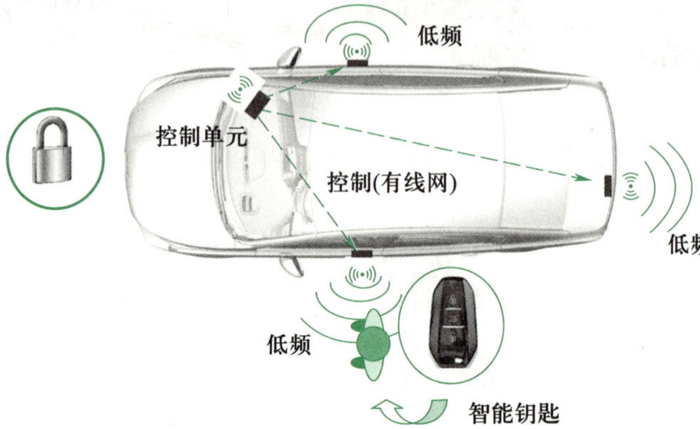

图 10-8 检测智能钥匙

④ 智能钥匙接收到低频信号，智能钥匙响应并回复高频 ID 码，如图 10-9 所示。

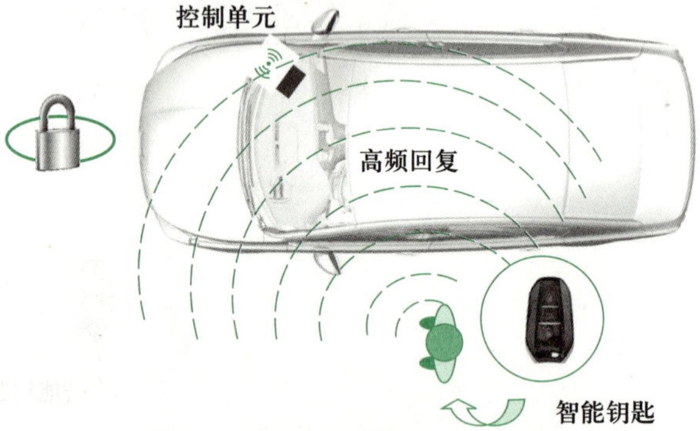

图 10-9 智能钥匙回复高频信号

⑤ 无钥匙进入控制单元计算智能钥匙发送的 ID 码，确认智能钥匙合法性，合法则传递信号给门锁控制单元，门锁控制单元控制车门门锁解锁，如图 10-10 所示。

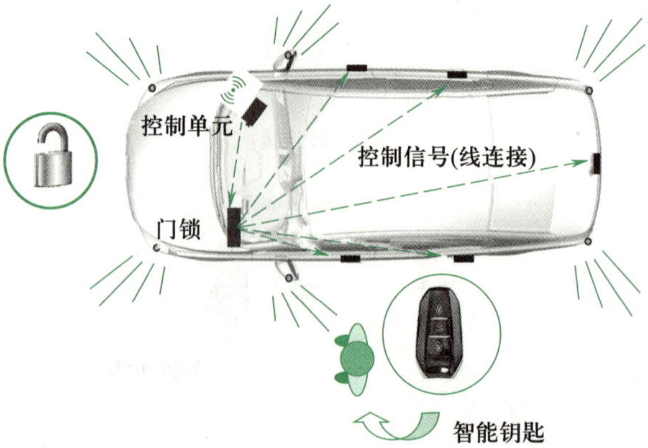

图 10-10 车门解锁

根据车辆便捷和安全控制策略，车辆解锁通常有如下几种方式。

a. 所有车门解锁；

b. 仅解锁驾驶人侧车门；

c. 阻止后门解锁（儿童安全装置已启动）；

d. 仅解锁行李舱锁。

⑥ 驾驶人侧车门外部门把手通过传感器（门把手外侧）能够探测到有手指的（触碰）压力，并把信息发送到无钥匙进入控制单元，无钥匙进入控制单元同时通过三个外部天线在三个探测区寻找智能钥匙，在探测区有匹配的智能钥匙出现时可以允许对车辆锁止，如图 10–11 所示。

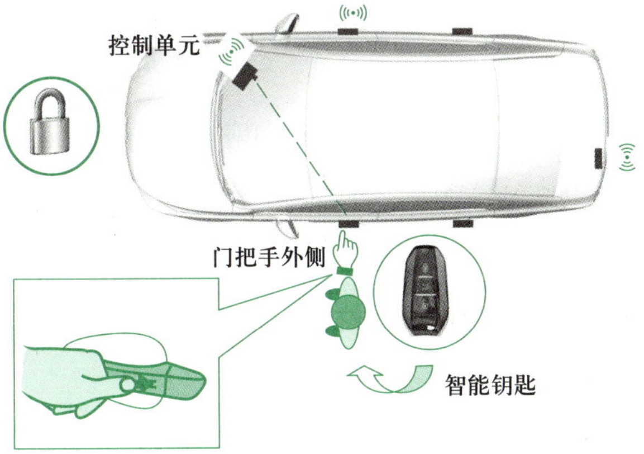

图 10–11　车辆锁止

注意：锁车的同时，无钥匙进入控制单元需要通过低频内部天线确认没有智能钥匙遗漏在车内。

3）无钥匙进入系统各元件工作原理

（1）前车门外把手组成及工作原理

前车门外把手主要由天线、微动开关、分析电路和连接部件等组成，如图 10–12 所示。

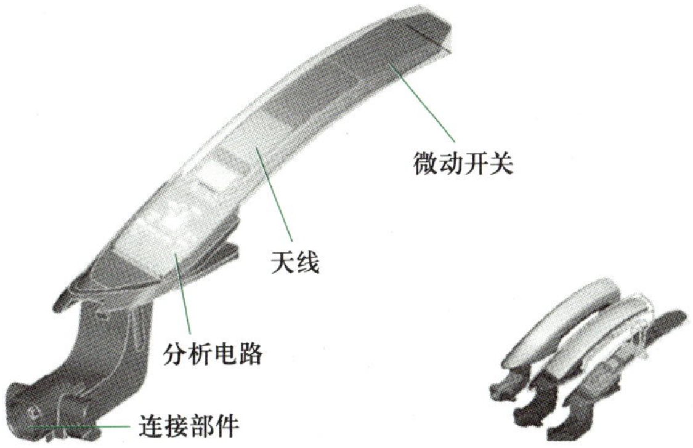

图 10–12　前车门外把手组成

前车门外把手作用是：发出低频信号、接收解锁控制命令、接收锁止控制命令，对应的内部结构如图 10-13 所示。

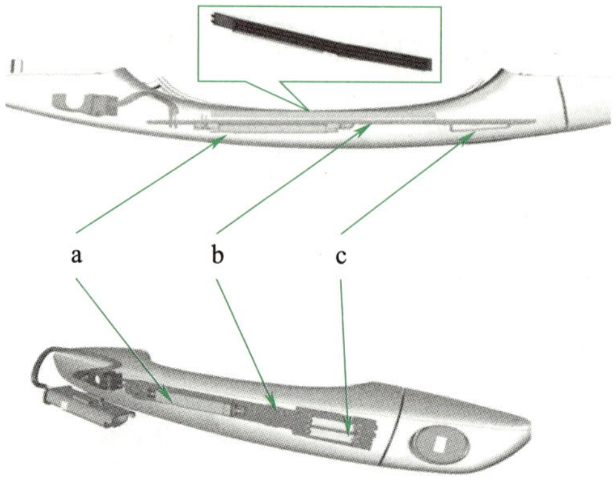

图 10-13 前车门外拉手内部结构

a—外部低频天线；b—外部打开控制传感器；c—锁止传感器

（2）天线

无线用于识别、检测车外智能钥匙信号，安装位置分别是两个前车门外把手内部、后保险杠或行李舱内。

天线有效工作范围：遥控钥匙锁止 / 解锁车辆需要≤ 6 m，寻车需要≤ 30 m；智能钥匙无钥匙进入系统需要＜ 1 m。天线有效工作范围示意图如图 10-14 所示。

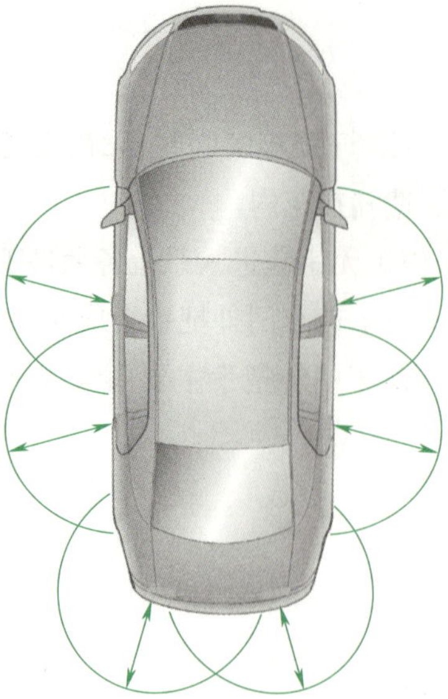

图 10-14 天线有效工作范围示意图

天线工作方式有两种：一种是时刻在工作，不间断检测智能钥匙，但这种方式会造成蓄电池电量过度消耗；一种是通过微动开关唤醒，天线再进行智能钥匙检测。

微课

微动开关的基本原理

（3）微动开关

微动开关是电容式的，集成在前车门外把手内。

微动开关有多种形式，一种是感应式，前车门外把手和支座上各装有一个电容片，两个电容片之间插入新的介质（例如手掌），就会有一个电流短时通过，无钥匙进入控制单元检测到电流后被唤醒，如图 10-15 所示。

另一种是接触式，前车门外把手上装有一个电容片，当手指触碰到敏感电极时，如图 10-16 所示，微动开关中电容的电量会产生变化，微动开关上的电路检测出电容中电量的变化，判断有进入车辆的请求，产生一个电流短时通过，无钥匙进入控制单元检测到电流后被唤醒，如图 10-17 所示。

某车型前车门外把手微动开关上的电路中电量的变化如图 10-18 所示。

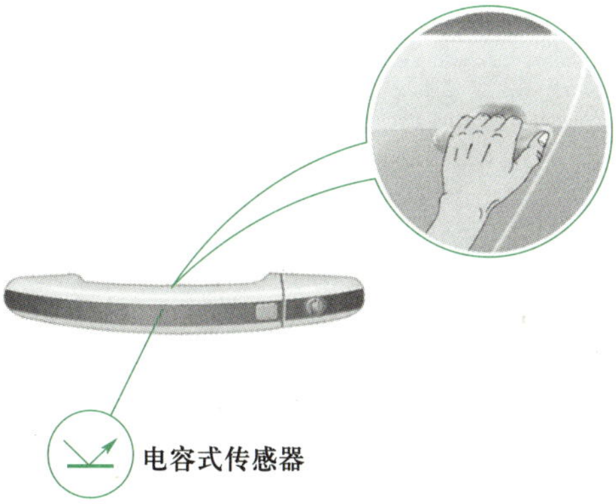

图 10-15　感应式微动开关

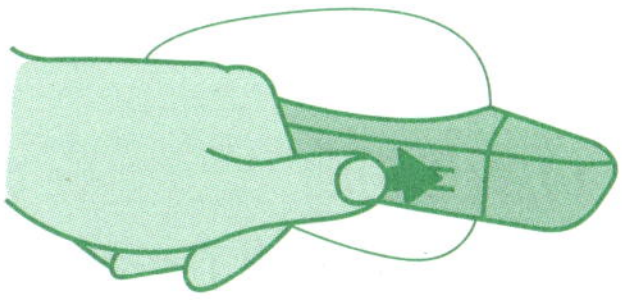

图 10-16　接触式微动开关

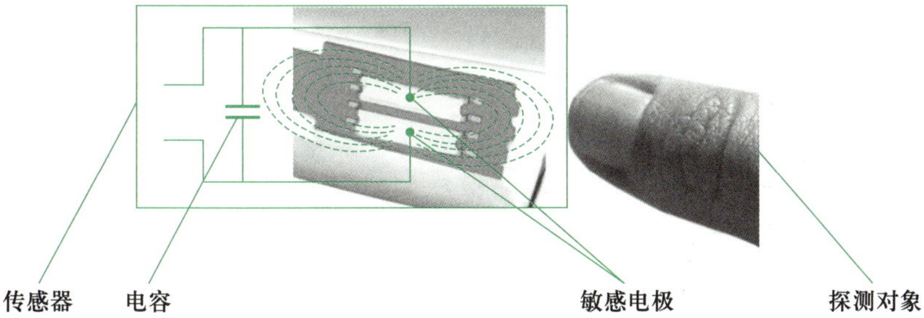

图 10-17　接触式微动开关工作原理

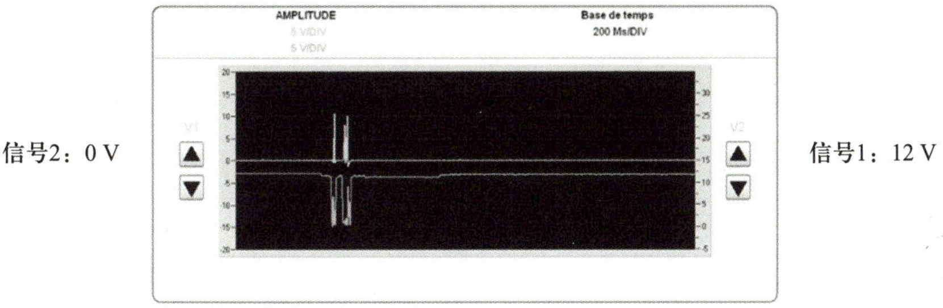

图 10-18　接触式微动开关电压信号变化

注意：在更换车门外把手时，门把手内侧不能刷油漆，门把手外侧应遵守 20～50 μm（依据对应的厂商标准）的油漆厚度标准（否则会出现探测问题）。

另一种是手动开关，需要手动按下，如图 10-19 所示。

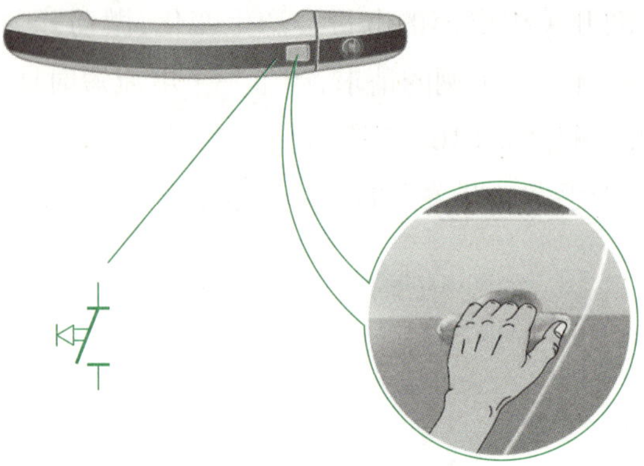

图 10-19　手动开关

（4）智能钥匙

技术的发展推动了产品的更新，随着无线射频识别技术的广泛运用和汽车市场的需求，遥控进入系统被无钥匙进入系统替代已经成为必然趋势。伴随着汽车技术的发展，汽车钥匙由机械钥匙，再到遥控钥匙，逐步发展到了智能钥匙，以及数字蓝牙钥匙等，如图 10–20 所示。

图 10-20　汽车钥匙发展

智能钥匙一般集成了传统的机械钥匙功能和遥控钥匙功能，由发射器、遥控模块、驾驶授权模块三个接收器及相关线束组成。

按下智能钥匙的按键，或接收到车辆天线的低频信号，智能钥匙内的发射器发出电波，其中包含了一串数据代码，车辆天线接收到数据代码，经控制单元识别确认后，完成锁止或解锁。数据代码使用跳码式验证方式，原理就是除了匹配钥匙的身份码，还多加了一层验证码，其中验证码部分会在每发射一次信号后，根据一定的编码函数进行变化，相当于换了一把“新钥匙”，增加安全性。智能钥匙如图 10–21 所示。

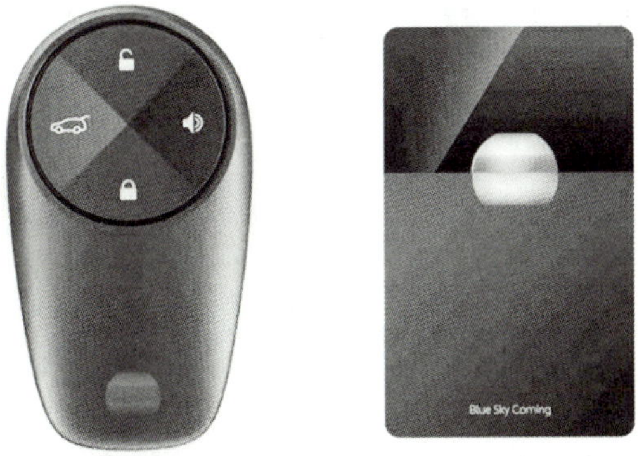

钥匙1
黑色智能钥匙

钥匙2
NFC卡片钥匙

图 10-21　智能钥匙

4）数字蓝牙钥匙工作原理

（1）数字蓝牙钥匙功能

数字蓝牙钥匙依托 PKI（证书管理）系统及智能手机蓝牙通信形式，可以实现以下功能。

完成对车辆门禁系统和车辆起动系统等的控制。

支持手机蓝牙钥匙分享功能，实现产品数字化、信息化、智能化、网联化、共享化、安全化的发展要求，如图 10-22 所示。

蓝牙主动车控：蓝牙解、闭锁，蓝牙寻车，蓝牙开关行李舱门，蓝牙关车窗、天窗。

蓝牙被动车控：蓝牙无钥匙进入、离开功能；蓝牙起动功能。

图 10-22　数字蓝牙钥匙

（2）数字蓝牙钥匙验证流程

智能钥匙认证是通过低频天线与高频天线进行认证；数字蓝牙钥匙是通过 App 蓝牙与无钥匙进入控制单元进行防盗认证，如图 10-23 所示。

图 10-23　数字蓝牙钥匙验证流程

2. 技能操作

1）操作准备

准备技能操作所需的物料，见表 10-1。

表 10-1　物料准备

类别	所需物料
实训平台	实训整车
设备、工具	车辆防护用品、车辆维修手册、车辆电路图、智能钥匙、万用表、诊断仪、检测工具套装、白板、记号笔、尺子

2）故障验证

（1）读取故障码

使用诊断仪读取故障码，将相关内容填写在表 10-2 中。

表 10-2　故障码信息

序号	故障码	故障码描述
1		
2		
3		

（2）读取数据流

使用诊断仪读取数据流，根据诊断仪上读取到的信息，完成表 10-3 的填写。

表 10-3　数据流信息

序号	控制单元	名称	当前值 / 状态	标准值 / 状态	是否正常
1					是□　否□
2					是□　否□
3					是□　否□
4					是□　否□
5					是□　否□

3）制订检修方案

（1）拆画电路图

参考车辆维修手册，将故障相关电路图拆画至图 10-24 中。

图 10-24　绘制电路图

（2）根据读取的故障信息，参考电路图，分析可能的故障原因及故障点，并制订检修方案，完成表 10-4 的填写。

表 10-4　故障分析及制订检修方案

故障分析：可能的故障原因或故障点		
1		
2		
3		
检修方案 / 检测流程		
1		
2		
3		
4		
5		

（二）无钥匙进入系统故障检修

1. 知识学习

1）无钥匙进入系统的检测内容

针对车辆无钥匙进入功能失效，需要检测内容如下。

① 检测无钥匙进入控制单元。若诊断仪无法与控制单元通信，需要检测控制单元供电、搭铁、唤醒、CAN 总线线路，应无断路、短路、虚接等情况。

② 检测微动开关。在微动开关触摸状态下，检测无钥匙进入控制单元是否接收到微动开关信号，若未接收到信号则对微动开关进行检测。

③ 检测无钥匙进入天线。需要对天线信号线进行检测。天线信号线应无断路、短路、虚接等情况。

④ 检测无钥匙进入系统中智能钥匙的状态，使用的智能钥匙是否合法，如有需要，重新匹配智能钥匙。

2）前门外拉手总成的拆装方法及注意事项

（1）拆卸

① 拆卸前车门饰板，揭开前车门防水膜，拆卸前门锁芯，断开前门外把手总成连接插头。

② 将前门外把手总成 1 沿箭头 B 方向拉，沿箭头 A 方向取出前门外把手总成 1，如图 10-25（a）所示。

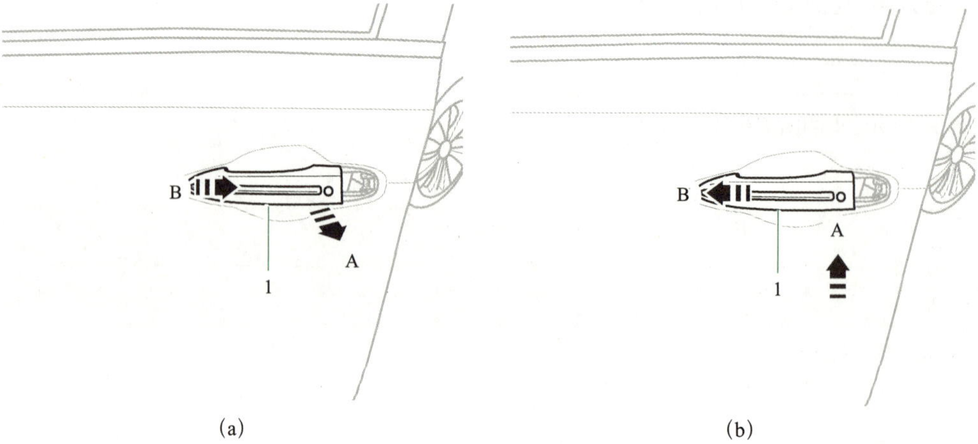

图 10-25　前门外拉手总成的拆卸和安装

（2）安装

① 将前门外把手总成 1 沿箭头 A 方向推入到把手座内。

② 将前门外把手总成 1 沿箭头 B 方向前推到支撑杆的定位件内，如图 10-25（b）所示。连接前门外把手总成连接插头。

③ 安装完毕后，在车门打开的状态下进行功能检查。

（3）注意事项

门把手探测天线集成在门把手内，不做单独维修，损坏后需要整体更换。

2. 技能操作

1）操作准备

准备技能操作所需的物料，见表 10-5。

表 10-5　物料准备

类别	所需物料
实训平台	实训车辆
设备、工具	车辆防护用品、车辆维修手册、智能钥匙、万用表、诊断仪、检测工具套装、绝缘工具套装、绝缘扭矩扳手

2）无钥匙进入系统故障检修

参考车辆维修手册，对无钥匙进入系统故障进行检测，并将检测过程记录在表 10-6 中。

表 10-6　无钥匙进入系统故障检测记录

序号	检测项目	检测点		检测条件	检测类型	标准值	检测值	处理方式
示例	控制单元供电	T24/1	搭铁	“ON”挡	电压	+B	12.6 V	检测控制单元搭铁
1	无钥匙进入控制单元供电							
2	无钥匙进入控制单元搭铁							
3	无钥匙进入控制单元 CAN 总线							
4	微动开关信号							
5	微动开关供电							

续表

序号	检测项目	检测点		检测条件	检测类型	标准值	检测值	处理方式
6	微动开关搭铁							
7	天线							
8	智能钥匙							

3）结果检验

完成以上操作后对检修结果进行验证，并记录在表10–7中。

表10–7 结果检验记录

序号	检验项目	是否正常
1	无钥匙进入系统功能是否正常	是□ 否□
2	使用诊断仪清除故障码，确认故障码是否被清除	是□ 否□
3	使用诊断仪读取相关数据流，是否全部正常	是□ 否□

四、检查评估

对本任务的学习情况进行检查，并将相关内容填写在表10–8中。

表10–8 检查表

检查项目	检查结果	结果点评
无钥匙进入系统检修		
拆画的电路图是否正确	是□ 否□	
是否在满足天线检测条件的情况下进行检测	是□ 否□	
是否在满足微动开关检测条件的情况下进行检测	是□ 否□	
无钥匙进入功能是否正常	是□ 否□	

续表

检 查 项 目	检查结果	结果点评
整理及恢复		
工具、设备是否整理恢复	是□　否□	
实训工位是否打扫干净	是□　否□	
工作页是否填写完整	是□　否□	

五、任务小结

本任务小结如图 10–26 所示。

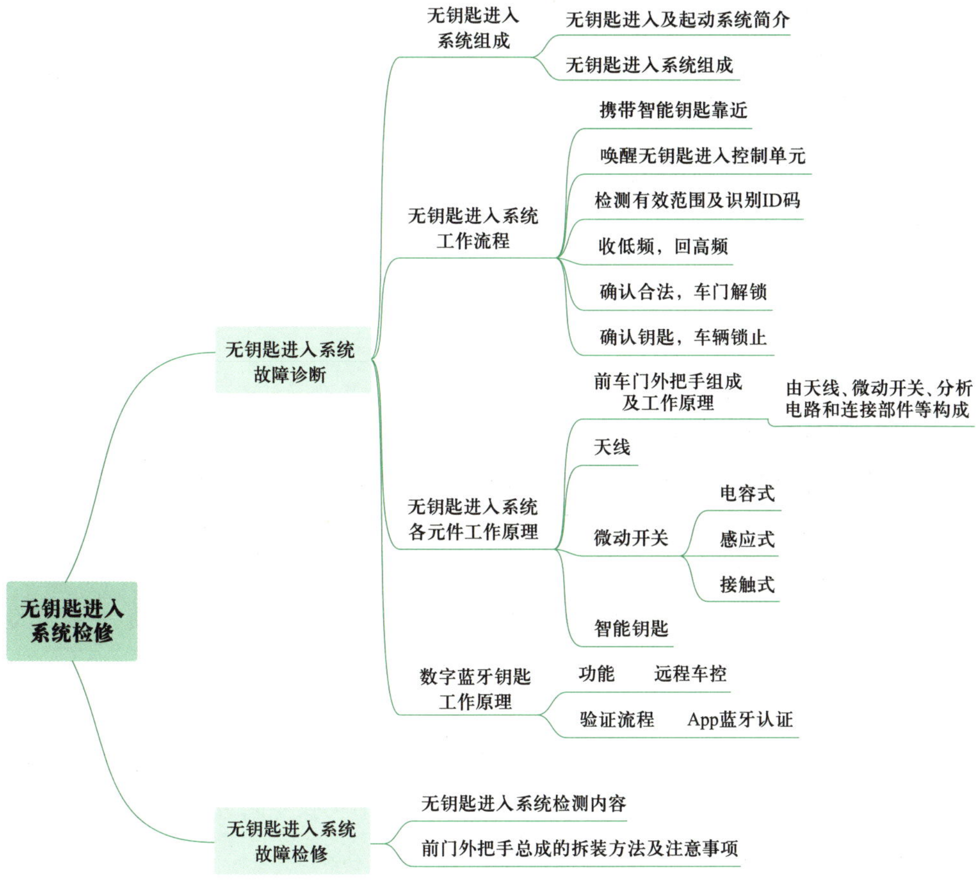

图 10–26　任务小结

任务十一　一键起动系统检修

一、任务导入

场景：某国产品牌新能源汽车售后维修中心。

人物：王先生（客户）、张师傅（维修技师）、小李（学徒）。

情节：王先生反映，踩下制动踏板，按下一键起动开关，车辆未能起动。张师傅经检查后确认车辆一键起动系统出现故障，于是安排小李来完成下一步的检修工作，小李该如何对一键起动系统进行检修？

二、任务目标

✧ 能按照故障诊断流程，正确使用诊断设备，规范完成一键起动系统故障诊断。

✧ 能按照故障检修方法，使用正确的检修工具，规范完成一键起动系统故障检修。

三、任务实施

（一）一键起动系统故障诊断

1. 知识学习

1）一键起动系统定义

一键起动系统是当智能钥匙在车内时，无须使用钥匙进行机械操作，通过一键起动开关实现驱动电机防盗锁止控制、整车电源控制、车辆起动控制。

2）一键起动系统组成

一键起动系统通常由智能钥匙、天线、一键起动开关、电子转向柱锁、一键起动控制单元等组成，如图 11-1 所示。

（1）天线

一键起动系统天线有效工作范围只限于车辆座舱内，用于检测、识别智能钥匙信号，一般为 2～3 个，安装位置分别是：仪表台下、中央扶手附近或后排座椅附近。某车型的一键起动系统天线通常安装位置如图 11-2 所示。

（2）一键起动开关

一键起动开关如图 11-3 所示，一般有四个挡位，分别是“OFF”挡位（关闭）、“ACC”挡位（ACC 供电）、“ON”挡位（IG 供电）及“START”挡位（起动）。

“OFF”挡位：关闭全车电源，电子转向柱锁防盗锁止。

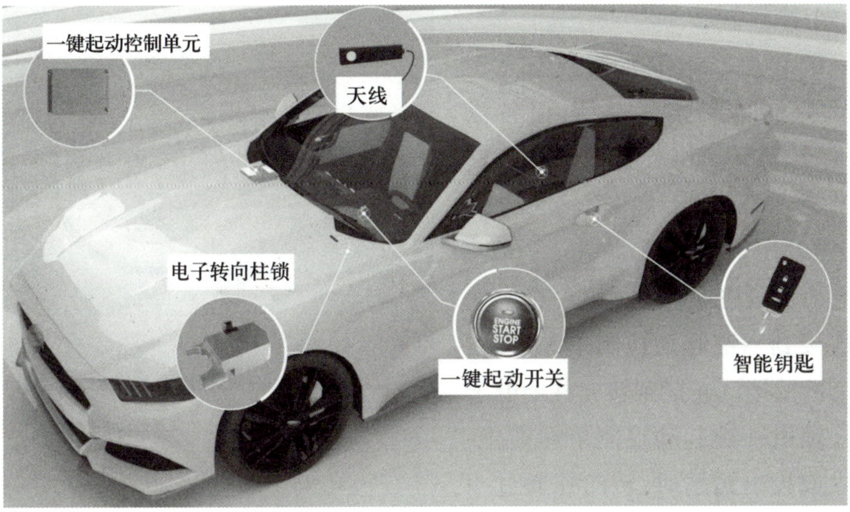

图 11-1　一键起动系统组成

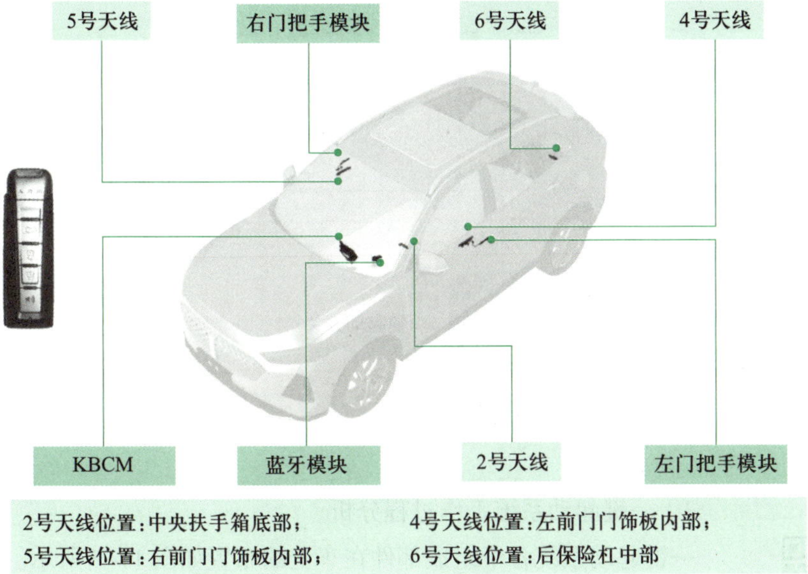

图 11-2　某车型一键起动系统天线分布示意图

“ACC”挡位：车内天线检测智能钥匙是否在有效工作范围以及智能钥匙合法性，智能钥匙合法则解锁电子转向柱锁，ACC 继电器吸合，全车供给 ACC 电源，部分用电器如收音机工作。

“ON”挡位：“ON”挡（或 IG）继电器吸合，全车供给 IG 电源，所有用电器工作，各控制单元进行自检。

“START”挡位：踩下制动踏板、按下一键起动开关，起动车辆。

（3）控制单元

一键起动控制单元通常与无钥匙进入控制单元集成一体，但各汽车厂商名称不统一，如称作 PEPS、KESSY 等。

（4）电子转向柱锁

电子转向柱锁装置通过一个电气接口连接到一键起动控制单元，又通过一个机械接口连接到转向柱。电子转向柱锁由一键起动控制单元锁止。当插入或拔出钥匙时，转向柱通过一键起动控制单元被开锁或上锁。转向柱只有在这个过程中通电，其他时候是不通电的。车辆起动开关只有在转向柱开锁后才能激活，如图 11–4 所示。

图 11–3　一键起动开关

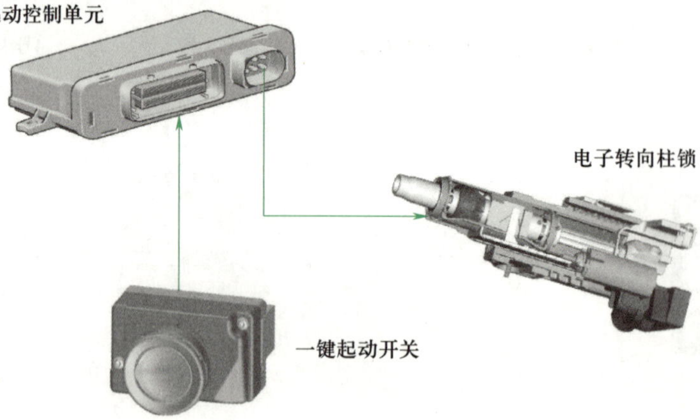

图 11–4　电子转向柱锁

3）一键起动系统工作过程分析

微课

一键起动系统的工作过程

一键起动系统各个组成部件在车上的布置如图 11–5 所示。

（1）起动需要满足的条件

蓄电池电量充足；制动踏板已经被踩下；在车内已检测到合法钥匙；挡位在 P/N 挡位置；车速小于 5 km/h；IG1 继电器驱动电路无故障；防盗系统无故障。

（2）先供电后起动的工作过程

首先智能钥匙要在车内天线的检测范围内，如图 11–6 所示，按下一键起动开关至“ACC”挡位，一键起动控制单元接收到起动开关信号后通过天线发送智能钥匙低频检测信号，检测智能钥匙是否在有效范围内以及智能钥匙合法性。

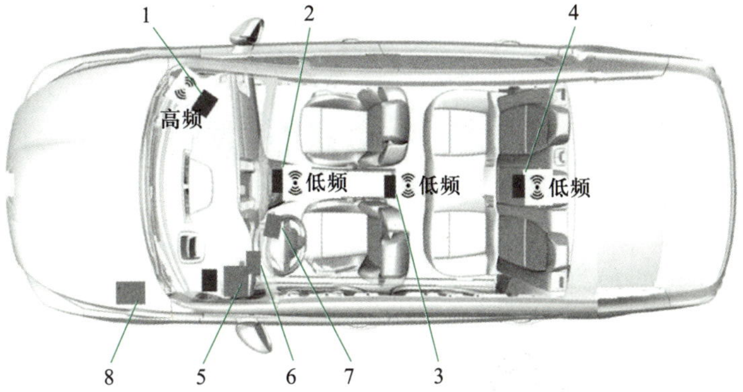

图 11-5　一键起动系统各部件分布示意图

1——一键起动控制单元；2、3、4—车辆内部低频天线；5—智能钥匙识别器；
6——一键起动开关；7—电子转向柱锁；8—电源控制盒

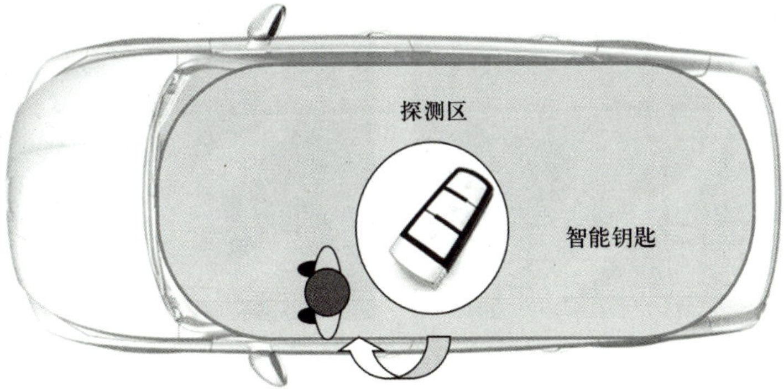

图 11-6　车内天线检测范围示意图

智能钥匙响应并回复识别编码，若智能钥匙合法，一键起动控制单元则传递信息给电子转向柱锁解锁，并控制 ACC 继电器吸合，全车供给 ACC 电源。

再次按下一键起动开关至“ON”挡位，一键起动控制单元控制“ON”挡（或 IG）继电器吸合，全车供给 IG 电源。

踩下制动踏板，按下一键起动开关至“START”挡位，一键起动控制单元将驾驶人的起动指令传递给整车控制单元（VCU），VCU 检测到满足车辆起动条件后进行整车控制、起动车辆，如图 11-7 所示。

车辆在起动状态时按下一键起动开关，起动开关回到“OFF”挡位，控制单元控制 ACC 继电器、IG 继电器断电，整车高低压下电。

（3）一键起动过程

直接踩刹车，同时按一键起动开关，如图 11-8 所示，直接进入起动程序。

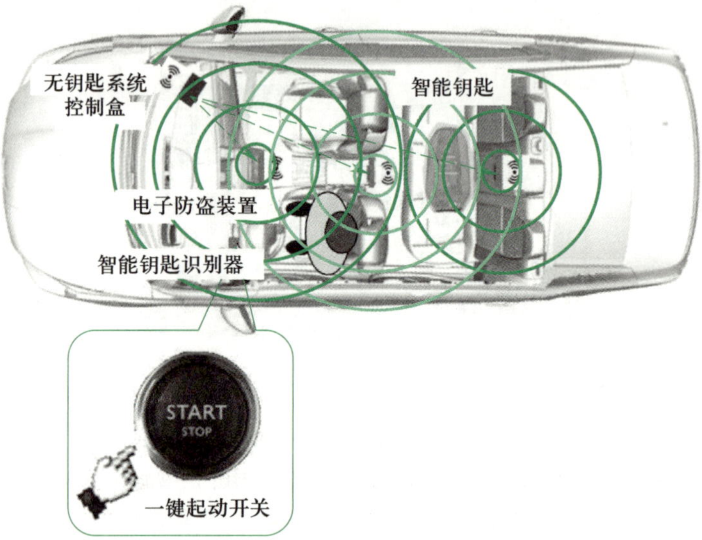

图 11-7　一键起动验证过程示意图

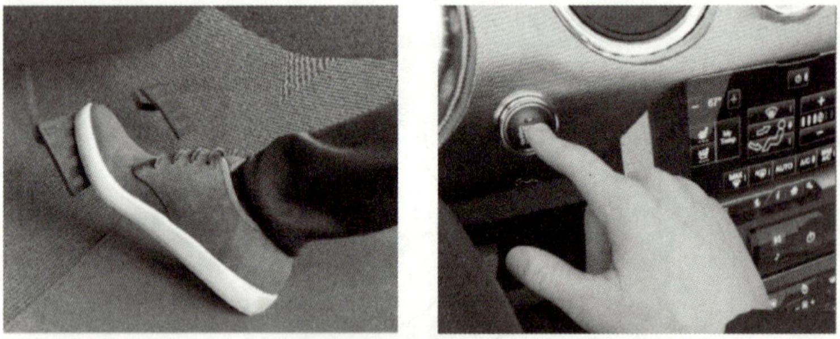

图 11-8　一键起动示意图

当车辆起动后，天线停止对智能钥匙的检测，以节省电能消耗，此时若智能钥匙不在有效范围内，车辆仍不断电；或者车内天线间隔一段时间检测一次智能钥匙，若智能钥匙不在有效范围内，则在仪表进行提示。

（4）紧急起动过程

紧急起动可能的原因如下。

① 智能钥匙中的电池没电了。

② 通往无钥匙进入天线的导线断路了。

③ 进入和起动授权控制单元损坏了。

④ 高频无线通信受干扰，比如干扰台导致无法起动。

通常一键起动的车辆都有应急起动的方法，就是为了预防智能钥匙没电或者信号干扰的情况而设置的。每辆车应急起动的地方不同，大多都在中央扶手附近、扶手箱里面、一键起动按键或者转向盘附近，应急位置一般标有钥匙或者开锁的图标，如图 11-9 所示。

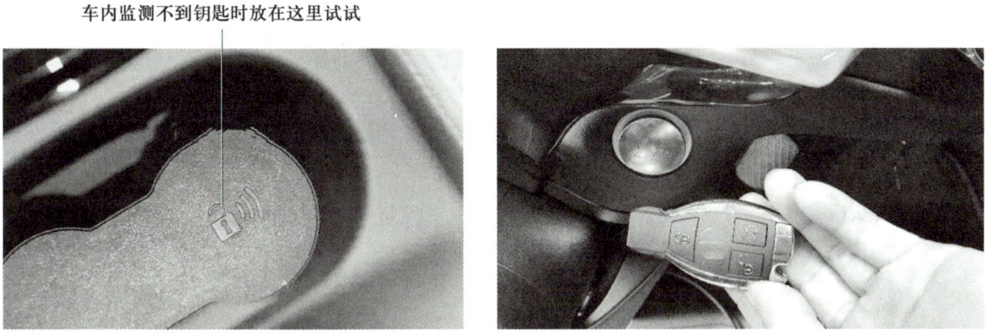

图 11-9　紧急起动钥匙标志

紧急起动过程的钥匙信息验证流程和正常一键起动是不一样的，以某车型为例进行分析，图 11-10 所示为该车型一键起动系统工作原理架构。

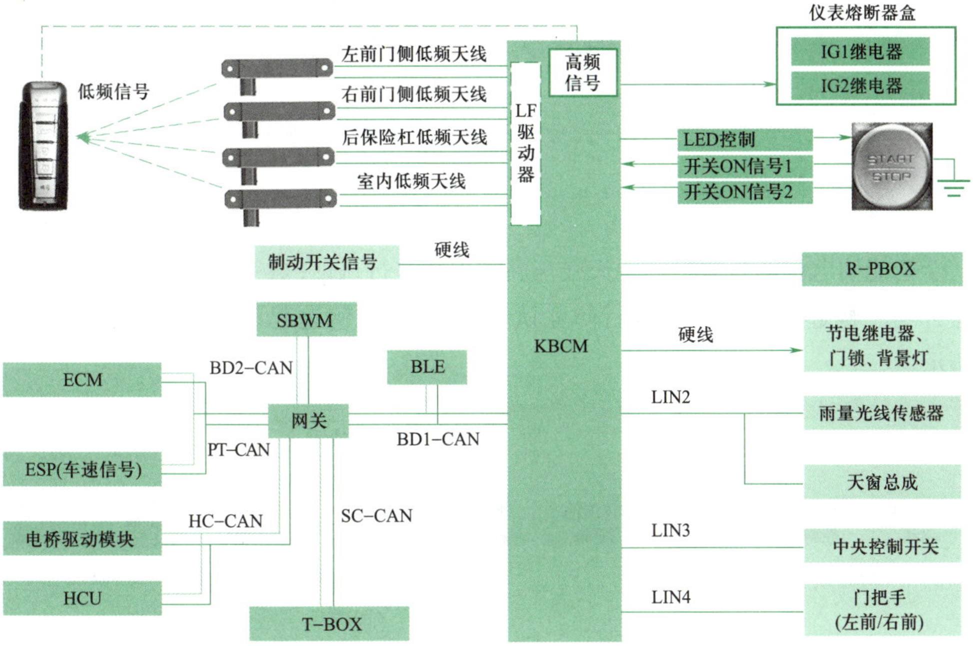

图 11-10　某车型一键起动系统工作原理架构

KBCM—车身电子域控制单元；BLE—车载蓝牙模块；SBWM—电子换挡器总成；
ECM—发动机控制单元；HCU—整车控制器；R-PBOX—行李舱熔断器盒

以下是某车型正常一键起动和紧急起动过程的对比分析，如图 11-11 所示。

紧急起动模式没有车辆上低频信号寻找钥匙和钥匙高频信号回复的环节，而是通过扶手箱处的信号采集装置直接与 IMMO（防盗模块）进行钥匙信息验证，从而保证了车辆紧急起动成功。

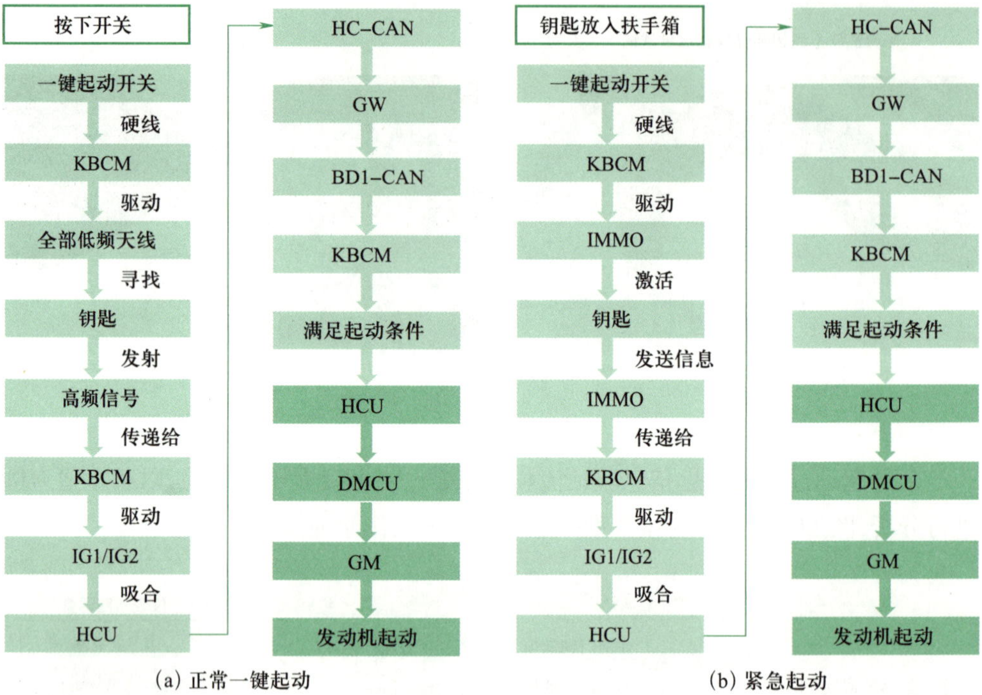

图 11-11　正常一键起动和紧急起动对比

4）数字蓝牙钥匙起动验证

智能钥匙认证是通过低频天线与高频天线进行认证；数字蓝牙钥匙是通过 App 蓝牙与一键起动控制单元进行防盗认证，数字蓝牙钥匙起动验证流程如图 11-12 所示。

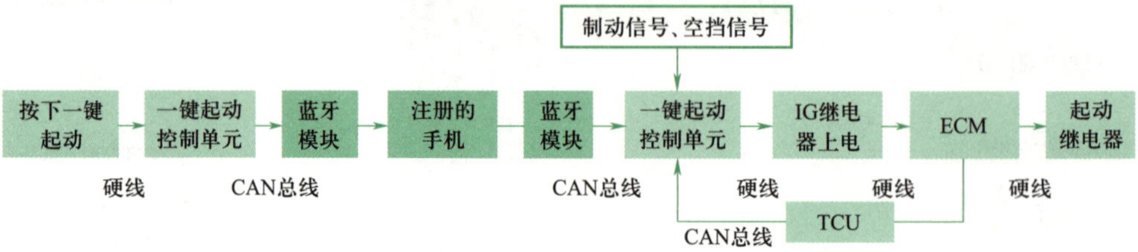

图 11-12　数字蓝牙钥匙起动验证流程

2. 技能操作

1）操作准备

准备技能操作所需的物料，见表 11-1。

表 11-1　物料准备

类别	所需物料
实训平台	实训车辆
设备、工具	车辆防护用品、车辆维修手册、车辆电路图、智能钥匙、万用表、诊断仪、检测工具套装、白板、记号笔、尺子

2）故障验证

（1）仪表显示

起动车辆，观察车辆仪表显示，将相关内容填写在表 11-2 中。

表 11-2　仪表显示记录

序号	项　目	仪表显示	正常情况	是否正常
1	系统故障信号装置		熄灭	是□　否□
2	READY 信号装置		点亮	是□　否□
3	异常信号装置		—	—
4	文字提示		—	—

（2）读取故障码

使用诊断仪读取故障码，将相关内容填写在表 11-3 中。

表 11-3　故障码信息

序号	故障码	故障码描述
1		
2		
3		

（3）读取数据流

使用诊断仪读取数据流，根据诊断仪上读取到的信息，完成表 11-4 的填写。

表 11-4　数据流信息

序号	控制单元	名称	当前值 / 状态	标准值 / 状态	是否正常
1					是□　否□
2					是□　否□

续表

序号	控制单元	名称	当前值 / 状态	标准值 / 状态	是否正常
3					是□　否□
4					是□　否□
5					是□　否□

3）制订检修方案

（1）拆画电路图

参考车辆维修手册，将故障相关电路图拆画至图 11–13 中。

图 11–13　绘制电路图

（2）故障分析及制订检修方案

根据读取的故障信息，参考电路图，分析可能的故障原因及故障点，并制订检修方案，完成表 11–5 的填写。

表 11–5　故障分析及制订检修方案

故障分析：可能的故障原因或故障点		
1		
2		
3		
检修方案 / 检测流程		
1		
2		
3		
4		
5		

（二）一键起动系统故障检修

1. 知识学习

1）一键起动的异常情况

（1）未检测到钥匙

智能钥匙在规定的区域，按下一键起动开关后车辆仍无法起动，组合仪表盘上出现提示“未检测到钥匙”。可能情况是智能钥匙电池没电，智能钥匙和车辆上一键起动系统无法正常信息验证，无钥匙进入系统起动失败，如图 11-14 所示。

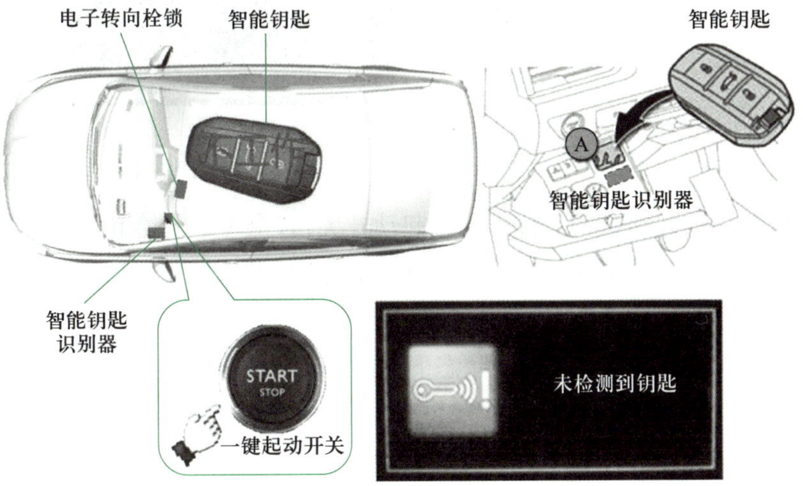

图 11-14　未检测到钥匙

解决措施：按照厂商要求，将智能钥匙放到规定位置，进行紧急起动。

（2）无法起动，提示“转动转向盘以方便解锁”

在起动车辆时，如果转向盘锁住，汽车无法一键起动成功，仪表上提示“转动转向盘以方便解锁”，如图 11-15 所示。

解决措施：轻按汽车的一键起动按钮，使车辆电路通电，然后需要用力转动转向盘，转向盘会自动解锁，即可起动车辆。

2）一键起动系统的检测内容

针对车辆无法一键起动故障，需要检测内容如下。

① 检测一键起动控制单元。若诊断仪无法与控制单元通信，需要检测控制单元供电、搭铁、唤醒、CAN 总线线路，应无断路、短路、虚接等情况。

② 检测一键起动天线。在起动状态下，若仪表显示“未检测到智能钥匙”，可能是一键起动系统天线故障，需要对天线信号线进行检测。天线信号线应无断路、短路、虚接等情况。

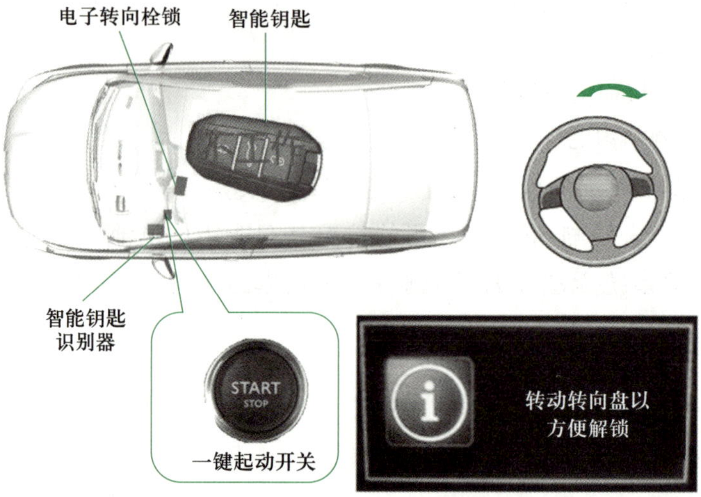

图 11–15　提示转动转向盘解锁

③ 检测一键起动开关。按下一键起动开关，若全车未供给 IG 电，则需检测一键起动控制单元是否接收到一键起动开关挡位信号，若未接收到则对一键起动开关进行检测。

④ 检测起动信号线。在起动状态下，检测 VCU 是否接收到起动信号。起动信号线应无断路、短路、虚接等情况。

3）一键起动控制单元的拆装方法及注意事项

注意：小心地拆装一键起动控制单元，避免碰撞，防止受潮。在拆装过程中请勿用手触碰插头针脚，或者强行拆开外壳，以免损坏内部电气元件。

（1）拆卸（以某国产新能源车型为例）

① 关闭所有用电器，关闭起动开关，断开蓄电池负极接线柱。

② 拆卸空调控制器，拆卸 A 柱下饰板，拆卸手套箱总成。

③ 断开一键起动控制单元的所有连接插头。

④ 旋出一键起动控制单元支架固定螺母，取出一键起动控制单元与支架。脱开一键起动控制单元塑料卡扣，将一键起动控制单元与支架分离。

（2）安装

① 安装大体以拆卸的倒序进行。

② 螺母拧紧力矩：8 ± 2 N·m。

4）智能钥匙电池的更换方法（以某国产新能源车型为例）

① 沿箭头 A 方向拉开钥匙保险扣，沿箭头 B 方向取出应急机械钥匙 1，如图 11–16 所示。

② 使用微型一字螺丝刀 1 在箭头位置拆下智能钥匙外壳，如图 11–17 所示。

注意：小心拆装一键起动控制单元，避免碰撞，防止受潮。

③ 用手指沿箭头方向按压电池，取出智能钥匙电池 1，如图 11–18 所示，安装智能钥匙电池时，不要混淆新旧电池，以免安装错误。安装大体以拆卸的倒序进行。

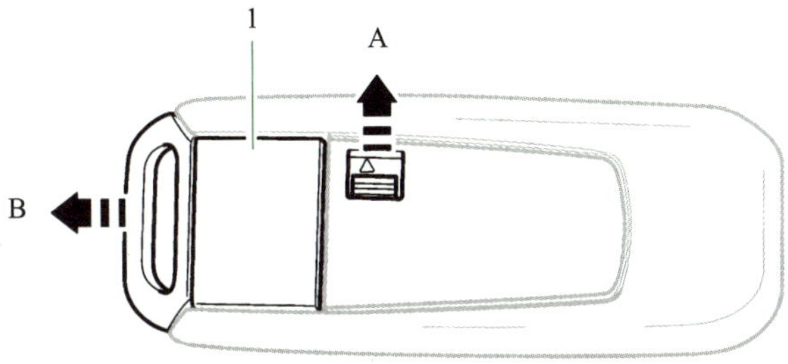

图 11–16　拆下智能钥匙的应急机械钥匙示意图

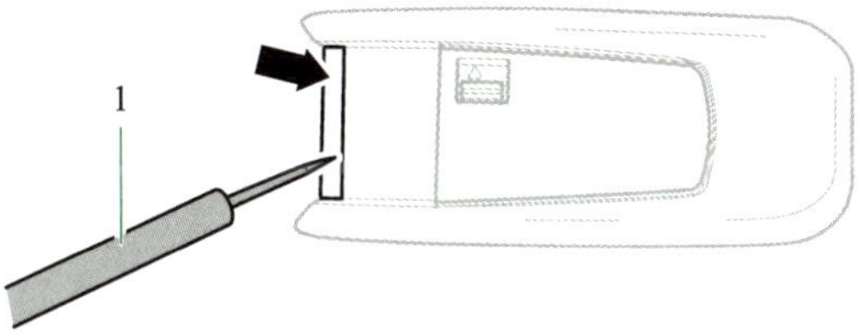

图 11–17　拆下智能钥匙外壳示意图

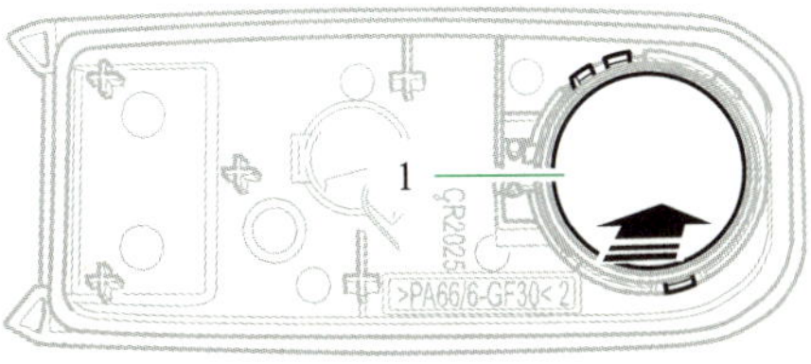

图 11–18　更换智能钥匙电池示意图

2. 技能操作

1）操作准备

准备技能操作所需的物料，见表 11–6。

表 11–6　物料准备

类别	所需物料
实训平台	实训车辆
设备、工具	车辆防护用品、车辆维修手册、智能钥匙、万用表、诊断仪、检测工具套装、绝缘工具套装、绝缘扭矩扳手

2）一键起动系统故障检修

参考车辆维修手册，对一键起动系统故障进行检测，并将检测过程记录在表 11–7 中。

表 11–7　一键起动系统故障检测记录

序号	检测项目	检测点		检测条件	检测类型	标准值	检测值	处理方式
示例	一键起动控制单元供电	T24/2	搭铁	—	电压	+B	12.6 V	检测控制单元 IG 供电
1	一键起动控制单元供电							
2	一键起动控制单元搭铁							
3	一键起动控制单元 CAN 总线							
4	天线							
5	一键起动开关电源							
6	一键起动开关信号							
7	起动信号							

3）结果检验

完成以上操作后对检修结果进行验证，并记录在表 11–8 中。

表 11–8　结果检验记录

序号	检 验 项 目	是否正常
1	一键起动系统功能是否正常	是□　否□
2	使用诊断仪清除故障码，确认故障码是否被清除	是□　否□
3	使用诊断仪读取相关数据流，是否全部正常	是□　否□

四、检查评估

对本任务的学习情况进行检查，并将相关内容填写在表 11–9 中。

表 11–9　检查表

检查项目	检查结果	结果点评
一键起动系统检修		
检测天线时是否对屏蔽层造成损坏	是□　否□	
一键起动开关信号检测点是否正确	是□　否□	
一键起动功能是否正常	是□　否□	
整理及恢复		
工具、设备是否整理恢复	是□　否□	
实训工位是否打扫干净	是□　否□	
工作页是否填写完整	是□　否□	

五、任务小结

本任务小结如图 11–19 所示。

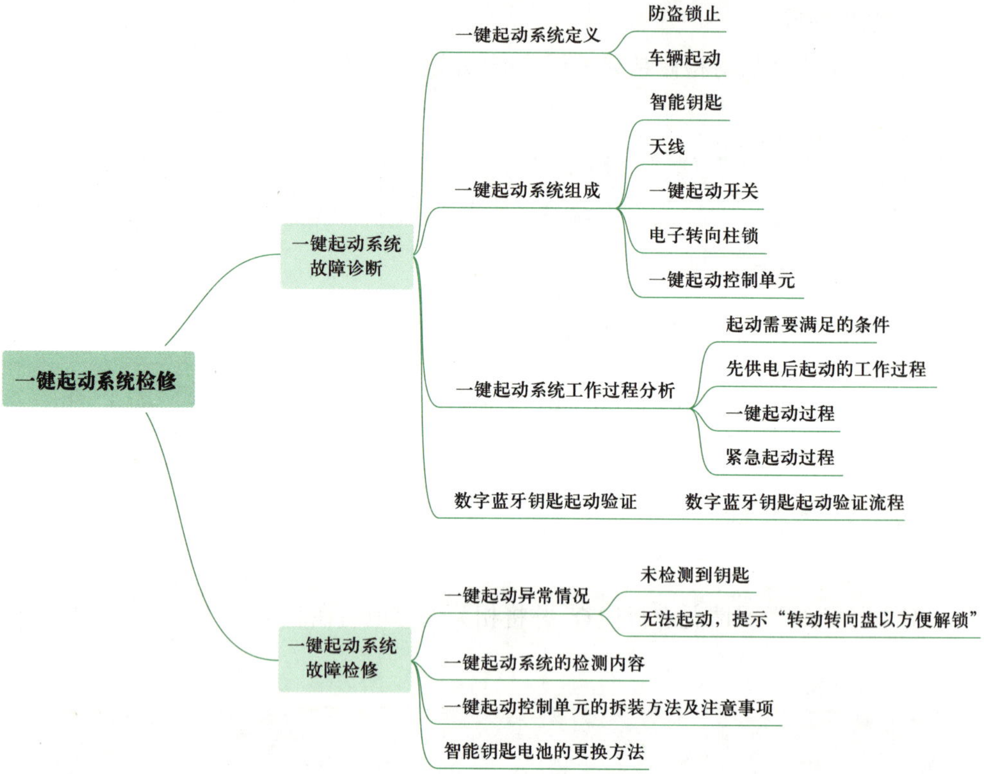
一键起动系统检修
一键起动系统故障诊断
一键起动系统定义
防盗锁止
车辆起动
一键起动系统组成
智能钥匙
天线
一键起动开关
电子转向柱锁
一键起动控制单元
一键起动系统工作过程分析
起动需要满足的条件
先供电后起动的工作过程
一键起动过程
紧急起动过程
数字蓝牙钥匙起动验证
数字蓝牙钥匙起动验证流程
一键起动系统故障检修
一键起动异常情况
未检测到钥匙
无法起动，提示“转动转向盘以方便解锁”
一键起动系统的检测内容
一键起动控制单元的拆装方法及注意事项
智能钥匙电池的更换方法

图 11–19　任务小结

任务十二　自适应前照明系统检修

一、任务导入

场景：某国产品牌新能源汽车售后维修中心。

人物：王先生（客户）、小李（学徒）。

情节：王先生的车辆自适应前照明系统失效了，于是来到售后维修中心进行维修，小李按下一键起动开关，将灯光组合开关设置在“AUTO”挡位并遮挡光照传感器进行检查，结果前照灯未能自动点亮。接下来，学徒小李该如何对自适应前照明系统进行检修呢？

二、任务目标

✧ 能按照车辆售后维修标准流程，使用正确的检测设备和工具，规范完成自适应大灯故障检测。

✧ 能够按照自适应照明系统控制器更换流程，正确使用工具设备，规范完成自适应照明系统控制器更换。

✧ 能够按照前照灯调节方法，选择正确的调节工具，规范完成前照灯近光初始倾斜位置调节。

三、任务实施

（一）自适应前照明系统检测

1. 知识学习

1）车辆前照明灯及光源种类

车辆前照明灯是用于照亮道路或向道路其他使用者发出光信号的装置，包含近光灯、远光灯及前雾灯，主要应用的光源有灯泡灯丝光源、气体放电光源及二极管光源。

（1）灯泡灯丝光源

灯泡灯丝光源是通过灯丝本身发热发光的光源，车辆一般应用的是卤素灯，其在灯泡内注入碘或溴等卤素气体，当灯泡工作时，温度较高的钨丝升华为气态钨，气态钨与卤素气体发生化学反应生成卤化钨，卤化钨在灯丝附近受热分解，钨还原到灯丝上，卤素继续参与下次反应。卤素灯造价便宜，结构简单，雾天具有更强的穿透力，但灯光亮度较低，容易老化，寿命为 300 h 左右。卤素灯如图 12-1 所示。

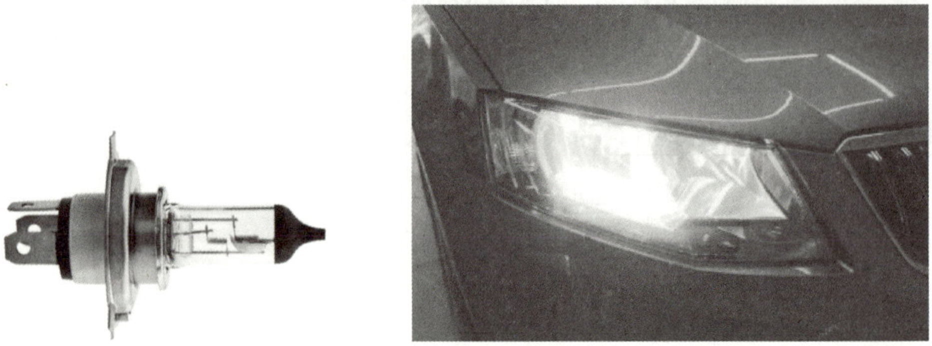

(a) 卤素灯泡　　(b) 卤素灯照射效果

图 12-1　卤素灯

（2）气体放电光源

气体放电光源是通过电弧放电发光的光源，车辆一般应用的是氙气灯，氙气灯由安定器（镇流器）和灯泡组成，采用高科技将氙气灌入石英管，通过安定器将辅助蓄电池的 12 V 直流电瞬间升压提高为 20 000 伏以上（具体电压值参考产品参数）的高压脉冲电压，激发石英管内的氙气电子游离，与稀有金属发生化学反应产生一束超电弧发光，然后电压稳定到 85 V 维持气体放电状态。氙气灯光色与日光近乎相同，光照强度比卤素灯高三倍，耗能却仅为其三分之二。氙气灯光照范围更广，光照强度更大，能为驾驶人创造出更佳的视觉条件，但其价格较高。氙气灯如图 12-2 所示。

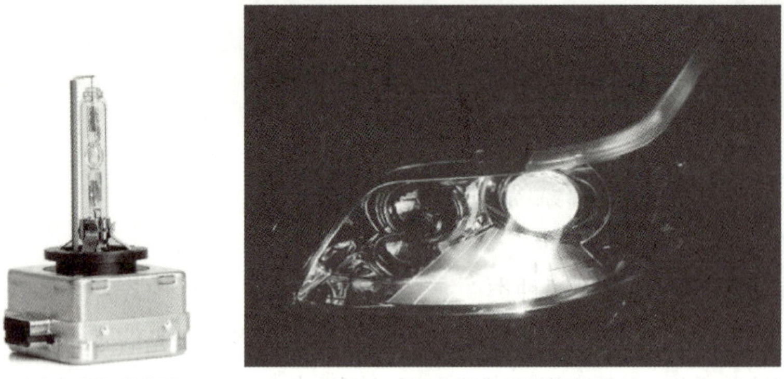

(a) 氙气灯控制器　　(b) 氙气灯照射效果

图 12-2　氙气灯

（3）二极管光源

二极管光源是一种由半导体材料制成的固体光源，车辆一般应用的是发光二极管和激光二极管。

① 发光二极管简称 LED，由其制成的大灯亮度高，结构比氙气灯简单，灯光开

启速度快，功耗相比卤素灯和氙气灯更低，寿命在 1 100 000 h 左右，但工作时发热量很大，对散热有较高的要求，且 LED 大灯是集成灯光电路，损坏后不易维修，只能更换，使用成本较高。LED 大灯如图 12-3 所示。

(a) 发光二极管　　(b) LED 大灯照射效果

图 12-3　LED 大灯

② 激光二极管制成的激光大灯比 LED 大灯照明距离更远，一般能达到 1 000 m，且发光效率高、体积小、能耗低、寿命长，但造价昂贵，受造价成本限制，目前仅在一些豪华车型上搭载。激光大灯如图 12-4 所示。

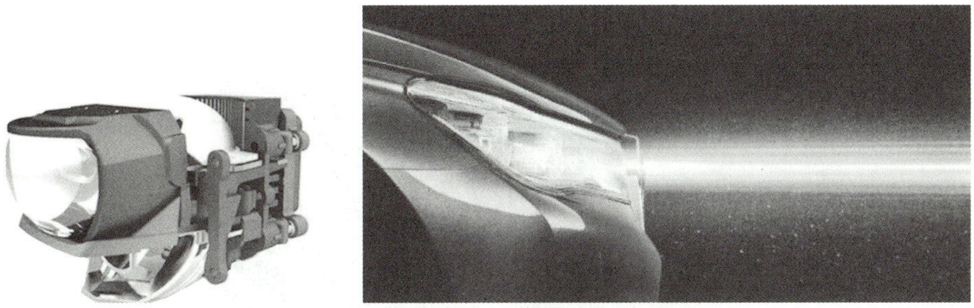

(a) 激光大灯控制器　　(b) 激光大灯照射效果

图 12-4　激光大灯

装配激光大灯的车辆一般远、近光仍采用 LED 大灯，激光大灯用于辅助远光、增加光线射程，主要用于夜间高速路段的照明。

2）自适应前照明系统的定义及组成

自适应前照明系统（Adaptive Front-lighting System，AFS）是一种根据行驶环境、行驶状态自动调节车辆前部照明的装置，能自动适应近光和远光在不同使用条件下的需要，如自动开启近光灯、自动切换远光灯、自动调节光束高度及弯道辅助照明等。自适应前照明系统灯光示意图如图 12-5 所示。

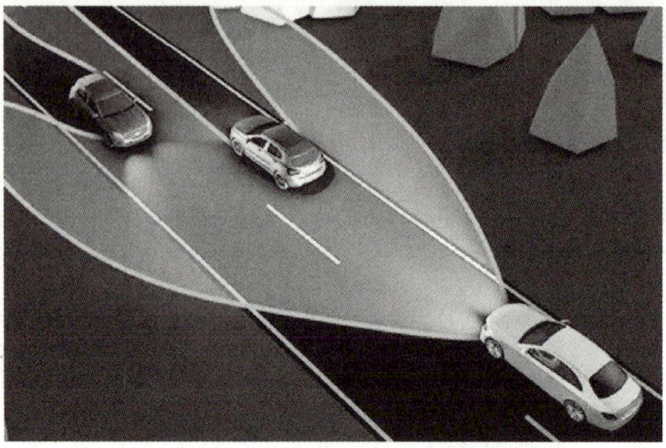

图 12-5　自适应前照明系统灯光示意图

自适应前照明系统包括 AFS 控制器、输入和操作装置以及车辆左、右侧的前照明灯具。

3）自适应前照明系统功能

（1）自动大灯功能

微课
自动大灯功能

自动大灯是指当车辆灯光组合开关设置在“AUTO”挡位，AFS 控制器通过光照传感器感应环境光线条件，自动控制车辆近光灯或远、近光灯点亮或熄灭。如当车辆在夜间行驶或进入隧道而光线变暗时，近光灯或远、近光灯会自动亮起，当环境变亮或驶出隧道而光线变亮时自动熄灭。灯光组合开关“AUTO”挡位如图 12-6 所示。

图 12-6　“AUTO”挡位

注意：远光灯只有在近光灯开启情况下才能开启，远光灯无法单独开启。

① 远、近光灯具形式。

车辆远光灯具与近光灯具分为一体式与分体式两种。分体式灯具是指远光灯与近光灯各由一个光源来实现远光和近光，分体式的光源有卤素灯和氙气灯，LED 矩阵大灯由部分灯珠实现远光，部分灯珠实现近光。一体式灯具是通过一个光源来实现远光和近光，其中一种是卤素灯通过一个灯泡两个灯丝的形式来实现远光和近光，另一种是通过电磁线圈控制透镜中遮光板的位置来实现远光和近光，还有一种方式是控制反光碗的角度，来实现远光和近光。远、近光灯具形式如图 12-7 所示。

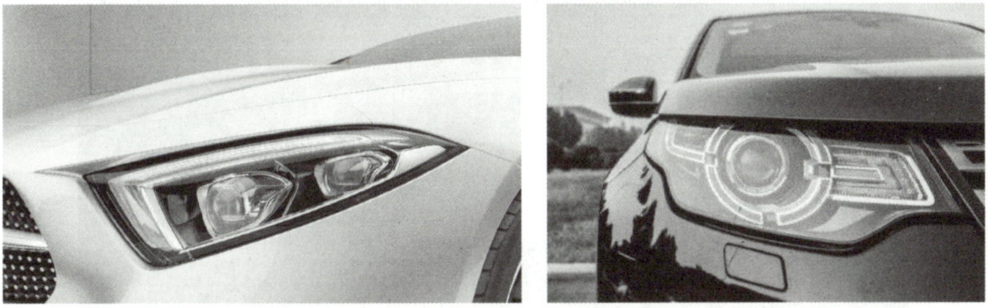

(a) 分体式　　(b) 一体式

图 12-7　远、近光灯具形式

② 光照传感器的安装位置及作用。

光照传感器一般安装在仪表台上面，或者是与雨量传感器集成一体安装在前风窗玻璃顶端，是一个球形或者方形的物体，其主要作用是用来感受环境光线的变化，当光线变化达到系统设定的阈值时，车辆的自动大灯控制系统会控制大灯的开启与关闭。光照传感器的安装位置如图 12-8 所示。

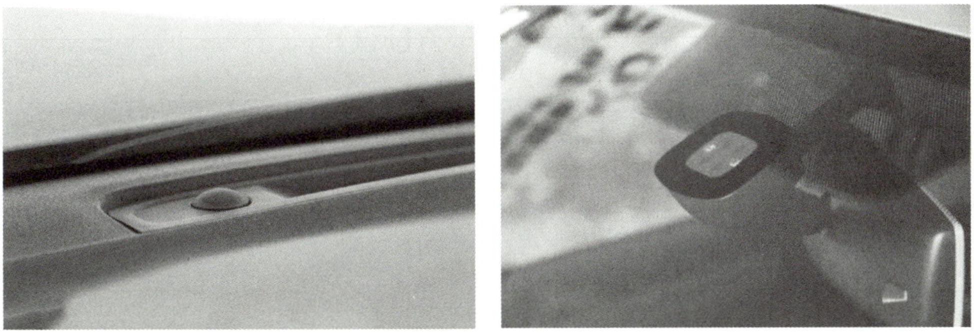

(a) 仪表台上　　(b) 前风窗玻璃顶端

图 12-8　光照传感器的安装位置

（2）自适应远光功能

自适应远光是指 AFS 控制器通过摄像头探测前方光源，根据来车或前方车辆自动控制远光灯开启和关闭。当驾驶人在路况允许的情况下忘记开远光灯时，车辆会自动开启远光灯来提高较远范围内驾驶人的可见度；当会车、跟车或遇到行人驾驶人忘记关远光时，车辆会自动关闭远光灯，而不使其他道路使用者不舒服、炫目或分散其注意力，增加安全性。自适应远光功能如图 12-9 所示。

图 12-9　自适应远光功能

自适应远光工作指示器向驾驶人提供远光自动控制已激活的提示，在远光自动控制开启期间，该工作指示器一直显示。自适应远光工作指示器如图 12-10 所示。

图 12-10　自适应远光工作指示器

2. 技能操作

1）操作准备

准备技能操作所需的物料，见表 12-1。

表 12-1　物料准备

类别	所需物料
实训平台	实训车辆
设备、工具	车辆维修手册、车辆电路图、智能钥匙、万用表、诊断仪、检测工具套装、绝缘工具套装、绝缘扭矩扳手、白板、记号笔、尺子

2）故障验证

（1）读取故障码

使用诊断仪读取故障码，将相关内容填写在表 12-2 中。

表 12-2　故障码信息

序号	故障码	故障码描述
1		
2		
3		

（2）读取数据流

使用诊断仪读取数据流，根据诊断仪上读取到的信息，完成表 12-3 的填写。

表 12-3　数据流信息

序号	控制单元	名称	当前值 / 状态	标准值 / 状态	是否正常
1					是□　否□
2					是□　否□
3					是□　否□
4					是□　否□
5					是□　否□

3）制订检修方案

（1）拆画电路图

参考车辆维修手册，将故障相关电路图拆画至图 12-11 中。

图 12-11　绘制电路图

（2）故障分析及制订检修方案

根据读取的故障信息，参考电路图，分析可能的故障原因及故障点，并制订检修方案，完成表 12-4 的填写。

表 12-4　故障分析及制订检修方案

故障分析：可能的故障原因或故障点		
1		
2		
3		
检修方案 / 检测流程		
1		
2		
3		
4		
5		

4）自适应前照明系统故障检修

参考车辆维修手册，对自适应前照明系统故障进行检测，并将检测过程记录在表 12-5 中。

表 12-5　自适应前照明系统故障检测记录

序号	检测项目	检测点		检测条件	检测类型	标准值	检测值	处理方式
示例	“AUTO”挡位信号	IP57/2	搭铁	灯光开关位于“AUTO”挡	电压	+B	0 V	检测信号输出
1	AFS 控制器							
2	AFS 步进电机							
3	AFS 光源							

5）结果检验

完成以上操作后对检修结果进行验证，并记录在表 12-6 中。

表 12-6　结果检验记录

序号	检验项目	是否正常
1	起动车辆，自适应前照明系统故障指示灯是否点亮	是□　否□
2	自适应前照明系统功能是否正常	是□　否□
3	使用诊断仪清除故障码，确认故障码是否被清除	是□　否□
4	使用诊断仪读取相关数据流，是否全部正常	是□　否□

（二）自适应照明系统控制器更换

1. 知识学习

1）自适应前照明系统的工作原理

汽车车速传感器和转向盘转角传感器不断地把检测到的信号传递给自适应照明系统控制器，控制器根据传感器检测到的信号进行处理，把处理完的数据进行判断，输出前照灯转角指令，使前照灯转过相应的角度。自适应前照明系统工作原理如图 12-12 所示。

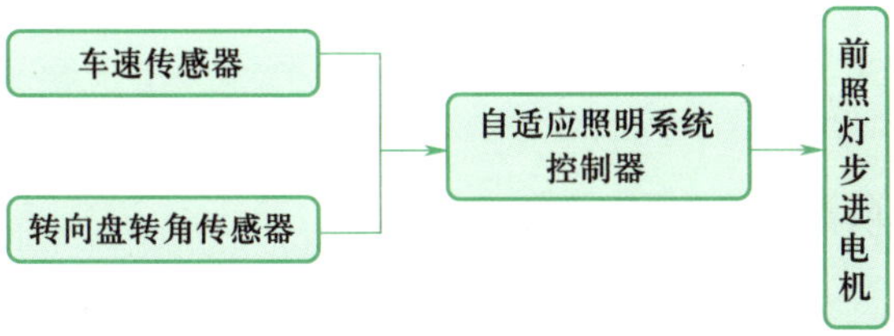

图 12-12　自适应前照明系统工作原理

2）自适应照明系统控制器的拆装流程

（1）拆卸流程

① 关闭所有用电器。

② 一键起动开关设置为“OFF”挡。

③ 断开蓄电池负极接线柱。

④ 拆卸手动维护开关。

⑤ 根据维修手册，查找自适应照明系统控制器安装位置。

⑥ 断开自适应照明系统控制器插头。

⑦ 旋出自适应照明系统控制器固定螺栓。

⑧ 取出自适应照明系统控制器。

（2）安装流程

按照拆卸流程相反的顺序安装自适应照明系统控制器，并且在安装时需要注意以下内容。

① 安装自适应照明系统控制器时需要按照对角顺序进行紧固。

② 紧固时需要使用扭力扳手按照标准力矩进行。

3）自适应照明系统控制器检查内容

更换新的自适应照明系统控制器时需要对新的控制器进行基本检查，以确保新的控制器完好无损，并且安装顺利。自适应照明系统控制器如图 12-13 所示。

图 12-13　自适应照明系统控制器

自适应照明系统控制器的检查内容如下。

① 检查自适应照明系统控制器外观是否有磕碰痕迹。

② 检查自适应照明系统控制器的针脚是否齐全、是否有烧蚀。

③ 检查自适应照明系统控制器铭牌是否齐全。

④ 检查自适应照明系统控制器固定脚是否完好。

⑤ 检查自适应照明系统控制器是否浸水。

2. 技能操作

1）操作准备

准备技能操作所需的物料，见表 12-7。

表 12-7　物料准备

类别	所需物料
实训平台	实训车辆
设备、工具	车辆防护用品、车辆维修手册、智能钥匙、检测工具套装、绝缘工具套装、绝缘扭矩扳手

2）自适应照明系统控制器更换

参照自适应照明系统控制器更换流程，对自适应照明系统控制器进行更换，并将过程填写在表 12-8 中。

表 12-8　自适应照明系统控制器更换记录

序号	操作项目	操作内容	工具	备注
1	自适应照明系统控制器拆卸			
2				
3				
4				
5	自适应照明系统控制器检查			
6				
7				
8				
9	自适应照明系统控制器安装			
10				

3）结果检验

完成以上操作后对检修结果进行验证，并记录在表 12-9 中。

表 12-9　结果检验记录

序号	检 验 项 目	是否正常
1	起动车辆，自适应前照明系统故障指示灯是否点亮	是□　否□
2	自适应前照明系统功能是否正常	是□　否□
3	使用诊断仪清除故障码，确认故障码是否被清除	是□　否□
4	使用诊断仪读取相关数据流，是否全部正常	是□　否□

（三）前照灯调节

1. 知识学习

1）前照灯高度调节

（1）前照灯高度调节功能

前照灯高度调节功能是指调节前照灯光束垂直照射角度的功能，如在坡道行驶或载人载物行驶过程中，车身水平失衡，造成前照灯光束无法水平照射路面，可以通过调节灯具俯、仰来调节前照灯垂直照射角度，以便获得最佳的照射范围，从而提高道路行驶的安全性，如图 12-14 所示。

图 12-14　前照灯水平照射角度

（2）前照灯高度调节方式

前照灯高度调节方式分为手动调节和自动调节两种。

① 前照灯高度手动调节。

前照灯高度手动调节是指驾驶人根据路况、车辆装载状况，通过前照灯高度调节开关来控制前照灯高度调节器调整前照灯垂直照射角度。有些车型的 0 代表车灯的最高位置，3 代表车灯的最低位置，有些车型的预设数值与之相反，需要根据车辆用户手册进行挡位调节。前照灯高度调节开关如图 12-15 所示。

图 12-15　前照灯高度调节开关

微课

前照灯高度调节的工作原理

② 前照灯高度自动调节。

前照灯高度自动调节是指 AFS 控制器根据车身水平位置变化，自动控制前照灯高度调节器调整前照灯垂直照射角度。

（3）前照灯高度调节的工作原理

① 前照灯高度手动调节的工作原理。

调节开关是电位计式，手动调节时，调节开关在不同挡位串联不同阻值的电阻，输出不同的电压信号传递给前照灯高度调节器，调节电机根据电压值做出一定角度的正、反转，驱动灯具进行俯、仰运动。前照灯高度手动调节工作原理如图 12-16 所示。

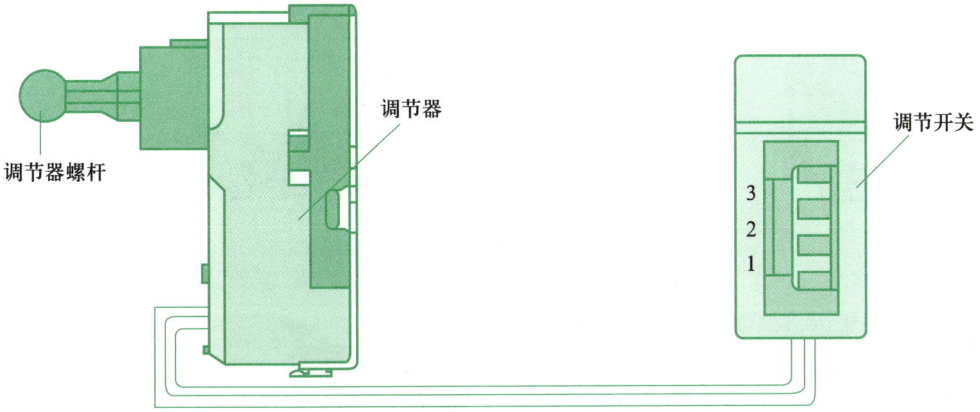

图 12-16　前照灯高度手动调节工作原理

② 前照灯高度自动调节的工作原理。

车辆配有若干个水平位置（悬架高度或前后桥）传感器，AFS 控制器通过传感器检测出车辆的动态平衡状况，并通过预先设定好的程序控制前照灯高度调节器自动调整大灯照射角度，如加速、上坡、载人载物行驶时自动调节至低角度照射，而制动、下坡行驶时自动调节至高角度照射。前照灯高度自动调节工作原理示意图如图 12-17 所示。

图 12-17　前照灯高度自动调节工作原理示意图

（4）前照灯高度调节器的工作原理

前照灯高度调节器（图 12-18）将电机的旋转运动转变为螺杆的伸缩运动，调节器螺杆顶到前照灯反光面外侧，进行调节时螺杆带动大灯反光面运动，从而调整反射光焦距的高低，达到调节大灯高度的效果。前照灯高度调节器安装示意图如图 12-19 所示。

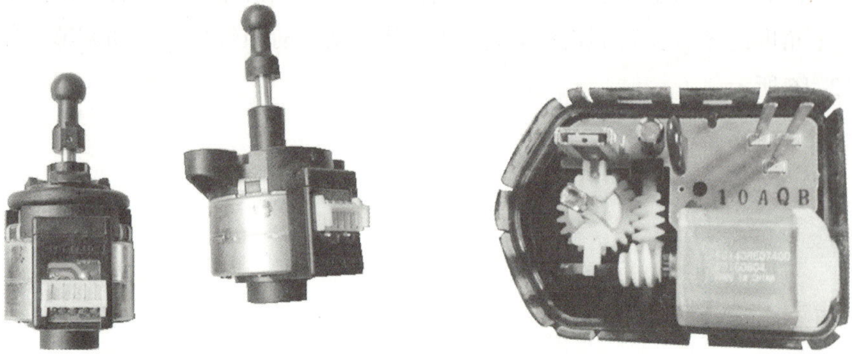

图 12-18　前照灯高度调节器

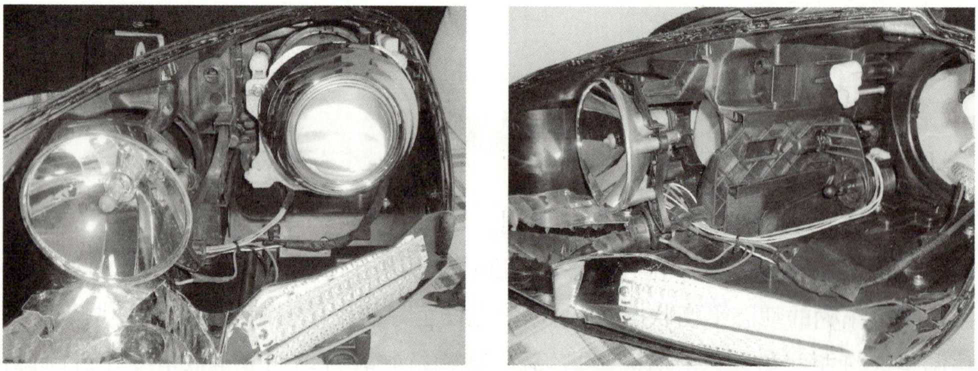

图 12-19　前照灯高度调节器安装示意图

2）前照灯近光初始倾斜位置调整方法

前照灯近光初始倾斜位置可以通过调整螺栓进行机械调整，确定近光明暗截止线的初始下倾度，在此倾斜度基础上进行前照灯高度调节、弯道倾斜角度调节，即调节当 AFS 系统不工作时的近光照射角度。

（1）调整螺栓位置

前照灯近光初始倾斜位置调整螺栓位于前部灯光组合上，需要在打开近光灯状态下通过轻微旋转调整螺栓判断各调整螺栓功能及方向（上下或左右），如图 12-20 所示。

（2）调整步骤

① 工作准备。

在调整近光初始倾斜位置之前，需要检查车辆是否符合下述状态。

a. 前部灯光组合周围不能变形。

b. 车辆停放在平整的地面上。

c. 胎压要处于标准值范围内。

d. 一名乘客坐在前排位置（或配重约 70 kg）。

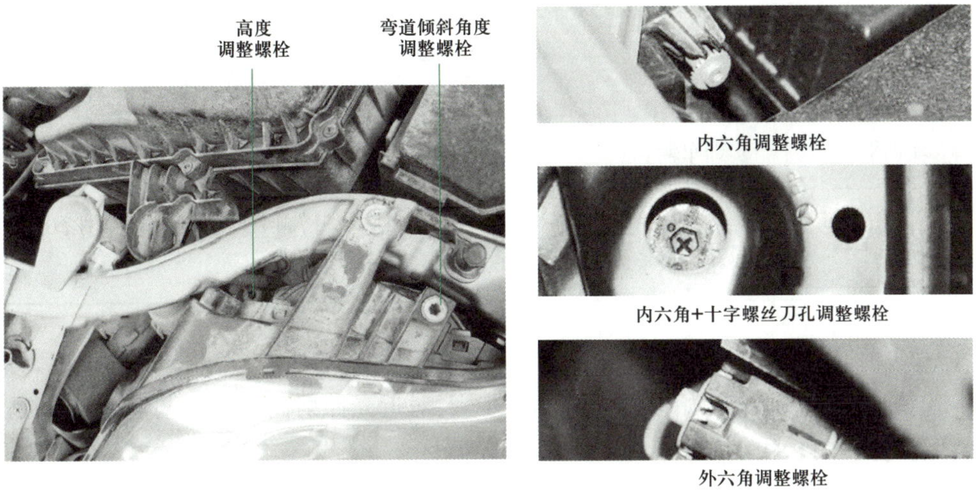

图 12-20　前照灯近光初始倾斜位置调整螺栓的位置

e. 车辆前照灯距离测试白板（或洁白墙壁）10 m 距离。

f. 装配前照灯高度手动调节装置的车型，将调节开关放在“0”位置。

② 工作过程。

打开起动开关，并打开近光灯，检查白板上近光灯光束上止点及中心点是否与白板上红点对应，如图 12-21 所示，图中 A、B 为车辆近光灯具；H 为近光光束高度；L_1、L_2 为近光灯与车辆中心距离。

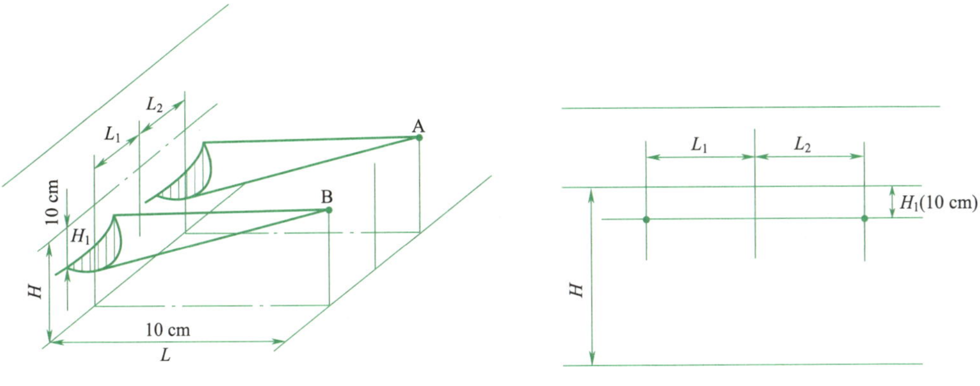

图 12-21　近光光束照射角度标准

旋转调整螺栓，适当调整近光左右照射角度及上下照射角度，使其与白板上红点重合。

2. 技能操作

1）操作准备

准备技能操作所需的物料，见表 12-10。

表 12-10 物料准备

类别	所需物料
实训平台	实训车辆
设备、工具	车辆维修手册、智能钥匙、万用表、诊断仪、检测工具套装、绝缘工具套装、绝缘扭矩扳手、记号笔、尺子

2）前照灯近光初始倾斜位置调整

参照前照灯近光初始倾斜位置调整步骤，对近光照射高度进行调整，并将过程填写在表 12-11 中。

表 12-11 前照灯近光初始倾斜位置调整记录

序号	操作项目	操作内容	工具	备注
1	工作准备	胎压：		
2		配重：		
3		距离：		
4		前照灯高度手动调节开关挡位：		
5	高度检查			
6				
7				
8		光束上止点及中心点是否与白板上红点对应：		
9	高度调整			
10				

3）结果检验

完成以上操作后对检修结果进行验证，并记录在表 12-12 中。

表 12-12　结果检验记录

序号	检 验 项 目	是否正常
1	前照灯功能是否正常	是□　否□
2	前照灯左右近光光束高度是否正常	是□　否□

四、检查评估

对本任务的学习情况进行检查,并将相关内容填写在表 12-13 中。

表 12-13　检查表

检查项目	检查结果	结果点评
自适应前照明系统检测		
拆画的电路图是否正确	是□　否□	
自动大灯功能是否正常	是□　否□	
自适应远光灯功能是否正常	是□　否□	
自适应照明系统控制器更换		
控制器安装位置是否正确	是□　否□	
控制器紧固力矩是否正确	是□　否□	
前照灯调节		
左右近光光束高度是否一致	是□　否□	
近光光束其他照射方向是否正常	是□　否□	
整理及恢复		
工具、设备是否整理恢复	是□　否□	
实训工位是否打扫干净	是□　否□	
工作页是否填写完整	是□　否□	

五、任务小结

本任务小结如图 12-22 所示。

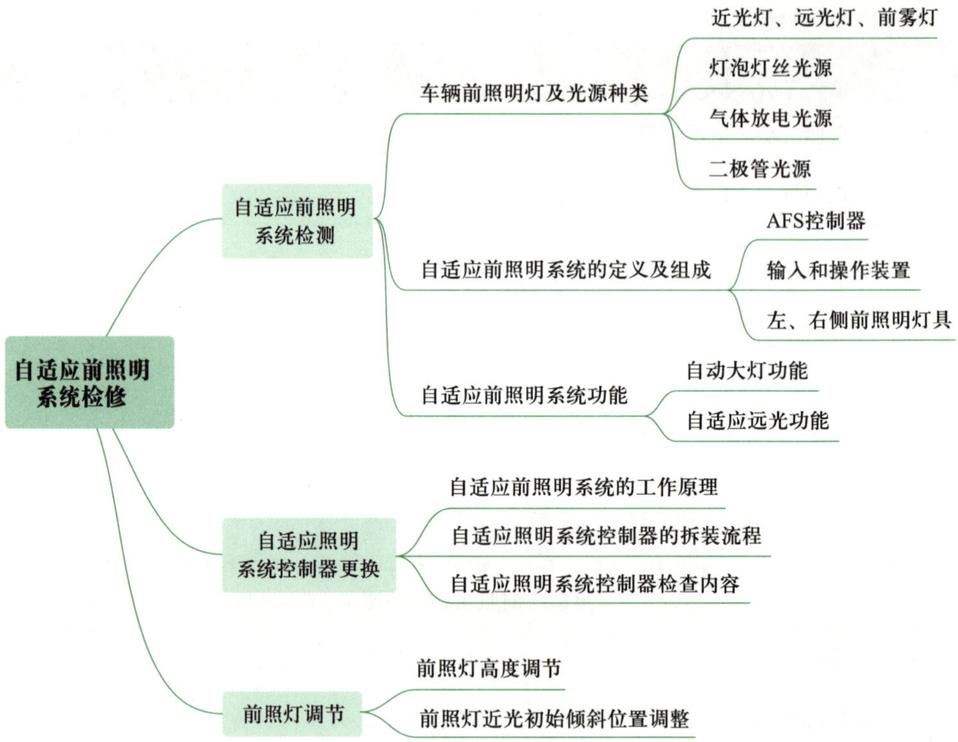

自适应前照明系统检修
自适应前照明系统检测
车辆前照明灯及光源种类
近光灯、远光灯、前雾灯
灯泡灯丝光源
气体放电光源
二极管光源
自适应前照明系统的定义及组成
AFS控制器
输入和操作装置
左、右侧前照明灯具
自适应前照明系统功能
自动大灯功能
自适应远光功能
自适应照明系统控制器更换
自适应前照明系统的工作原理
自适应照明系统控制器的拆装流程
自适应照明系统控制器检查内容
前照灯调节
前照灯高度调节
前照灯近光初始倾斜位置调整

图 12-22　任务小结

任务十三　光信号装置检修

一、任务导入

场景：某国产品牌新能源汽车售后维修中心。

人物：王先生（客户）、小李（学徒）。

情节：王先生的车辆转向灯不亮，来到售后维修中心进行维修。小李打开起动开关，打开转向灯开关或危险警告信号开关，车辆转向灯均不亮。转向灯属于车辆光信号装置，如果你是小李，该如何对光信号装置进行检修呢？

二、任务目标

✧ 能按照故障检修流程，正确使用检测设备和工具，规范完成制动灯故障检修。

✧ 能按照故障检修流程，正确使用检测设备和工具，规范完成转向灯与危险警告信号故障检修。

✧ 能按照故障检修流程，正确使用检测设备和工具，规范完成后雾灯故障检修。

三、任务实施

（一）光信号装置认识

1. 知识学习

1）光信号装置作用

光信号装置作用是向道路其他使用者发出或反射光信号，表明车辆存在或运动状态改变。光信号装置包括转向信号灯（简称转向灯）、制动灯、牌照灯、位置灯、危险警告信号、后雾灯、倒车灯、昼间行驶灯、车门示廓灯等。

2）光信号发生元件

光信号发生元件为灯泡，通过灯泡外观可获知灯泡型号。常见的灯泡型号如图 13-1 所示，包括 H1 型灯泡、H3 型灯泡、H4 型灯泡、H7 型灯泡、H11 型灯泡、HB3 型灯泡。

微课

常见的灯泡型号识别

3）光信号其他元件

（1）反射镜

由于灯泡发出的光度有限，功率仅 5～35 W（仅信号灯），若无反射镜，只可照亮灯泡前方 6 m 以内的路面。反射镜的作用是将灯泡散射（或直射）光反射成平行光

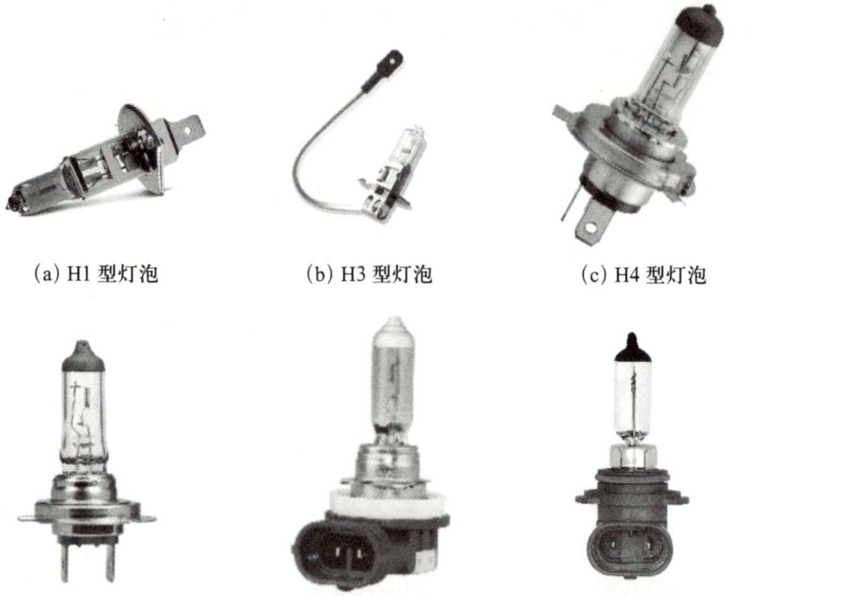

(a) H1 型灯泡　(b) H3 型灯泡　(c) H4 型灯泡

(d) H7 型灯泡　(e) H11 型灯泡　(f) HB3 型灯泡

图 13-1　常见的灯泡型号

束，使光度增强几百倍至上千倍，以保证前方规定距离内可视（以制动灯为例，规定距离是 100 m），如图 13-2 所示。

图 13-2　灯光反射镜

（2）遮光镜

某些信号灯内会配有遮光镜，它的作用是进一步约束、整理灯泡散射（或直射）出的光线，防止灯体发出的光无目地散射（或直射），防止对行人或对向驾驶人造成炫目，通过遮光镜和反射镜的共同作用灯光会被合理地调控在规定的水平方向角和垂直方向角。

2. 技能操作

1）操作准备

准备技能操作所需的物料，见表 13-1。

表 13-1　操作准备

类别	所需物料
实训平台	实训车辆
设备、工具	车辆防护用品、人身安全防护用品、操作场地安全防护用品、智能钥匙

2）实车认识

查找实训车辆的光信号装置并指明其作用、灯泡型号、光源类型、是否装配反射镜或遮光镜，将查找结果记录在表 13-2。

表 13-2 查找光信号装置记录表

光信号装置名称	作用	灯泡型号	光源	是否装配反射镜	是否装配遮光镜
				是□ 否□	是□ 否□
				是□ 否□	是□ 否□
				是□ 否□	是□ 否□
				是□ 否□	是□ 否□

（二）制动灯故障检修

1. 知识学习

1）制动灯位置参数

汽车制动灯安装在车辆后部，左右尾灯各一个，同时还配有一个高位制动灯。尾部的汽车制动灯和高位制动灯的作用是便于后方行驶的车辆易于发现前方车辆制动，从而防止追尾事故发生。

横向位置：9 座以下客车的制动灯在基准轴线方向上离车辆纵向对称平面最远的视表面上的点，到车辆外缘端面之间的距离应不大于 400 mm，对沿基准轴线方向上的视表面的各个内缘之间的距离无特殊要求；两侧制动灯的离地高度应不小于 350 mm 且不大于 1 500 mm。对于高位制动灯，与其视表面下缘相切的水平面，应不低于与后玻璃下边缘相切的水平面 150 mm，或其离地高度不小于 850 mm。

几何可见度：9 座以下客车两侧制动灯的水平方向角为车辆纵轴线左、右各 45°，垂直方向角为上、下各 15°（离地高度不大于 750 mm 的，水平方向角可由 45°降低至 20°，垂直方向角可由 15°降低至 5°）；对于高位制动灯，其水平方向角为车辆纵轴线的左、右各 10°，垂直方向角为水平面上 10°、水平面下 5°。

高位制动灯不应与任何其他灯混合，制动灯光色为红色。车辆的制动灯能够在白天距其 100 m 处让人观察到其工作状态，制动灯的发光强度明显大于后尾灯。

2）制动灯的重要部件

（1）制动开关的作用及位置

制动开关用于检测制动踏板状态，当制动踏板被踩下时制动开关会被触发，会有直接的供电电流（应用于不带电子控制的制动灯系统中）或制动信号（应用于带有电子控制的制动系统中）被传输出来，用于车辆起动，制动灯开启、关停和制动控制。制动开关多位于制动踏板后部，如图 13-3 所示。

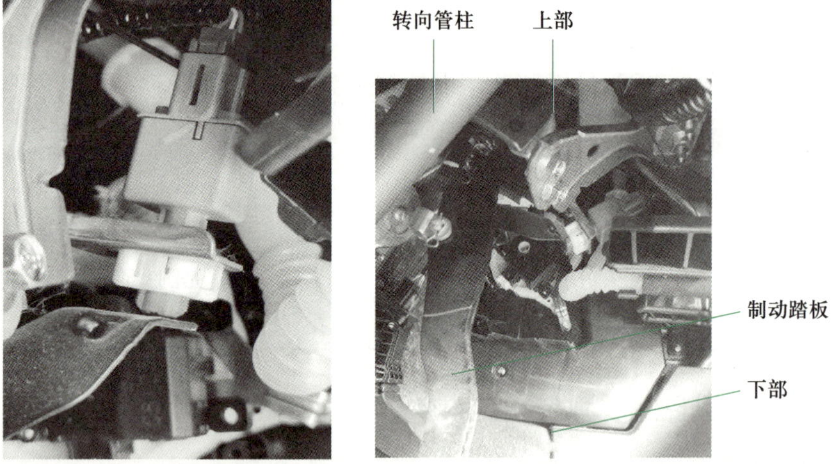

(a) 制动开关　　(b) 制动开关位置

图 13-3　制动开关的安装位置

(2) 制动开关类型

① 磁电式制动开关。

磁电式制动开关(图 13-4)利用电磁感应原理工作。当制动踏板在初始位置时,感应器始终与制动踏板金属部件贴近但不接触,当驾驶人踩下制动踏板时,制动踏板金属部件与感应器发生位置变化(分离),此时感应器将产生电信号传输至控制单元,控制单元点亮制动灯。

② 机械式制动开关。

机械式制动开关(图 13-5)内有复位弹簧、触片等,当驾驶人踩下制动踏板时,制动踏板会因自身的位移释放出一个行程空间,制动开关在复位弹簧的作用下移动推杆,使触片接合,信号或电流被直接输出。

图 13-4　磁电式制动开关

图 13-5　机械式制动开关

③ 液压式制动开关。

液压式制动开关如图 13-6 所示。当踩下制动踏板时，制动系统压力增大，膜片向上弯曲。触片接通接线柱制动灯，通电发亮，松开制动踏板时制动系统压力降低，触片在回位弹簧的作用下复位，制动灯电路被切断而熄灭。

④ 气压式制动开关。

气压式制动开关如图 13-7 所示。制动时，压缩空气推动橡胶膜片向上弯曲，使触点闭合，接通制动信号灯电路。

图 13-6　液压式制动开关

图 13-7　气压式制动开关

3）制动灯的控制原理

当踩下制动踏板时，制动开关常开电路闭合，由 IG 向高位制动灯及左后和右后制动灯供电，制动灯另一端子搭铁形成回路，制动灯点亮。

制动开关电路分为常开电路和常闭电路，分别由常电、IG 供电。当踩下制动踏板时，常开电路变为闭合电路，常闭电路变为开路电路，制动开关工作原理如图 13-8 所示。

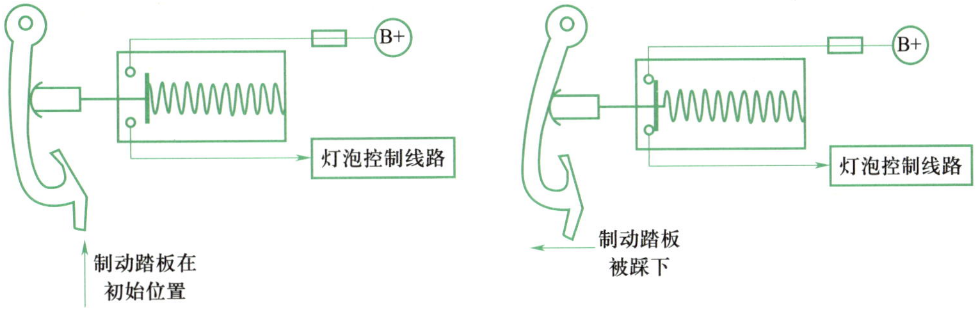

(a) 初始状态（未踩下制动踏板）　(b) 工作状态（踩下制动踏板）

图 13-8　制动开关工作原理

4）制动灯故障分析

当踩下制动踏板而制动灯不亮时，需要进行故障分析。

① 若高位制动灯或左后、右后制动灯中有一个或两个不亮，则可能是该制动灯电路故障、用电器故障，因制动灯电路是整体送电，若供电部分有故障不会引起单个灯不亮，应排除制动开关故障、熔断器故障，需要对相应的制动灯电路进行检测。

② 若所有的制动灯都不亮，首先检测制动开关输出是否正常、制动灯熔断器是否正常；若都正常，再通过电路图查找供电路径，测量各个供电节点是否正常送电，以此确定是否为制动开关或熔断器的电路故障。

③ 检测制动开关常开电路。若是制动开关常开电路输出不正常，应对常开电路相关元器件进行检测。

2. 技能操作

1）操作准备

准备技能操作所需的物料，见表 13-3。

表 13-3　物料准备

类别	所需物料
实训平台	实训车辆
设备、工具	车辆防护用品、车辆维修手册、车辆电路图、操作场地安全防护用品、智能钥匙、万用表、诊断仪、检测工具套装、绝缘工具套装、绝缘扭矩扳手、举升机、绝缘表、防护袋

2）故障验证

（1）读取故障码

使用诊断仪读取故障码，将相关内容填写在表 13-4 中。

表 13-4　故障码信息

序号	故障码	故障码描述
1		
2		
3		

（2）读取数据流

使用诊断仪读取数据流，根据诊断仪上读取到的信息，完成表 13-5 的填写。

表 13-5　数据流信息

序号	控制单元	名称	当前值 / 状态	标准值 / 状态	是否正常
1					是□　否□
2					是□　否□
3					是□　否□
4					是□　否□
5					是□　否□

3）制订检修方案

（1）拆画电路图

参考车辆维修手册，将故障相关电路图拆画至图 13–9 中。

图 13–9　绘制电路图

（2）故障分析及制订检修方案

根据读取的故障信息，参考电路图，分析可能的故障原因及故障点，并制订检修方案，完成表 13–6 的填写。

表 13–6　故障分析及制订检修方案

故障分析：可能的故障原因或故障点	
1	
2	
3	

续表

检修方案 / 检测流程		
1		
2		
3		
4		
5		

4）制动灯故障检修

参考车辆维修手册，对制动灯故障进行检测，并将检测过程记录在表 13-7 中。

表 13-7　制动灯故障检测记录

序号	检测项目	检测点		检测条件	检测类型	标准值	检测值	处理方式
示例	“AUTO”挡位信号	IP57/2	搭铁	灯光开关位于“AUTO”挡	电压	+ B	0 V	检测信号输出
1	控制单元							
2	制动开关							
3	制动灯							

5）结果检验

完成以上操作后对检修结果进行验证，并记录在表 13-8 中。

表 13-8　结果检验记录

序号	检验项目	是否正常
1	制动灯功能是否正常	是☐　否☐
2	使用诊断仪清除故障码，确认故障码是否被清除	是☐　否☐
3	使用诊断仪读取相关数据流，是否全部正常	是☐　否☐

（三）转向灯与危险警告信号故障检修

1. 知识学习

1）转向灯位置参数

侧转向灯的后部几何可见度死角值上限为 5°，$d \leqslant 2.50$ m。对于离地高度不大于 750 mm 的转向灯，在水平面下方的向内几何可见度角可由 45°减至 20°。在基准轴线方向上，离车辆纵向对称平面最远的视表面边缘，到车辆外缘端面之间的距离应不大于 400 mm。在基准线方向上，两相邻视表面内边缘之间的距离应不小于 600 mm。若车辆宽度小于 1 300 mm，上述距离可减至 400 mm，如图 13-10 所示。

图 13-10 所示为转向灯布局示意图，其数字及字母代号含义见表 13-9。

转向信号灯开关独立于其他灯具。在车辆同一侧的所有转向信号灯，由一个开关控制同时打开或关闭，并同步闪烁。琥珀色的侧标志灯以与转向信号灯相同的频率闪烁。转向信号灯应配备工作指示器，其可以是指示灯（视觉的）或发声器（听觉的），或者两者兼有。

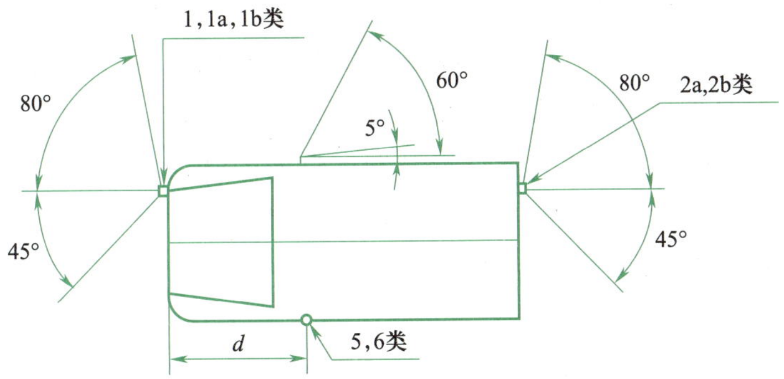

图 13-10　转向灯布局示意图

表 13-9 数字及字母代号含义

序号	灯光装置代号	含义
1	1 类装置	前转向信号灯，与雾灯或近光灯距离不小于 40 mm
2	la 类装置	前转向信号灯，与雾灯或近光灯距离大于 20 mm、小于 40 mm
3	lb 类装置	前转向信号灯，与雾灯或近光灯距离不大于 20 mm
4	2a 类装置	具有一个光强等级的后转向信号灯
5	2b 类装置	具有两个光强等级的后转向信号灯
6	5，6 类装置	用于在车辆上装有 1，1a，1b，2a，2b 类装置场合的辅助侧转向信号灯

转向灯闪光频率为（90 ± 30）次 / 分，启动转向灯开关后，应在不大于 1 s 时间内发光，并在 1 ~ 1.5 s 内首次熄灭；如某一转向灯发生故障（短路除外）时，其他转向灯应继续工作，但闪光频率可以不同于上述规定的频率。

转向灯的光色采用琥珀色。危险警告信号不只采用电子式开关，应由单独配置的手动开关打开各转向信号灯并同步闪烁；在车辆进行紧急制动或发生碰撞时，危险警告信号允许自动开启。在这种情况下，应能够手动关闭该信号。

2）转向灯电路组成及工作原理

转向灯电路主要由转向灯控制杆、控制单元、转向灯灯具及仪表组成。

对于电子控制的转向灯系统，当转向灯控制杆拨至左转向位置时，内部触点闭合，将转向信号传递给控制单元，控制单元接收到左转向信号后为所有左侧转向灯提供间歇性供电，以此控制转向灯点亮并闪烁，转向灯另一端子搭铁形成回路。同时，控制单元将左转向信号传递给仪表，仪表控制左转向信号装置点亮并闪烁，并控制蜂鸣器间歇性工作，发出“咔嗒咔嗒”的转向提示音。对于继电器直接控制的转向灯系统，当转向灯控制杆拨至左转向位置时，内部触点闭合，将转向操纵信号传递给转向继电器控制输入脚，转向继电器随即按照自身固有的输出频率，控制转向灯开关然后控制转向灯的闪烁，转向灯另一端子搭铁形成回路。同时，转向灯回路中的并联支路传递间歇信号至仪表某一针脚，仪表控制左转向指示灯闪烁并控制蜂鸣器间歇性工作，发出“咔嗒咔嗒”的转向提示音。

当转向灯控制杆拨至右转向位置时，右侧转向灯同理。

3）危险警告信号工作原理

将转向灯控制杆替换为危险警告信号开关，则对于电子控制转向系统和继电器直接控制转向系统，其信号发出原理几乎相同，都是由机械开关发出电信号至相应控制器（这里指电控单元或继电器），再由控制器根据同时亮起两侧转向灯的控制请求，控制相应用电器工作，执行危险警告作用，其输出端电路工作原理基本与转向灯相同。

起动开关位于任意挡位时都可开启危险警告信号，而单侧转向灯开启需要起动开关位于“ON”挡。转向灯与危险警告信号电路组成如图 13–11 所示。

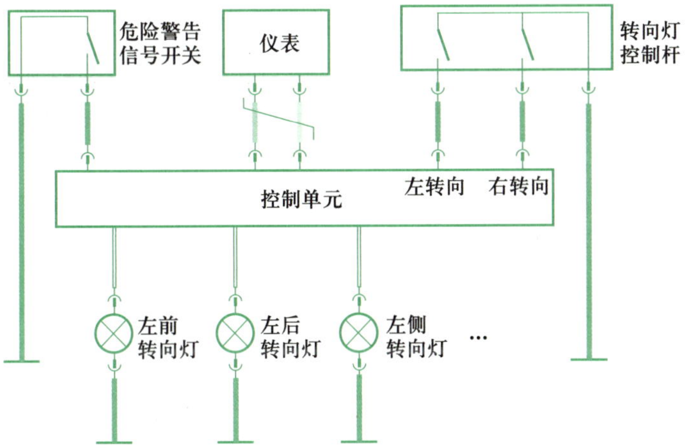

图 13–11　转向灯与危险警告信号电路组成

4）转向灯继电器类型

（1）翼片式继电器

翼片式继电器是利用电流的热效应，以热胀条的热胀冷缩为动力，使翼片产生突变动作，接通和断开触点，使转向信号灯闪烁。根据热胀条受热情况的不同，翼片式继电器可分为直热式和旁热式两种。

（2）电容式继电器

电容式继电器主要由一个继电器和一个电容器组成，在继电器的铁心上绕有串联线圈和并联线圈，电容器采用大容量的电解电容器。电容式继电器是利用电容器充、放电的延时特性，使继电器的两个线圈产生的电磁吸力时而相加、时而相减，继电器便产生周期的开关动作，从而使转向信号灯闪烁。

（3）电子控制式继电器

电子控制式继电器的结构和线路繁多，分为由晶体管和小型继电器组成的有触点电子式继电器和由集成电路和小型继电器组成的有触点集成电路继电器以及全晶体管式无触点继电器。由于前两种继电器使用的电子元件少，成本较低，特别是继电器触点发出有节奏的声响能提示驾驶人，故目前应用较多。

5）转向灯与危险警告信号故障分析

由电路组成与工作原理可知，转向灯或危险警告信号故障可以分为控制电路故障和灯具电路故障，并且可以互相印证，具体如下。

① 当某一个转向灯不亮，同侧其他转向灯正常时，可以判断为该转向灯电路或灯具存在故障。

② 当某一侧转向灯全部不亮时，打开危险警告信号开关，若该侧转向灯正常点亮，可以判断为该侧转向灯控制开关或控制电路故障；若该侧转向灯仍然不亮，应优先检查该侧转向灯电路共同点，如共用的供电部分或搭铁部分。

③ 当两侧转向灯同时不亮但危险警告信号开关控制正常时，应根据电路图优先检查转向灯供电主路和开关控制主路，因为危险警告信号和转向信号的供电电源及控制电路大多是互相独立的。

2. 技能操作

1）操作准备

准备技能操作所需的物料，见表 13-10。

表 13-10 物料准备

类别	所需物料
实训平台	实训车辆
设备、工具	车辆防护用品、车辆维修手册、车辆电路图、智能钥匙、万用表、诊断仪、检测工具套装、绝缘工具套装、绝缘扭矩扳手、举升机、绝缘表、防护袋

2）故障验证

（1）读取故障码

使用诊断仪读取故障码，将相关内容填写在表 13-11 中。

表 13-11 故障码信息

序号	故障码	故障码描述
1		
2		
3		

（2）读取数据流

使用诊断仪读取数据流，根据诊断仪上读取到的信息，完成表 13-12 的填写。

表 13-12　数据流信息

序号	控制单元	名称	当前值 / 状态	标准值 / 状态	是否正常
1					是□　否□
2					是□　否□
3					是□　否□
4					是□　否□
5					是□　否□

3）制订检修方案

（1）拆画电路图

参考车辆维修手册，将故障相关电路图拆画至图 13-12 中。

图 13-12　绘制电路图

（2）故障分析及制订检修方案

根据读取的故障信息，参考电路图，分析可能的故障原因及故障点，并制订检修方案，完成表 13-13 的填写。

表 13-13　故障分析及制订检修方案

故障分析：可能的故障原因或故障点	
1	
2	
3	

续表

检修方案 / 检测流程		
1		
2		
3		
4		
5		

4）转向灯与危险警告信号故障检修

参考车辆维修手册，对转向灯及危险警告信号故障进行检测，并将检测过程记录在表 13-14 中。

表 13-14　转向灯与危险警告信号故障检测记录

序号	检测项目	检测点		检测条件	检测类型	标准值	检测值	处理方式
示例	危险警告信号开关	T4/2	搭铁	—	电压	+B	0 V	检测上游供电熔断器
1	控制单元							
2	转向灯控制杆							
3	危险警告信号开关							

续表

序号	检测项目	检测点		检测条件	检测类型	标准值	检测值	处理方式
4	转向灯							

5）结果检验

完成以上操作后对检修结果进行验证，并记录在表 13-15 中。

表 13-15　结果检验记录

序号	检 验 项 目	是否正常
1	转向灯功能是否正常	是□　否□
2	危险警告信号是否正常	是□　否□
3	使用诊断仪清除故障码，确认故障码是否被清除	是□　否□
4	使用诊断仪读取相关数据流，是否全部正常	是□　否□

（四）雾灯故障检修

1. 知识学习

1）雾灯位置参数

（1）前雾灯位置参数

前雾灯是选装灯，对于 9 座以下乘用车，不强制要求安装。雾灯应能独立于远光灯、近光灯或任何远、近光组件打开或关闭。前雾灯不能和与其混装的其他灯具同时点亮。在基准轴线方向上，前雾灯整个视表面应在近光灯的视表面最高点以下。前雾灯位置参数要求如下。

横向：在基准轴线方向上，离车辆纵向对称平面最远的视表面上的点到车辆外缘端面的距离应不大于 400 mm。

高度：离地高度不小于 250 mm 且不大于 800 mm。

纵向：装在车前。要求前雾灯的发射光不直接或间接地通过后视镜（间接视野装置）或车辆其他反射面，从而不致引起驾驶员的不舒适感。

几何方向角：垂直方向角向上、向下各 5°；水平方向角向外 45°、向内 10°。

（2）后雾灯位置参数

后雾灯必须配备，数量为一只或两只。后雾灯位置参数如下。

横向位置：若只配备一只后雾灯，则应安装在车辆前进方向的左侧或其基准中心位于车辆纵向对称平面上。

纵向位置：在车辆尾部。

高度：离地高度不小于 250 mm 且不大于 1 000 mm。

几何方向角：垂直方向角向上、向下均为 5°；水平方向角向左、向右均为 25°。

当有远光灯、近光灯或前雾灯打开时，后雾灯才能打开。后雾灯可以独立于任何其他灯具而关闭；后雾灯可以连续工作，直至位置灯关闭时为止。

后雾灯与各制动灯的间距必须大于 100 mm。

2）雾灯电路组成及工作原理

雾灯电路主要由灯光组合开关、控制单元、前雾灯灯具、后雾灯灯具、仪表等组成。

当灯光组合开关设置在前雾灯位置时，内部触点闭合，将前雾灯信号传递给控制单元，控制单元接收到前雾灯信号后为前雾灯供电，前雾灯另一端子搭铁形成回路。同时，控制单元将前雾灯信号传递给仪表，仪表控制前雾灯信号装置点亮。

同理，当灯光组合开关设置在后雾灯位置时，后雾灯同理。

前雾灯可以单独开启，后雾灯只能在前雾灯开启状态下才能开启。

3）雾灯检查内容及方法

由雾灯电路组成及工作原理可知，雾灯故障通常可分为两部分进行检查，其一为雾灯电路部分检查，其二为灯光组合开关（前雾灯或后雾灯）电路部分检查，在检查时，需要遵循由简到繁、由表及里的检查原则。

① 灯光组合开关位于前雾灯位置，若前雾灯只有一个亮，另一个不亮，可以直接对该雾灯电路部分进行检查。

② 灯光组合开关位于前雾灯位置，若两个前雾灯都不亮，此时将灯光组合开关设置到后雾灯位置，若后雾灯点亮则证明控制单元接收到了前雾灯信号，前雾灯开关电路正常，需要依次对两个前雾灯电路部分进行检查；若是后雾灯不亮，则证明控制单元未接收到前雾灯信号，从而未控制后雾灯点亮，需要优先对前雾灯开关电路进行检查。

2. 技能操作

1）操作准备

准备技能操作所需的物料，见表 13-16。

表 13-16　物料准备

类别	所需物料
实训平台	实训车辆
设备、工具	车辆防护用品、车辆维修手册、车辆电路图、智能钥匙、万用表、诊断仪、检测工具套装、绝缘工具套装、绝缘扭矩扳手、举升机、绝缘表、防护袋

2）故障验证

（1）读取故障码

使用诊断仪读取故障码，将相关内容填写在表 13–17 中。

表 13–17　故障码信息

序号	故障码	故障码描述
1		
2		
3		

（2）读取数据流

使用诊断仪读取数据流，根据诊断仪上读取到的信息，完成表 13–18 的填写。

表 13–18　数据流信息

序号	控制单元	名称	当前值 / 状态	标准值 / 状态	是否正常
1					是□　否□
2					是□　否□
3					是□　否□
4					是□　否□
5					是□　否□

3）制订检修方案

（1）拆画电路图

参考车辆维修手册，将故障相关电路图拆画至图 13–13 中。

图 13–13　绘制电路图

（2）故障分析及制订检修方案

根据读取的故障信息，参考电路图，分析可能的故障原因及故障点，并制定检修方案，完成表 13–19 的填写。

表 13–19　故障分析及制订检修方案

故障分析：可能的故障原因或故障点		
1		
2		
3		
检修方案 / 检测流程		
1		
2		
3		
4		
5		

4）雾灯故障检修

参考车辆维修手册，对雾灯故障进行检测，并将检测过程记录在表 13–20 中。

表 13–20　雾灯故障检测记录

序号	检测项目	检测点		检测条件	检测类型	标准值	检测值	处理方式
示例	“AUTO”挡位信号	IP57/2	搭铁	灯光开关位于“AUTO”挡	电压	+B	0 V	检测信号输出
1	控制单元							
2	灯光组合开关							

续表

序号	检测项目	检测点		检测条件	检测类型	标准值	检测值	处理方式
3	雾灯							

5）结果检验

完成以上操作后对检修结果进行验证，并记录在表 13-21 中。

表 13-21　结果检验记录

序号	检 验 项 目	是否正常
1	雾灯功能是否正常	是□　否□
2	使用诊断仪清除故障码，确认故障码是否被清除	是□　否□
3	使用诊断仪读取相关数据流，是否全部正常	是□　否□

四、检查评估

对本任务的学习情况进行检查，并将相关内容填写在表 13-22 中。

表 13-22　检查表

检查项目	检查结果	结果点评
光信号装置故障检修		
制动灯功能是否正常	是□　否□	
转向灯功能是否正常	是□　否□	
危险警告信号功能是否正常	是□　否□	
雾灯功能是否正常	是□　否□	
整理及恢复		
工具、设备是否整理恢复	是□　否□	
实训工位是否打扫干净	是□　否□	
工作页是否填写完整	是□　否□	

五、任务小结

本任务小结如图 13-14 所示。

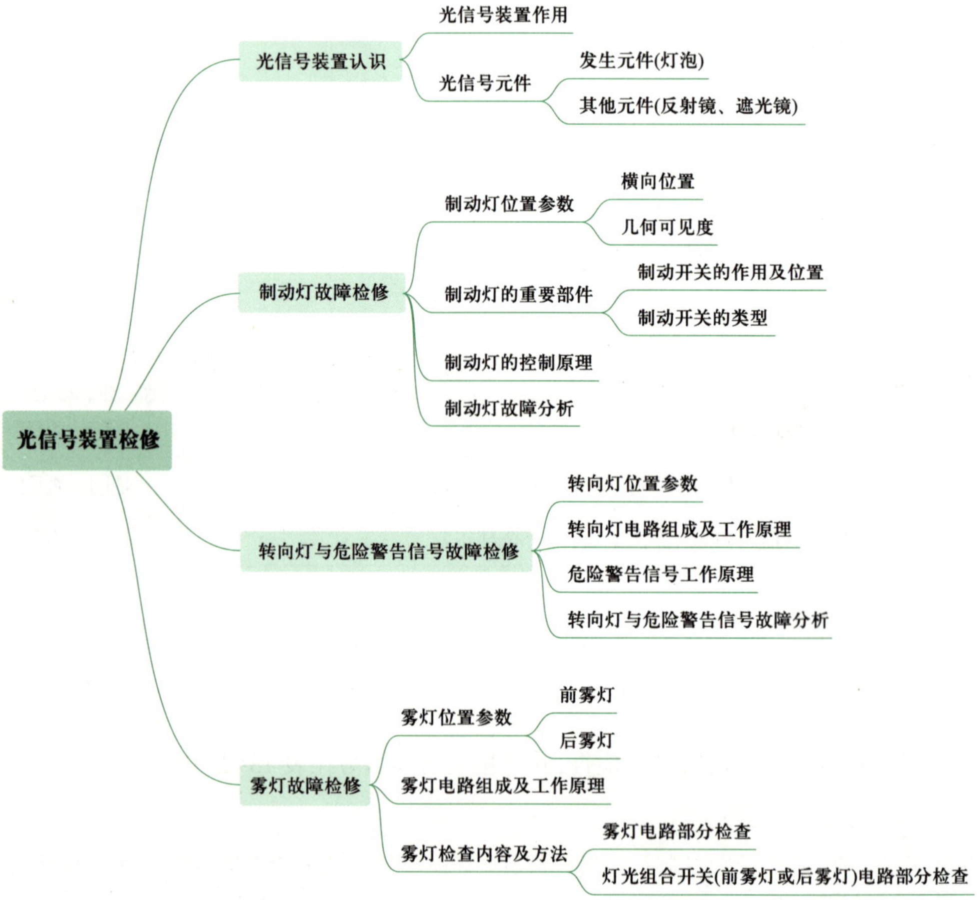

图 13-14　任务小结

任务十四　提示音系统检修

一、任务导入

场景：某国产品牌新能源汽车售后维修中心。

人物：王先生（客户）、小李（学徒）。

情节：王先生最近发现车辆低速行驶时静悄悄，没有了之前“嗡嗡嗡”的提示声音。行驶在小区时，遇到前面的行人只能等待或扯着嗓子提示，因为按喇叭发出的声音太过尖锐，容易吓到行人或惊扰邻居，王先生对此比较苦恼，希望尽快解决这种尴尬。小李知道“嗡嗡嗡”的声音属于车辆提示音系统，接下来小李如何对提示音系统故障进行检测与维修？

二、任务目标

✧ 能按照故障诊断流程，正确使用诊断设备，规范完成提示音系统故障诊断。

✧ 能按照故障检修方法，使用正确的检修工具，规范完成提示音系统故障检修。

三、任务实施

（一）提示音系统故障诊断

1. 知识学习

1）提示音系统的功能及声音要求

（1）功能

提示音系统是指车辆行驶车速低于一定数值时，由提示音系统发出的提示声音。提示音系统是指在车辆行驶所发出噪声值低于一定数值时，用于发出提示声音、以有效地传递信息给其他道路使用者的系统，如图 14-1 所示。根据 GB 7258—2017《机动车运行安全技术条件》要求，纯电动汽车、插电式混合动力汽车在车辆起步且车速低于 20 km/h 时，应能给车外人员发出适当的提示性声响。

微课

提示音系统的功能与基本操作

传统内燃机车辆即使低速行驶发动机也会发出声音。通常，当车辆不在视线范围内时，行人和其他交通参与者可通过视觉识别或对轮胎及车辆传出的其他噪声来判断车辆是否接近或离开。

电动车辆（EV）没有发动机，低速行驶时几乎没有声音。混合动力电动车

（HEV）或插电式混合动力电动车（PHVE）以低速行驶时，在传统内燃机（ICE）起动之前，几乎是无声无息地移动。当速度低于 30 km/h 时，这些车辆发出的声音难以听到。在更高速度下，轮胎噪声成为主要声音。相关机构正在研究方案，规定最低限度的声音水平，以便行人和其他交通参与者可通过提示声音判断车辆行驶状况。

图 14-1　提示音系统

（2）声音要求

当车辆静止时，可以不发出低速提示音。

提示音系统的工作车速范围应至少包含大于 0 km/h 且小于或等于 20 km/h；有些车型还可以设置提示音量随车速变化而正比例增减。装备了提示音系统的车辆在行驶时发出的噪声最大不超过 75 dB。

汽车制造商可以提供多种类型的声音作为提示音，但不能使用特殊交通工具特定音效，推荐使用类似传统发动机的声音。

提示音系统装配暂停开关，但当暂停开关被激活时，应有明确的信号装置（声、光、电或其他装置）提示驾驶人该系统已被暂定使用。车辆一旦从断电状态恢复通电或起动开关从“OFF”状态再重新接通时，提示音系统应重新开始工作。

微课

提示音系统的构成

2）提示音系统的组成及发展

（1）组成

提示音系统主要由低速提示音控制器、低速提示音扬声器及相关线束组成。

低速提示音控制器由电源模块、功放模块、语音模块、MCU 模块、CAN 通信模块等组成，包括 DC/DC 电压转换芯片、CAN 芯片、单片机、语言芯片、功率放大芯片等电子器件。低速提示音控制器结构原理如图 14-2 所示。该控制器控制整个系统的运行并适时与外界通信。

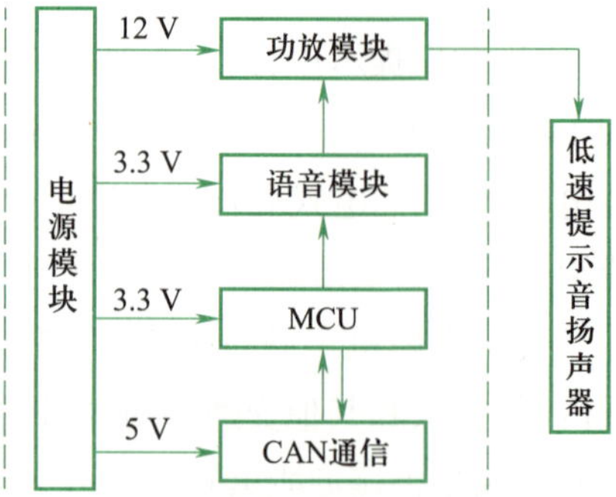

图 14-2　低速提示音控制器结构原理

车辆蓄电池采用 12 V 的直流电，DC/DC 电压转换芯片将 12 V 的直流电转换成 5 V 的直流电。

单片机具有 Vdd 端口、1/01 端口、1/02 端口和 CAN 端口，单片机通过 Vdd 端口连接于 DC/DC 电压转换芯片的电压输出端，单片机通过 CAN 端口连接 CAN 芯片。

功率放大芯片通过 EN 端口连接单片机的 1/02 端口，功率放大芯片通过 0UTP/N 端口与喇叭连接。

低速提示音扬声器的要求：① 声音的某些频率随车速线性变化；② 对行人的警示作用要达到传统内燃机汽车水平；③ 能在各种背景声音下被行人（特别是儿童和老人）所辨识，同时能保持安静的车内和车外噪声环境；④ 声音要有未来感，同时能被认可为汽车发出的声音。

在此基础上，考虑 60 岁以上老人在不同频率范围内的听力损失和听力正常人群的声音灵敏度，结合实际道路环境下背景噪声峰值频率的试验研究，总结出低速提示音设计指导原则：① 在 600～800 Hz 频率范围内设计噪声峰值，使在 2 000～4 000 Hz 高频范围内有听力损失的老人更容易察觉到警示声音；② 在 2 000～5 000 Hz 频率范围内设计噪声峰值，以保证有正常听力的行人能够察觉到警示声音；③ 减少 1 000 Hz 附近噪声值，以减少对周围环境和车内噪声的提升。根据以上设计原则，形成了“双峰（twin peaks）”形状的低速提示音频谱曲线。提示音系统的扬声器一般安装在车辆前部散热风扇附近，如图 14-3 所示。

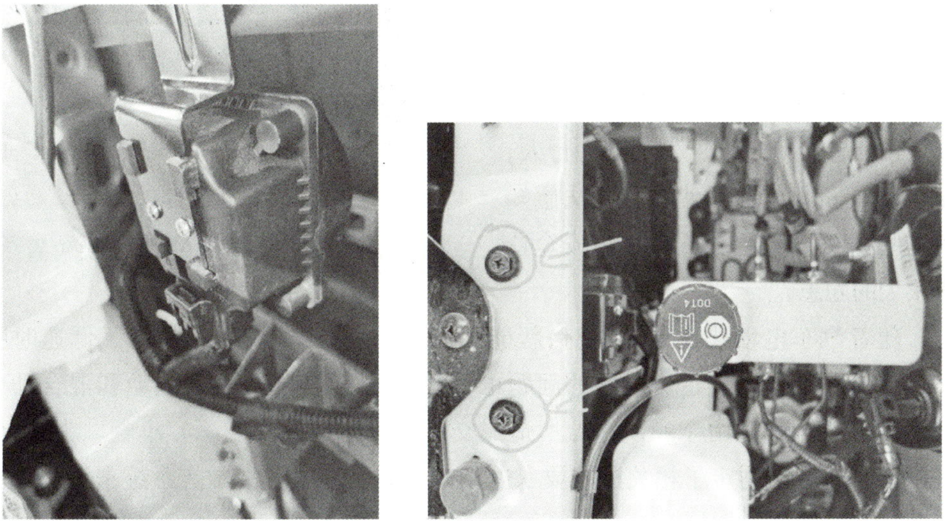

（a）扬声器　　（b）扬声器安装位置

图 14-3　扬声器的安装位置

提示音系统包括 1 个功放和 3 个扬声器，扬声器布置方案如下：车前侧布置 1 个中高频扬声器，用于发声警示车辆前方行人，同时每个后轮的前侧各布置 1 个中低频扬声器，用于改善前进挡低速行驶提示音品质，以及倒车行驶时警示行人。多扬声器的布置方案可有效改善声音来源的单一性，使整个低速提示音更加真实。控制器和扬声器的安装位置如图 14–4 所示。

图 14–4　控制器和扬声器的安装位置

部分车型装置了提示音系统暂停开关，能暂时性手动关闭车辆提示音，当再次起动车辆时提示音系统自动运行。提示音系统暂停开关位置如图 14–5 所示。

图 14–5　提示音系统暂停开关位置

（2）发展

由于新能源汽车噪声过低，行人、非机动车和其他道路使用者无法感知到这些车辆的靠近，这对他们的安全造成很大的隐患。

随着汽车电动化发展的潮流，新能源汽车销量节节攀升，但是由于低速时噪声过低而对行人安全造成威胁的问题也日益突出，调查报告显示电动和混合动力汽车在低速行驶时由于噪声过低所造成交通安全事故的问题不容小觑。为此，许多国家和地区都制定了相关法规要求电动车安装一套电子提示音系统来解决这一问题。

声学车辆报警系统（AVAS）始于 20 世纪初，通过人为制造声音来解决电动汽车低速无声行驶的问题。20 世纪 80 年代，一些电动汽车从机载计算机上播放数字接口格式的文件，这也同样是如今 AVAS 运作的主要方式，即通过扬声器或汽车底盘的振动元件发出噪声。

在我国，2017 年国家市场监督管理总局（原国家质量监督检验检疫总局）和国标委联合发布 GB 7258—2017《机动车运行安全技术条件》国家标准，其中规定纯电动汽车、插电式混合动力汽车应能给车外人员发出适当的提示性声响。另外，国家推荐性标准 GB/T 37153—2018《电动汽车低速提示音》于 2018 年 12 月 28 日正式发布，该标准规定在具有纯电动行驶模式的电动汽车上，需配备能够在低速行驶时发出警示提示音的装置，以减小和行人发生交通事故的概率。

2019 年 7 月 1 日起，欧盟关于电动汽车的最新法律正式生效：所有新的低排放和电动汽车在驾驶过程中必须要产生一定程度的噪声。

为了满足欧盟制定的新要求，所有带有四个车轮的新型电动车都需要有一个发出适当声音的声学车辆警报系统。新规要求汽车的 AVAS 系统在车速低于 19 mile/h 前进或者后退的时候必须要发出噪声。这是因为欧盟认为当车辆倒车或者低速行驶的时候，行人最容易受到伤害。所有已经上路的电动汽车则需要改装。

美国国家公路交通安全管理局（NHTSA）规定，从 2019 年 9 月 1 日起，所有市场上售卖的电动车在速度每小时低于 18.6 mile/h 的情况下，必须自动发出声音以提醒行人。日本规定 2018 年 3 月以后生产的油电混合车、电动车都必须加装车辆接近通报装置，以确保行人安全。

值得一提的是，现代汽车制造厂家围绕用户需求所做出的产品改进愈发繁多，很多汽车厂家会根据用户喜好，在不违反强制标准的前提下，提供多种可供选择的声音选项，这种做法既能保证行驶安全性，又能兼顾客户的驾驶感受，提示音功能操作界面如图 14-6 所示。

图 14-6　提示音功能操作界面

3）提示音系统故障类型和原因

提示音系统的故障类型和主要原因，见表 14-1。

表 14-1　故障类型及原因

序号	故障码	故障码描述	可能原因
1	B230898	功放故障	低速提示音控制器工作异常
2	U014687	与网关模块节点丢失通信	B-CAN 通信线路故障； 网关控制器故障； 低速提示音控制器故障
3	U007388	汽车总线故障	B-CAN 通信线路故障 其他系统 B-CAN 通信故障 低速提示音控制器故障
4	B230800	收发器故障	低速提示音控制器工作故障
5	B230817	汽车蓄电池电压过高	蓄电池电压过高 集成电源系统工作异常 低速提示音控制器故障
6	B230816	汽车蓄电池电压过低	蓄电池电压过低 供电熔断器熔断 蓄电池故障（失效、损坏） 集成电源系统工作异常 低速提示音控制器故障

2. 技能操作

1）操作准备

准备技能操作所需的物料，见表 14-2。

表 14-2　物料准备

类别	所需物料
实训平台	实训车辆
设备、工具	车辆防护用品、车辆维修手册、车辆电路图、诊断仪、白板、记号笔、尺子

2）故障验证

（1）功能检查

起动车辆，检查提示音系统功能是否正常，将检查情况填写在表 14-3 中。

表 14-3　验证记录

序号	项　目	条件及结果
1	提示音系统暂停开关状态	OFF □　ON □
2	D 挡测试车速区间	______km/h—______km/h
3	R 挡测试车速区间	______km/h—______km/h
4	D 挡时，是否发出声音	是□　否□
5	R 挡时，是否发出声音	是□　否□
6	D 挡时，声音是否随速度改变	是□　否□
7	R 挡时，声音是否随速度改变	是□　否□

（2）读取故障码

使用诊断仪读取故障码，将相关内容填写在表 14-4 中。

表 14-4　故障码信息

序号	故障码	故障码描述
1		
2		
3		

（3）读取数据流

使用诊断仪读取数据流，根据诊断仪上读取到的信息，完成表 14-5 的填写。

表 14-5　数据流信息

序号	控制单元	名称	当前值 / 状态	标准值 / 状态	是否正常
1					是□　否□
2					是□　否□
3					是□　否□
4					是□　否□
5					是□　否□

3）制订检修方案

（1）拆画电路图

参考车辆维修手册，将故障相关电路图拆画至图 14-7 中。

图 14-7　绘制电路图

（2）故障分析及制订检修方案

根据读取的故障信息，参考电路图，分析可能的故障原因及故障点，并制订检修方案，完成表 14-6 的填写。

表 14-6　故障分析及制订检修方案

故障分析：可能的故障原因或故障点	
1	
2	
3	

检修方案 / 检测流程		
1		
2		
3		
4		
5		

（二）提示音系统故障检修

1. 知识学习

1）提示音系统工作逻辑

挡位为“ON”挡，非“P”挡、非“R”挡，并且车速满足 0 km/h ≤车速≤ 30 km/h 时，低速提示音启动；当 0 km/h ≤车速≤ 20 km/h 时，提示音量随车速的增加而增加；当 20 km/h ＜车速≤ 30 km/h 时，提示音量随车速的增加而减小。初始音量（0 km/h 和 30 km/h）为 50 dB，最高音量（20 km/h）不高于 65 dB。挡位为“ON”挡，变速器位于“R”挡时，低速提示音控制器驱动低速提示音扬声器来警示行人正在行驶的车辆的存在。低速提示音扬声器技术参数见表 14-7。

表 14-7　低速提示音扬声器技术参数

项目	参数	单位
额定功率	10	W
阻抗	4±20%	Ω
额定频率范围	150～10 000	Hz
特性灵敏度	83±3	dB/W/m
额定总谐波失真	≤ 5%	—
共振频率	150	Hz

2）提示音系统工作原理

（1）电气原理

处于怠速下，即 CAN 总线上驱动电机转速信息有效但车速低于 3 km 且挡位信息为“D”挡时，低速提示音系统应发出类似传统发动机怠速的声音。

当 CAN 总线上车速信息为 0 km/h ＜车速≤ 30 km/h，且驱动电机转速信息有效，挡位信息为“D”挡或“N”挡时，低速报警装置应发出传统车辆在同等工况下的声音，音量随车速的变化而变化，变化趋势与传统车辆在相应的工况下变化趋势一致。

车速超过 30 km/h 时，停止发出声音。

当 CAN 线上挡位信息为“R”挡，且 CAN 总线上有车速信息，驱动电机转速信息有效，低速提示音系统应发出传统车辆在同等工况下的声音，音量随车速的变化而变化，变化趋势与传统车辆在相应的工况下变化趋势一致。提示音系统电气原理图如图 14-8 所示。

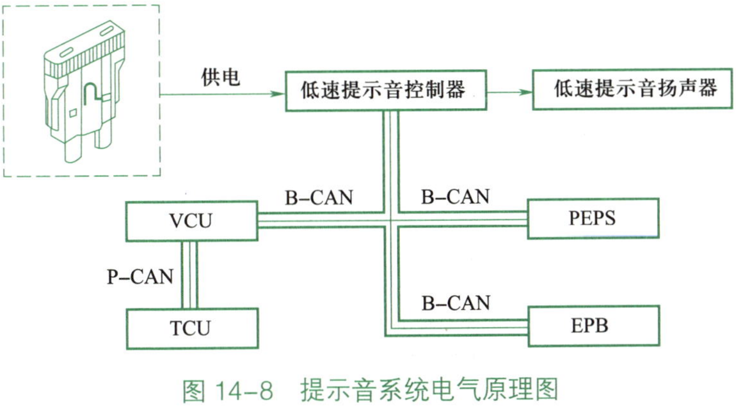

图 14-8　提示音系统电气原理图

提示音控制器对系统的控制功能如下。

断路监测：系统对扬声器进行短路监控，当检测到扬声器短路时，拉低功放芯片使能输出脚，从而使功放模块进入休眠模式，停止输出，直至短路现象被排除，防止扬声器因短路而自燃。

睡眠唤醒：系统可进入睡眠模式，在该模式下，功耗小于 500 mW，系统停止一切活动，仅等待唤醒命令；系统唤醒后，恢复全部功能，正常工作。

过压、欠压检测：提示音系统电压检测系统，可对系统过压、欠压状态提出报警。当电压高于 16 V 时，提示音系统提出过压报警；当电压回落至 15 V 时，过压报警取消；当电压低于 10 V 时，提示音系统提出欠压报警；当电压回升至 11 V 时，欠压报警取消。电压检测示意图如图 14–9 所示。

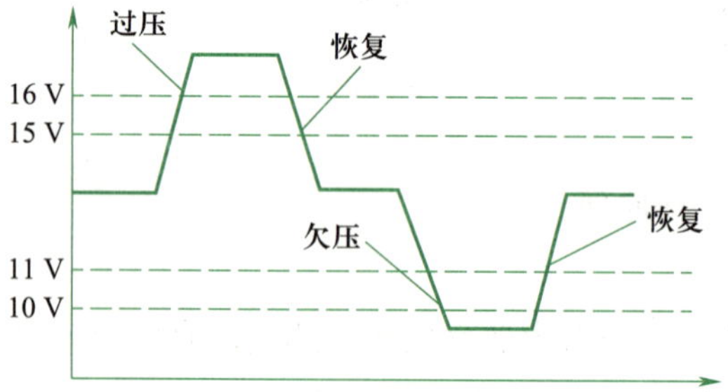

图 14–9　电压检测示意图

（2）电路原理

低速提示音系统电路如图 14–10 所示。

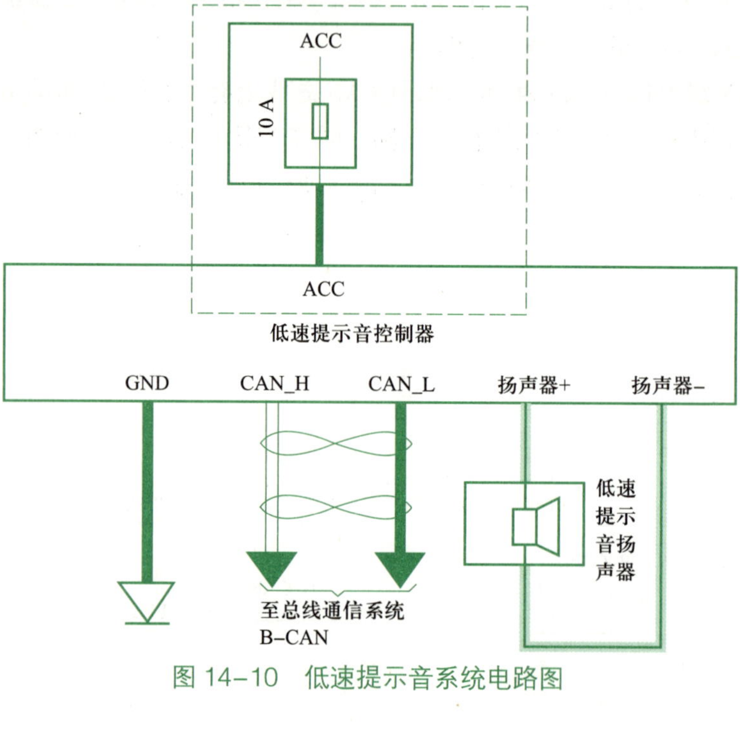

图 14–10　低速提示音系统电路图

正极电源电路：这里的供电电路主要是指低速提示音控制器的供电部分，电源的输送经由一个 15 A 的熔断器送达，然后经导线将电源传输到控制器的供电针脚，这里要注意，电源在导线中传输时可能要经过一些节点或者导线接插件。

负极电源电路：低速提示音的控制器会通过一根负极搭铁针脚连接到一个搭铁点上再由搭铁点经车身传输到电瓶负极。

通信电路：低速提示音控制器的启动及不同工况的切换，需要依赖挡位信息、车速信息、唤醒信号等，包括该系统在出现故障时也要将故障代码传输出来，现代汽车的信息传递广泛采用 CAN 数据总线来进行，低速提示音控制器会通过两根针脚连接到 CAN 总线中，一根总线是 CAN 高位数据总线，另一根总线是 CAN 低位数据总线。

输出电路：当低速提示音控制器需要启动低速提示音扬声器时，低速提示音扬声器的供电和搭铁电路被接通。和灯光电路不同，提示音扬声器非单线制，有专门的供电线和搭铁线。

3）提示音系统部件拆装方法

（1）低速提示音控制器的拆装方法

① 打开前机舱盖并断开蓄电池负极电缆。

② 拆卸左前座椅总成。

③ 掀开地毯，断开低速提示音控制器线束连接器；拆卸低速提示音控制器 4 个固定螺母，取下低速提示音控制器。

④ 以相反的步骤安装控制器。低速提示音控制器的安装位置如图 14-11 所示。

拆装过程中，需要注意：

① 螺栓的拧紧力矩为 9 N·m

② 连接控制器线束连接器时，注意“一插、二响、三确认”，即插牢连接器，听到“咔哒”响声才说明连接器锁死，再使用适当力量晃动和拔拽连接器，看是否松脱。

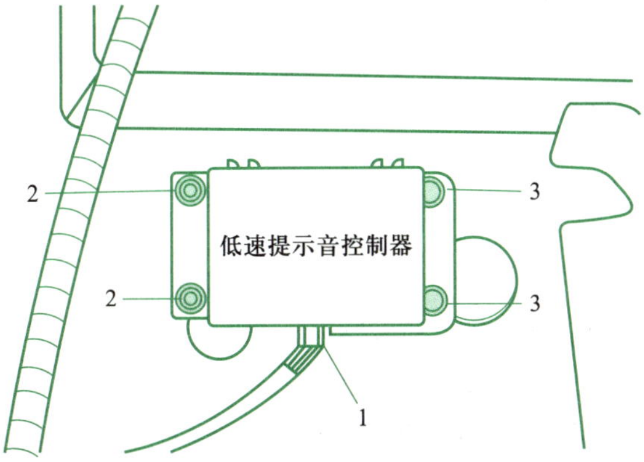

图 14-11 低速提示音控制器的安装位置

（2）低速提示音扬声器的拆装方法

① 打开前机舱盖并断开蓄电池负极电缆。

② 拆卸前保险杠上饰板。

③ 断开并拆卸低速提示音扬声器线束连接器。

④ 拆卸低速报警扬声固定螺栓并取下低速提示音扬声器。

⑤ 以相反的步骤安装扬声器。低速提示音扬声器的安装位置如图 14–12 所示。

拆装过程中，有一些注意事项，内容如下。

① 螺栓拧紧力矩为 20 N·m。

② 连接扬声器线束连接器时，注意“一插、二响、三确认”。

图 14–12　低速提示音扬声器的安装位置

4）提示音系统检测内容及方法

（1）低速提示音控制器连接线束供电检测

① 操作起动开关使电源模式切换至“OFF”状态。

② 断开低速提示音控制器线束连接器。

③ 操作起动开关使电源模式切换至“ON”状态。

④ 用万用表测量低速提示音控制器线束连接器针脚 4 和针脚 8 之间的电压值，如图 14–13（a）所示。

⑤ 标准电压：11 ~ 14 V。

（2）低速提示音扬声器连接线束供电检测

① 操作起动开关使电源模式切换至“OFF”状态。

② 断开低速提示音扬声器线束连接器。

③ 操作起动开关使电源模式切换至“ON”状态。

④ 用万用表测量扬声器线束连接器针脚 1 和针脚 2 之间的电压值，如图 14–13（b）所示，正常值为大于 0 V。

⑤ 如果供电电压在正常范围，考虑更换低速提示音扬声器。

（3）低速提示音扬声器部件检测

① 操作起动开关使电源模式切换至“OFF”状态。

② 断开低速提示音扬声器线束连接器；

③ 用万用表测量扬声器针脚 1 和针脚 2 之间的电阻值，正常值为小于 1 Ω。

④ 如果电阻值在不在正常范围内，考虑更换扬声器。

(a) 低速提示音控制器线束连接器针脚分布　(b) 低速提示音扬声器线束连接器针脚分布

图 14-13　低速提示音系统部件针脚分布

2. 技能操作

1）操作准备

准备技能操作所需的物料，见表 14-8。

表 14-8　物料准备

类别	所需物料
实训平台	实训车辆
设备、工具	车辆防护用品、车辆维修手册、智能钥匙、万用表、诊断仪、示灯、示波器、检测工具套装、绝缘工具套装、绝缘扭矩扳手、安全指示牌

2）提示音系统故障检修

参考车辆维修手册，对提示音系统故障进行检测，并将检测过程记录在表 14-9 中。

表 14-9　提示音系统故障检测记录

序号	检测项目	检测点		检测条件	检测类型	标准值	检测值	处理方式
示例	控制器搭铁	T10/1	搭铁	“ON”挡	电压	0 V	12.5 V	检测搭铁线路电阻
1	控制器供电							
2	控制器搭铁							

续表

序号	检测项目	检测点		检测条件	检测类型	标准值	检测值	处理方式
3	CAN 总线							
4	扬声器							

3）结果检验

完成以上操作后对检修结果进行验证，并记录在表 14-10 中。

表 14-10　结果检验记录

步骤序号	检 验 项 目	是否正常
1	D 挡时，车速不大于 30 km/h，声音是否发出	是□　否□
2	R 挡时，声音是否发出	是□　否□
3	声音是否随速度改变	是□　否□
4	仪表指示灯是否正常显示	是□　否□
5	使用诊断仪清除故障码，确认故障码是否被清除	是□　否□
6	使用诊断仪读取相关数据流，是否全部正常	是□　否□

四、检查评估

对本任务的学习情况进行检查，并将相关内容填写在表 14-11 中。

表 14-11　检查表

检查项目	检查结果	结果点评
提示音系统检修		
拆画的电路图是否正确	是□　否□	
提示音功能是否正常	是□　否□	
整理及恢复		
工具、设备是否整理恢复	是□　否□	
实训工位是否打扫干净	是□　否□	
工作页是否填写完整	是□　否□	

五、任务小结

本任务小结如图 14-14 所示。

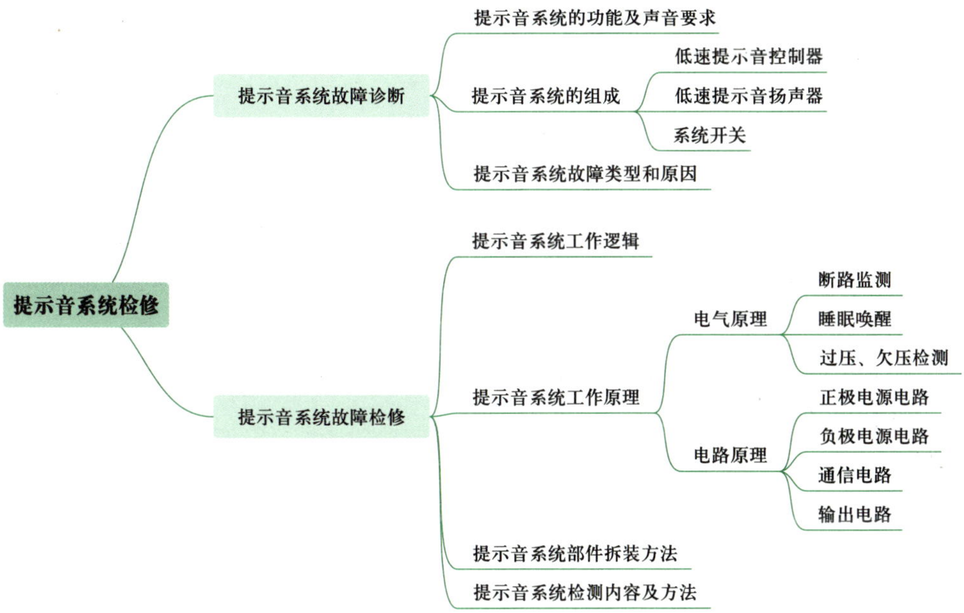

图 14-14　任务小结

参考文献

[1] 孙仁云,付百学.汽车电器与电子技术[M].3版.北京:机械工业出版社,2019.
[2] 康拉德·莱夫.BOSCH汽车电气与电子[M].孙泽昌,等译.北京:北京理工大学出版社,2014.
[3] 欧阳全胜,杨学易.新能源汽车网关控制与娱乐系统检修[M].北京:机械工业出版社,2021.

读者意见反馈

为收集对教材的意见建议,进一步完善教材编写并做好服务工作,读者可将对本教材的意见建议通过如下渠道反馈至我社。

咨询电话 400-810-0598

反馈邮箱 gjdzfwb@pub.hep.cn

通信地址 北京市朝阳区惠新东街4号富盛大厦1座 高等教育出版社总编辑办公室

邮政编码 100029